THIRD EDITION

¡Tú dirás!

ACTIVITIES MANUAL

Nuria Alonso-García

Providence College

THOMSON

HEINLE

Australia   Canada   Mexico   Singapore   Spain   United Kingdom   United States

THOMSON

HEINLE

¡Tú dirás! 3/e
Activities Manual
Alonso-García

Cover Art

Simon Shaw/Deborah Wolfe Ltd.

Text/Realia Credits

Chapter 7: Article on The Latin Grammys, "La Academia Latina de la Grabación", 2002.
www.grammy.com/latinacademy/index_esp.html, The Recording Academy

Chapter 10: Article on the future changes of the job market, "Las profesiones del futuro", Juan Fernando Merino, 2000. www.parlo.com/es/explore/magazine/business/2000_12/profesionfutruro.asp, Parlo.com

Chapter 12: Article on the renovation of an old train in Bariloche for turistic purposes, "Nuevo tren turístico en Bariloche", 2002. www.patagonia-argentina.com/e/content/trenavapor.htm, Patagonia-Argentina.com

Chapter 14: Article on the Spanish literary award "El premio Cervantes", "La Gloria del Cervantes", Clemente Corona, 2002. www.clubcultura.com/clubliteratura/cervantes/cervantes.htm, Club Cultura.com

Photo Credits

Chapter 3, p. 65: top right and bottom left, from the Heinle Image Resource Bank; middle, CORBIS

For permission to use material from this text or product contact us:

Tel	1-800-730-2214
Fax	1-800-730-2215
Web	www.thomsonrights.com

ISBN: 0-8384-5223-X

TABLE OF CONTENTS

PREFACE

The *¡Tú dirás!* **Third Edition** Activities Manual has been written and designed to reinforce the linguistic and cultural content introduced in the *¡Tú dirás!* **Third Edition** textbook and ancillary program.

The Activities Manual presents students first with form-focused communicative activities that foster the practice of lexical and grammatical structures in real-life scenarios. Students then progress to reading and writing activities that promote the development of critical thinking skills and strategies necessary for the comprehension and creation of written texts in Spanish.

Conceived as a text-specific workbook, the sequencing of the contents runs parallel to the scope and sequence of the chapters in the textbook. Each chapter in the *¡Tú dirás!* **Third Edition** Activities Manual includes three *Etapas* just like the textbook does, each of them organized in the following sections:

- **Para empezar:** Vocabulary activities related to the topic of the *Etapa* that allow students to prepare themselves to develop their understanding of the general theme of the chapter

- **Enfoque léxico:** Activities that provide practice of given lexical items and structures

- **Enfoque estructural:** Personalized and contextualized activities that provide practice of the grammatical structures of the *Etapa*

In the **Integración** section students work on the development of their reading, writing and listening skills through the activities offered in the following sections:

- **Lectura:** Each chapter presents students with an authentic cultural reading, in a variety of stylistic formats: excerpts from magazines and newspapers, advertisements, articles, and the like. Each reading begins with an *Antes de leer* section which prepares students to approach the text through the completion of a number of pre-reading activities and the application of specific reading strategies (skimming, scanning, guessing from context, etc.). Next, the *Después de leer* section combines vocabulary-focused exercises and content-related activities that assess comprehension and interpretation of the reading.

- **Escritura:** Each chapter challenges students with an authentic writing task, such as expressing their opinion about studying abroad, planning an itinerary for a road trip, and writing a restaurant review, among others. Students are first directed to the main points of information essential for the composition, and then guided through the process of writing itself *(Organización de las ideas* and *Preparación del borrador).* The final steps of *Escritura (Revisión del borrador* and *El producto final)* address and review the final touches for the composition in terms of content, organization and use of lexical and grammatical structures studied in the given chapter. All writing tasks in the Activities Manual are cross-referenced to **Atajo's** bilingual dictionary, grammar, and phrase guide.

- **Comprensión auditiva** and **Pronunciación:** An audio program that focuses on listening comprehension and pronunciation accompanies the Activities Manual. In the *Comprensión auditiva* section, students listen to dialogs, interviews, monologs, radio announcements, telephone messages, and other examples of authentic speech tied directly to the theme and linguistic structures of the given chapter. The diversity of regional accents presented in the recordings exposes students to the richness of the Spanish language. The *Pronunciación* section provides practice and of the phonetics of the language through models and pronunciation exercises.

Acknowledgments

I would like to thank my students, who are my daily inspiration; my editor, Viki Kellar, for her enormous commitment and her enlightening guidance; and my family, especially, my husband, Aram, for his love and unconditional support throughout the development of this project.

Nuria Alonso-García

Preliminar

P O I N T E R S

AM P-1 ¿Qué letra es? *(What letter is it?)* Knowing the name of the letters in Spanish is very useful when you need to spell out words. For each letter in the left column select the appropriate name from the right column and write it next to the letter.

1. D <u>de</u>   eñe
2. Y <u>i griega</u>   efe
3. F <u>efe</u>   de
4. J <u>jota</u>   i griega

5. Z <u>zeta</u>   hache
6. H <u>hache</u>   e
7. Ñ <u>eñe</u>   zeta
8. E <u>e</u>   jota

AM P-2 ¡Qué desorden! *(What a mess!)* The words below are jumbled! Try to sort out the mess and find the correct order for spelling the name of some Spanish-speaking countries.

Modelo: Perú
e - u - ere - pe
pe - e - ere - u

1. México
o - eme - e - i - ce - equis
<u>M E X I C O</u>
<u>eme e equis i ce o</u>

2. Bolivia
uve - a - i - be - ele - i - o
<u>B O L I V I A</u>
<u>be o ele i uve i a</u>

3. Argentina
ge - a - e - te - ene - i - a - ere - ene
<u>A R G E N T I N E</u>
<u>a ere ge e ene te i ene e</u>

4. Puerto Rico
te - o - i - ere - u - e - ere - pe - ce - o
<u>P U E R T O   R I C O</u>
<u>pe u e ere te o ere i ce o</u>

AM P-3 Las lenguas romances *(The Romance languages)* As you have learned from the reading "Spanish as a World Language" in your textbook, the Spanish language has evolved from Latin along with the other languages, known as Romance languages. Spell the names of the following Romance languages using the letters of the Spanish alphabet.

Modelo: catalán: *ce - a - te - a - l - a - ene: acento sobre la a*

1. español: <u>e-ese-pe- a - eñe - o - ele</u>
2. francés: <u>efe - ere - a - ene - ce - e - ese</u>
3. gallego: <u>ge - a - ele - ele - e - ge - o</u>
4. italiano: <u>i - te - a - ele - i - a - ene - o</u>
5. portugués: <u>pe - o - ere - te - u - ge - u - e - ese</u>
6. rumano: <u>ere - u - eme - a - eñe - o</u>

Nombre _____ Fecha _____

AM P-4 Cognados *(Cognates)* Recognizing cognates can help you get the gist of a text written in a foreign language. Identify in the right column the English equivalent of the Spanish words that appear in the left column. Then, place the corresponding letter next to the Spanish word.

<u>f</u>   **1.** estudiante
<u>b</u>   **2.** nacionalidad
<u>c</u>   **3.** literatura
<u>e</u>   **4.** cafetería
<u>a</u>   **5.** profesión
<u>d</u>   **6.** calendario

     a. profession
     b. nationality
     c. literature
     d. calendar
     e. cafeteria
     f. student

AM P-5 Más cognados *(More cognates)* Can you think of other words that sound similar in Spanish and English? Try to come up with four additional cognates that will help you expand your Spanish vocabulary.

1. tomate - tomato
2. _____
3. _____
4. _____

Para empezar: ¡Hola! ¿Qué tal?

AM P-6 Mucho gusto *(Nice to meet you)* Read the following greetings in the left column and match each one with the most logical expression from the right column.

<u>b</u>   **1.** Te presento a Juan.
<u>d</u>   **2.** ¿Qué tal?
<u>c</u>   **3.** Hasta mañana, Luis.
<u>a</u>   **4.** ¿Cómo te llamas?

     a. Me llamo Ana.
     b. Encantado.
     c. Nos vemos.
     d. Bien gracias. ¿Y tú?

AM P-7 ¿Qué dirías? *(What would you say?)* Imagine that you are in your Spanish class and your instructor asks you to react to the following situations in Spanish. What would you say?

     Modelo: When you meet someone for the first time.
             Encantado.

1. To introduce yourself to the Spanish class.
    ¡Hola! Me llamo Jacqueline

2. To introduce a classmate to a Spanish friend.
    Te presento a Jo

3. To ask the name of a classmate.
    ¿Cómo te llamas?

4. To greet a friend in Spanish.
    ¡Buenos días/tardes/noches!

ENFOQUE LÉXICO

Saludos, presentaciones y despedidas informales

AM P-8 ¿Cómo te va? In the following conversations some friends introduce and greet each other. Put the sentences in each **conversación** in the most logical order starting with number 1 and moving up to indicate the order of the statements.

Conversación 1

4 _____ Igualmente, Óscar.

3 _____ Mi nombre es Óscar. Encantado.

1 _____ ¡Hola! ¿Cómo te llamas?

2 _____ Me llamo Eva, ¿y tú?

Conversación 2

2 _____ Bien gracias. Ana, te presento a José.

5 _____ Igualmente.

3 _____ ¡Hola, Ana!

1 _____ Buenos días, Elena. ¿Cómo te va?

4 _____ Mucho gusto.

AM P-9 ¡Nos vemos! Carlos is walking down the street with Sara and he sees Juan, a student that he met in his class. Read the dialog below and complete the blanks with the apropriate word or expression from the box.

| encantada | nos vemos | muy bien | presento | buenos días | me llamo |

CARLOS: ¡(1) _Buenos días_! ¿Qué tal?

JUAN: (2) _Muy bien_, gracias, ¿y tú?

CARLOS: Bien, gracias. Te (3) _presento_ a Sara.

JUAN: ¡Hola Sara! (4) _me llamo_ Juan.

SARA: (5) _encantada_.

JUAN: Igualmente.

CARLOS: Bueno, Juan, hasta luego.

JUAN: (6) _Nos vemos_.

ENFOQUE LÉXICO

Saludos, presentaciones y otras expresiones formales

AM P-10 ¿Tú o usted? Whom would you address with the following sentences? Pay attention to the formality or informality of the expressions.

_c_ 1. Mucho gusto, señorita.

_e_ 2. Doctoras, quisiera presentarles al doctor Matos.

_d_ 3. ¿Cómo está usted?

_a_ 4. Te presento a Adela.

_b_ 5. Buenas noches, señores.

a. Carlos
b. los señores Vidal
c. la señorita Santos
d. el señor Carmona
e. las doctoras Palma y Ruiz

AM P-11 ¿Qué decir? *(What to say?)* What are the appropriate replies to the greetings below?

1. ¿Cómo está usted? _____

2. Quisiera presentarles a la profesora López. _____

3. ¿Cómo están ustedes? _____

4. Buenas tardes, señor Lago. _____

5. Encantada, Pablo. _____

ENFOQUE LÉXICO

En la clase

AM P-12 Asociaciones Link the item from the left column to the most closely associated word in the right column.

_____ 1. la calculadora   **a.** los estudiantes

_____ 2. el lápiz   **b.** la pizarra
                                 c. el sacapuntas
_____ 3. la silla   **d.** la geografía

_____ 4. el profesor   **e.** el pupitre
                                 f. las matemáticas
_____ 5. el mapa

_____ 6. la tiza

AM P-13 ¡Qué lío de letras! Try to locate the names of six items that can be found in the classroom within the following sequence of letters.

    Modelo: PLAISBERO
                LIBRO

1. PLSÁPIAZ _____   4. LMETRSA _____

2. RPIAPEDL _____   5. FSAIVLLA _____

3. JMAURPEA _____   6. QTIMXZOA _____

AM P-14 Presentaciones Peter is giving us information about himself. Help him to complete his narration by placing the appropriate words from the box below in the empty spaces.

profesora	español	televisión	me llamo	diccionario	mapa

¡Hola! (**1**) _____ Peter y estudio (**2**) _____ en la

universidad. Mi (**3**) _____, la doctora Valle, es de Argentina. A la clase de

español, los estudiantes llevan *(bring)* un (**4**) _____ bilingüe de español-

inglés. ¡Es muy necesario! En la clase de español miramos la (**5**) _____ hispana

de los Estados Unidos. También en la clase de español hay un (**6**) _____ de

España y de Latinoamérica.

INTEGRACIÓN

LECTURA: Opening doors to a world of opportunity

Antes de leer

> **Critical Thinking Skills: Analyzing**
> Consider the importance of learning a foreign language from both the professional and cultural aspects of your life.

AM P-15 ¿Qué opinas? As you are preparing to read, answer the following questions.

- Which non-English languages taught in American schools do you think are the most preferred by students?
- Do you think that it is important to study a second language?
- In which ways would you like to learn a foreign language like Spanish?

Before you read the following text about the importance of speaking languages other than English, read the questions in the **Después de leer** section.

Después de leer

AM P-16 Algunas preguntas... *(Some questions . . .)* Answer the following questions based on the information in the reading and on your own opinion of the subject.

1. According to the article, in *what* professions is it beneficial to know a second language? *How* do you think that the knowledge of the Spanish language can contribute to these professions?

    _____

    _____

    _____

    _____

2. What are the cultural and social benefits of speaking another language mentioned in the reading? Can you think of some additional advantages not mentioned in the reading?

    _____

    _____

    _____

    _____

3. What do you think is the role of language in the world economy?

    _____

    _____

    _____

    _____

4. Why did you choose to study Spanish as a second language? What in particular interests you about the Hispanic culture?

_____

_____

_____

_____

Opening Doors to a World of Opportunity

A whole new world of opportunity awaits you. All you need to do is open the door—the key: learning a new language. As travel becomes easier, and communication more rapid, the world is shrinking. You need to do little more than turn on your TV, computer, or radio to see, read, or hear another language being spoken. Step outside your door, and you can surround yourself with other cultures, other languages; meet one of the millions of Americans who speak languages other than English.

If you've ever thought of being a nurse, a doctor, a police officer, a judge, an architect, a business person, a singer, a lawyer, a plumber, or a Web master, you will multiply your chances for success if you speak more than one language. With the advent of the Internet and global communications, every business has the potential to be an international one. Individuals who speak more than one language are therefore infinitely more valuable to their employers. A hotel manager or customer-service representative who knows English and Spanish, or English and Korean, will look much better at promotion time than one who knows only English.

Knowing more than one language enhances opportunities in all aspects of your life. As the world changes, not only our business, but our goverment needs people with multiple language abilities. Want to work in health care, law enforcement, social services teaching, technology, the military, or the media? Then increase your potential by learning another language! An employer will see you as a bridge to new markets if you know a second language. Imagine, you can be the key that opens the door to new opportunities!

Not only will you expand prospects in the workplace but also another language will add excitment to your social and academic life. With a second language, you will discover whole new worlds! Get an insider's view of another culture and a new view of your own. Read the newspaper in Spanish, watch a Haitian soap opera in French, or listen to a soccer game on the Internet radio in Italian. With knowledge of another language, the possibilities are boundless! The understanding of other cultures that you gain through your language ability will expand your personal horizons and help you become a responsible citizen. Your ability to talk to others and gather information beyond the world of English will contribute to your community and your country.

Now more than ever, you can learn a second language in exciting new ways, using technology and focusing on the practical use of the language. Learning a language is no longer just learning grammar and vocabulary. It is learning new sounds, expressions, and ways of seeing things; it is learning how to grow with the global community. Learn how to function in another culture, live in another language, and know a new community from the inside out.

(Text adapted from: **Knowing other languages brings opportunities,** *Modern Language Association of America*)

Capítulo 1

Vamos a tomar algo

PRIMERA ETAPA

Para empezar: En un café al aire libre

AM 1-1 El extraño *(The stranger)* Circle the word that does not belong in the series.

1. Un refresco de...   naranja, limón, chocolate, cola

2. Un vaso de...   vino blanco, sangría, vainilla, leche

3. Un batido de...   fresa, vainilla, cola, chocolate

4. Un jugo de...   naranja, limón, tomate, leche

5. Una botella de...   agua mineral, vino tinto, mango, leche

AM 1-2 ¡Camarero, por favor! *(Waiter, please!)* Quite often what we drink depends on the situation. Read the following situations and indicate what you would order.

Modelo: On a hot summer day: *una botella de agua mineral, una botella de agua con gas, una cerveza...*

1. After running five miles: _____

   _____

2. At night, before going to bed: _____

   _____

3. In the morning, with your breakfast: _____

   _____

4. In a restaurant, with a seafood dinner: _____

   _____

AM 1-3 ¡Qué desorden! Ana and Silvia met in the café La Paloma for breakfast, and now they are about to order. Put the following conversation between Ana, Silvia, and the waiter in logical order by sequencing the sentences from 1 to 8.

_____ ¿Y usted?   _____ Buenos días, señoritas. ¿Qué desean tomar?

_____ Por ahora, nada.   _____ Muchas gracias.

_____ Aquí tienen.   _____ ¿Algo más?

_____ Un vaso de leche, por favor. _____ Yo quisiera un jugo de naranja.

AM 1-4 En un café Two friends are at a café. They talk about what they want to drink. Then one calls the waiter and orders. Complete the conversation below with the appropriate words.

ANITA: ¿Qué deseas tomar?

ROBERTO: Con este calor, una (**1**) _____ fría.

ANITA: Oiga, ¡(**2**) _____, por favor!

CAMARERO: Sí, señorita, ¿qué desean (**3**) _____?

ANITA: Un (**4**) _____ de fresa.

CAMARERO: ¿Y usted, señor?

ROBERTO: Una (**5**) _____ de agua con (**6**) _____.

ENFOQUE ESTRUCTURAL

El artículo indefinido y el género gramatical

AM 1-5 ¿Cuál es... ? *(Which one is . . . ?)* Place the correct form of the indefinite article next to the following words.

1. _____ infusión

2. _____ camarero

3. _____ batidos de fresa

4. _____ soda

5. _____ botellas de leche

6. _____ jugo de tomate

AM 1-6 En la Plaza Mayor La Plaza Mayor in Madrid is a very touristic site and also a popular meeting place for university students as well as for professors. Choose the appropriate indefinite article to complete the following narration:

(**1**) _____ día de calor

Elena, Sonia y Antonio están en (**2**) _____ café de la Plaza Mayor. (**3**) _____ camarera les pregunta qué desean tomar. Elena quisiera tomar (**4**) _____ refresco y Sonia y Antonio (**5**) _____ jarra de sangría.

En el café, está (**6**) _____ profesor de (**7**) _____ universidad de Madrid, tomando (**8**) _____ limonada con (**9**) _____ amigo, y también (**10**) _____ turista, sacando fotos y tomando (**11**) _____ cervezas.

AM 1-7 Entre amigos *(Among friends)* Paco and Justo run into each other after class and they go for a drink together. Complete the following exchange by using the appropriate form of the indefinite article.

JUSTO: Hola, Paco. ¿Qué tal?

PACO: Bien, gracias. ¿Quieres tomar (**1**) _____ cerveza en el café de la Universidad?

JUSTO: No sé, prefiero (**2**) _____ refresco.

PACO: Muy bien. Yo deseo (**3**) _____ jugo de naranja y (**4**) _____ botella de agua.

JUSTO: Ah, sí. Yo también quisiera (**5**) _____ vaso de agua.

ENFOQUE ESTRUCTURAL

Los pronombres personales y el presente de los verbos regulares en -ar

AM 1-8 Pronombres personales With which of the following *pronouns* in the right column would you associate the *people* from the left column?

_____ **1.** Elena y Sonia

_____ **2.** un turista americano

_____ **3.** tus amigos y tú

_____ **4.** el profesor y los estudiantes

_____ **5.** una camarera

_____ **6.** mi familia y yo

a. vosotros/ustedes
b. ella
c. ellas
d. nosotros
e. él
f. ellos

AM 1-9 El intercambio (*The exchange student*) Andrew is at a café with his host parents, los señores Sánchez. There he is also introduced to a family friend, Carmen. Complete the following conversation, using the appropriate personal pronoun.

ANDREW: Buenos días, señores Sánchez. ¿Cómo están (**1**) _____?

SRS. SÁNCHEZ: Muy bien, Andrew. ¿Y (**2**) _____?

ANDREW: Bien, gracias.

SR. SÁNCHEZ: Oiga, ¡camarero, por favor!

CAMARERO: Sí, un momento, ¿qué desean tomar?

SRS. SÁNCHEZ: (**3**) _____ quisiera un jugo de naranja, y (**4**) _____ quisiera un vaso de agua con limón.

CAMARERO: ¿Y (**5**) _____?

ANDREW: Una infusión, gracias.

SRA. SÁNCHEZ: ¡Ah! Ahí está Carmen. Carmen te presento a Andrew. (**6**) _____ es un estudiante de Virginia.

CARMEN: Encantada.

ANDREW: Igualmente.

CAMARERO: ¿Qué desea tomar la señorita?

CARMEN: Un café, por favor.

CAMARERO: Y (**7**) _____, ¿desean algo más?

SRS. SÁNCHEZ
Y ANDREW: Por ahora, nada.

AM 1-10 Un día cualquiera (A normal day) The following narration is about a normal day in Isabel Martos' life. Help her complete the narration by using the correct forms of the verbs in parentheses.

Isabel Martos (**1**) _____ (estudiar) historia del arte en la Universidad Complutense de

Madrid. Ella (**2**) _____ (tomar) el autobús a la universidad todas las mañanas. En el

autobús, (**3**) _____ (escuchar) música de sus grupos favoritos: Jarabe de Palo, Estopa

y Alejandro Sanz.

      Después de las clases, Isabel (**4**) _____ (trabajar) en el Museo Cerralbo.

Después del trabajo, Isabel (**5**) _____ (tomar) un café con sus amigos, y ellos

(**6**) _____ (hablar) de su día.

AM 1-11 Actividades de fin de semana (Weekend activities) Germán is telling us about what he and his brothers and sisters do during the weekend. Form sentences with the elements below. Don't forget to put the verbs in the correct forms.

1. Santi / tomar / clases de alemán

   _____

2. Antonio y Lucía / enseñar / español en el centro comunitario *(community center)*

   _____

3. yo / escuchar / casetes en inglés / y practicar / la pronunciación

   _____

4. mis hermanos y yo / cantar / en la iglesia *(church)*

   _____

AM 1-12 Marina y Esteban Marina and Esteban are university students from Granada. Ask them questions and then answer based on the information provided and the drawings, using the appropriate verb from the box. Follow the **modelo.**

viajar   estudiar   cantar   bailar

Modelo: if they speak Spanish
                   ¿Hablan ustedes español?
                   Sí, hablamos español.

1. if they travel

   _____

   _____

2. if they study

   _____

   _____

3. if he sings

_____

_____

4. if she dances

_____

_____

ENFOQUE LÉXICO

¿Cómo? ¿Cuándo? ¿Cuánto?

AM 1-13 ¿Cuándo? Decide how often these people perform the following activities. Form sentences according to the **modelo** below.

casi nunca	todos los días	todas las mañanas	siempre

Modelo: ¿Escucha Isabel música clásica?
No, *Isabel nunca escucha música clásica.*

1. Los Srs. Sánchez, ¿viajan a Estados Unidos?

Sí, _____.

2. Carmen, ¿bailas tango?

No, _____.

3. ¿Camina Marina a clase?

Sí, _____.

4. Esteban, ¿tomas jugo de naranja?

Sí, _____.

AM 1-14 Un estudiante modelo (*A model student*) Federico is a very dedicated student who also enjoys helping his classmates. Complete the following narration about Federico by filling in each blank with the most logical word or expression from the box below. Note that each word or expression is used only once.

muy bien	mucho	muy poco	a veces	siempre	casi nunca

Federico es un estudiante muy bueno. **(1)** _____ escucha las explicaciones del

profesor y estudia **(2)** _____ después de clase. **(3)** _____ nosotros

estudiamos con Federico y él nos aclara (*explains*) **(4)** _____ nuestras dudas (*doubts*).

(5) _____ falta a clase (*misses class*) y los profesores le corrigen (*correct him*)

(6) _____.

SEGUNDA ETAPA

Para empezar: Vamos de tapas

AM 1-15 Las tapas Connect the words from the left column with the elements from the right column in order to get the names of some delicious Spanish **tapas.**

_____ **1.** las papas

_____ **2.** las gambas

_____ **3.** el chorizo

_____ **4.** el pan

_____ **5.** la tortilla

_____ **6.** las patatas

a. con pan
b. española
c. fritas
d. al ajillo
e. bravas
f. con tomate

AM 1-16 ¡Una tapa, por favor! You are visiting Barcelona with your friends and you decide to take a break from your tour and try one of the **tapas** bars in the Barrio Gótico. Write in the blanks below how you would order the following in Spanish. Remember that you can use more than one expression to order!

Modelo: a tapa of cheese
              Quisiera una tapa de queso.

1. a tapa of peanuts

_____

2. a lemonade

_____

3. a half serving of prosciutto ham

_____

4. a beer on tap

_____

5. a meal-size serving of shrimp scampi

_____

6. an orange juice

_____

7. a tapa of olives

_____

8. a glass of red wine

_____

AM 1-17 Quisiera una... Los señores Márquez went out to eat some tapas. Complete the following conversation between los señores Márquez and a waiter with the appropriate words.

CAMARERO: ¡Buenas tardes! ¿Qué van a tomar?

SRA. SÁNCHEZ: Yo quisiera una (**1**) _____ de croquetas y pan con

(**2**) _____.

CAMARERO: ¿Y usted, señor?

SR. SÁNCHEZ: Para mí, una media (**3**) _____ de gambas al

(**4**) _____ y patatas (**5**) _____.

CAMARERO: Muy bien. ¿Y para beber?

SRA. SÁNCHEZ: Un (**6**) _____ de sangría.

SR. SÁNCHEZ: Y yo, un (**7**) _____ de cola y una (**8**) _____

de agua mineral.

ENFOQUE ESTRUCTURAL

El artículo definido y el plural

AM 1-18 Tradiciones Professor Aguilar is talking about the Spanish tradition of tapas. Help her complete the narration by placing the appropriate definite article in the blanks.

(**1**) _____ profesora Aguilar está en (**2**) _____ cafetería de (**3**) _____ universidad. Allí *(There)* habla con (**4**) _____ estudiantes americanos sobre (**5**) _____ tradición de (**6**) _____ tapas en España. Algunas tapas son: (**7**) _____ aceitunas, (**8**) _____ cacahuetes, llamados manís en el Caribe y cacahuates en México, (**9**) _____ queso y (**10**) _____ pescado frito. Una buena bebida para acompañar (**11**) _____ tapas es (**12**) _____ sangría.

AM 1-19 El gazapo *(The blunder)* Andrew is making progress in his Spanish classes, but he still makes some mistakes when he writes. Help him correct the errors in the following sentences by writing the correct sentence in the blank below.

Modelo: El profesores beben café en *el* cafetería.
***Los** profesores beben café en **la** cafetería.*

1. Señores Vázquez toman una jarra de sangría con las tapas.

_____

2. En el bar La Chula las raciónes son buenas.

_____

3. Los estudiantes practican español en la clases.

_____

4. En el bar Los Lápizes preparan los pinchos muy bien.

_____

5. Mi bebida favorita es la agua con gas.

_____

6. Quisiera un ración de queso y pan con tomate.

_____

ENFOQUE ESTRUCTURAL

El presente de los verbos regulares en -er, -ir

AM 1-20 Combinaciones *(Mix and match)* Make up as many sentences as possible using the elements from the three following columns.

Frank y Robert	aprender	el alfabeto español
yo	asistir a	buenas notas *(grades)* en la clase de español
la profesora Aguilar	compartir	el periódico *(newspaper)* en el café
tú	leer	la Universidad Autónoma de Barcelona
nosotros	recibir	el apartamento con otros estudiantes americanos *(with other American students)*

1. _____

_____

2. _____

_____

3. _____

_____

4. _____

_____

5. _____

_____

AM 1-21 El curso de civilización española Kim is thinking about taking the Spanish Civilization course next semester and she wants to find out how the class is. Complete the following conversation between Kim and her friend Eric, who is telling her about the course.

KIM: Eric, deseo tomar la clase de civilización española el próximo semestre. ¿Qué hacen ustedes en la clase?

ERIC: Nosotros **(1)** _____ (leer) mucho sobre las tradiciones y los pueblos hispánicos.

KIM: ¿**(2)** _____ (Comprender, tú) bien las explicaciones del profesor?

ERIC: Sí, tenemos una profesora excelente y todos **(3)** _____ (aprender, nosotros) mucho en esta clase.

KIM: Y ¿ **(4)** _____ (escribir, ustedes) ensayos *(essays)*?

ERIC: Sí, **(5)** _____ (recibir) una tarea de escritura a la semana. ¿Por qué no **(6)** _____ (asistir, tú) a una clase y observas?

AM 1-22 El preguntón *(The busybody)* You are talking to one of your Spanish friends and he wants to know how your experience abroad is going. Write down the appropriate questions for the following answers.

1. ¿Asistes a la clase de español todos los días?

_____

2. ¿Corres mucho?

_____

3. ¿Vives con una familia española?

_____

4. ¿Compartes la habitación?

_____

5. ¿Comprendes los programas de televisión en español?

_____

6. ¿Escribes muchas cartas?

_____

TERCERA ETAPA

Para empezar: El desayuno y la merienda

AM 1-23 El desayuno y la merienda You are seated in a café. When the waiter comes, you order something to eat and/or drink. On the basis of the drawings, write what you order.

1.

_____

2.

_____

3.

_____

4.

_____

AM 1-24 Marta y María Marta and María are university students in Valencia. They are roommates and good friends but both have very different eating habits. Complete the following descriptions with the vocabulary relating to **el desayuno** and **la merienda.**

leche	batido	bocadillo	pan tostado	infusión	sandwich
	mermelada	jugo/zumo	churros	pastel	

Por las mañanas, Marta desayuna (**1**) _____ con mantequilla y

(**2**) _____, un (**3**) _____ de naranja y una (**4**) _____

orgánica. María desayuna un (**5**) _____ de jamón y queso y un café con

(**6**) _____.

A la hora de la merienda, Marta toma normalmente un (**7**) _____ de fresa y un

(**8**) _____ de vainilla, pero a veces come (**9**) _____ con chocolate.

La merienda favorita de María es un (**10**) _____ de tortilla.

AM 1-25 Y tú, ¿qué comes para el desayuno y la merienda? We all have our preferences and here is your chance to tell your professor about your favorite **desayuno** and **merienda.**

Mi desayuno favorito: _____

Mi merienda favorita: _____

ENFOQUE ESTRUCTURAL

El verbo *ser* + adjetivos

AM 1-26 Asociaciones Link the items from the left column with the most logically associated adjective from the right column and then form sentences with the verb **ser.** Make sure to pay attention to the agreements.

_____ **1.** el pescado frito

_____ **2.** los cacahuetes

_____ **3.** la medialuna

_____ **4.** los pasteles de fresa

_____ **5.** las gambas

_____ **6.** el agua

a. salados
b. dulces
c. necesaria
d. exquisito
e. sabrosas
f. blanda

1. _____

2. _____

3. _____

4. _____

5. _____

6. _____

AM 1-27 ¡Qué negativo! There is always something wrong with Carlo's food. Write down his answers to the following questions. Follow the **modelo.**

> **Modelo:** ¿Es bueno el queso?
> *No, el queso es malo.*

1. ¿Son dulces los cacahuetes?

   No, _____.

2. ¿Es buena la tortilla?

   No, _____.

3. ¿Son crujientes los croissants?

   No, _____.

4. ¿Son ricas las gambas?

   No, _____.

AM 1-28 ¿Qué hacen? *(What do they do?)* Use the following elements to form sentences and tell what these people are doing. Don't forget to make the appropriate adjustments to these elements.

1. Carmen y Andrew / comer / un / patatas bravas / picante

   _____

2. el profesor Morales / comer / un / churros / exquisito

   _____

3. Anita / preparar / un / tortillas de patata / rico

   _____

4. tú / beber / un / chocolate / caliente

   _____

5. Uds. / comprar / un / mermelada de fresa / sabroso

   _____

6. tú y yo / compartir / un / calamares / frito

   _____

ENFOQUE LÉXICO

Los adjetivos de nacionalidad

AM 1-29 ¿Es español? Look at the map below and answer the following questions.

1. ¿Es Pablo español?

   No, es _____.

2. ¿Es Cristina salvadoreña?

   No, es _____.

3. ¿Es Juan panameño?

   No, es _____.

4. ¿Es Ana guatemalteca?

   No, es _____.

5. ¿Son Belén y María venezolanas?

   No, son _____.

6. ¿Son Mía y Esteban colombianos?

   No, son _____.

AM 1-30 La Casa Internacional *(The International House)* Marga is talking about the different nationalities of the students from the International House. Read the following description, and then complete the paragraph with the appropriate adjectives.

La directora de la Casa Internacional en mi universidad es de los Estados Unidos, pero todos los estudiantes son extranjeros. Yolanda y Patricia son de España. Marco es de Italia y Monique es de Francia. Hugo, Sancho y Antonio son del Ecuador y Andrea y Rebeca son de Honduras.

La directora de la Casa Internacional es **(1)** _____, pero los estudiantes son

de distintas nacionalidades. Hay dos muchachas **(2)** _____, un chico

(3) _____ y una chica **(4)** _____. También hay tres estudiantes

(5) _____ y dos estudiantes **(6)** _____.

ENFOQUE ESTRUCTURAL

El verbo *ser* + lugar de origen

AM 1-31 ¡Qué desorden! In the following conversation some people are introducing themselves and inquiring about each other's nationalities. Put the conversation in a logical order by sequencing the sentences from 1 to 8.

_____ ¡Ah, sois puertorriqueños!   _____ No, soy del sur, de Sevilla.

_____ ¿De Madrid?   _____ ¡Hola! ¿De dónde sois?

_____ Somos de Puerto Rico.   _____ Sí, de la capital, de San Juan.

_____ Y tú, ¿de dónde eres?   _____ Yo soy española.

AM 1-32 ¡Qué curioso! Imagine that you have a very curious friend! You are having a party this weekend and your friend wants to know where everyone is from. Complete the following inquiries and responses about your guests' place of origin. Follow the **modelo.**

> **Modelo:**   Carlos / Perú
> Tu amigo: *¿De dónde es Carlos?*
> Tú: *Carlos es de Perú. Es peruano.*

1. Ana María / Panamá

   Tu amigo: _____

   Tú: _____

2. Emilio / España

   Tu amigo: _____

   Tú: _____

3. Pedro y Jorge / Costa Rica

   Tu amigo: _____

   Tú: _____

4. Juana / Bolivia

TU AMIGO: _____

TÚ: _____

5. Mónica y Natalia / Francia

TU AMIGO: _____

TÚ: _____

6. Robert / Canadá

TU AMIGO: _____

TÚ: _____

7. Frank / Alemania

TU AMIGO: _____

TÚ: _____

8. Ernesto y Magdalena / Puerto Rico

TU AMIGO: _____

TÚ: _____

INTEGRACIÓN

LECTURA: El menú de La bodega Gaudí

Antes de leer

> **Previous knowledge**
> A very helpful strategy when dealing with a written text in a foreign language is to use the knowledge of the world you already have. When you look at a restaurant menu, aren't you usually able to anticipate the sections and food items you will find on it? You can do the same thing when looking at a menu in Spanish.

AM 1-33 Para picar *(Snacking)* In preparation for reading the menu, answer the following questions.

1. When you are hungry, either for a snack between meals or for a light lunch or supper, what kinds of food do you like to eat?

_____

_____

2. If you go out to get this food, where do you go?

_____

_____

3. What are the regular sections one can find in a menu? Take a quick look at the menu at the bottom of the page to find out if those sections appear there.

_____

_____

Después de leer

AM 1-34 ¿Qué quisieras...? After examining the menu from the Barcelona **tapas** bar La bodega Gaudí, answer the following questions. Do not forget to use in your answers your newly acquired knowledge of Spanish food and the structures to order in a restaurant.

1. What would you order from the menu if you were very hungry?

_____

2. What would you order from the menu if you were a vegetarian?

_____

3. What would you order from the menu if you weren't very hungry?

_____

4. You feel like having some fruit for dessert. What would you order?

_____

5. It is a very hot summer day. What kind of drink would you order?

_____

6. Point out the hot drinks that appear in the menu.

_____

La Bodega Gaudí

TAPAS

Pan con tomate y jamón
Tortilla de patatas
Queso
Paella de marisco *(shellfish)*
Gambas al ajillo

Calamares fritos
Croquetas de jamón
Choricitos al jerez *(sherry)*
Patatas bravas

POSTRES

Crema catalana *(Crème brulée)*
Sorbete de limón
Pastel de fresa
Mousse de chocolate

BEBIDAS

Jarra de sangría
Vino tinto del Penedés
Refrescos
Cerveza
Agua mineral
Infusiones
Café

ESCRITURA

Vocabulary: People, university; food; drinks; leisure; nationality
Phrases: Introducing
Grammar: Verbs: present; adverbs

Título: La vida del estudiante

Your professor would like to know more about you and your routine at school. Write a brief description about yourself including the following information:

- your name and place of origin
- daily routine
- eating habits: drinks, snacks and/or light meals

A empezar

AM 1-35 Organización de las ideas Look at each of the information points in the **Título** section and think about what you can say about your lifestyle in regard to these aspects. Then, organize your ideas in a logical order.

A escribir

AM 1-36 Preparación del borrador Using the ideas that you came up with in the **A empezar** section, write the first draft of your description.

AM 1-37 Revisión del borrador Review your **borrador** by considering the following questions.

1. Have you provided information for all the points addressed in the **Título** section? Do you need more details?
2. Is your description clear enough? Would you consider changing the organization of your description to make it clearer?
3. Have you used the appropriate vocabulary and grammatical structures that you learned in this chapter to talk about yourself and your activities and to describe different types of food?

AM 1-38 El producto final Based on the review of your draft, make the necessary adjustments and incorporate any new ideas that have occurred to you. Before you hand in your composition, read it again and check for any misspelled words or phrases. Finally, make sure that all your changes have been implemented.

COMPRENSIÓN AUDITIVA

> Read the questions for each separate conversation *before* listening.

CD1-2 **AM 1-39 Conversaciones** Listen to three short conversations. Then answer the following questions in Spanish.

Conversación 1

1. How often does Teresa go to her math class?

_____

2. Why won't Juan be in his math class tomorrow?

_____

3. How often does Juan travel?

_____

Conversación 2

4. What does each person order?

_____

5. What does the waiter suggest?

_____

Conversación 3

6. Why doesn´t Alejandro want to go to Café La Paz?

_____

7. What does he order?

_____

8. Do Cristina and Alejandro order the same thing?

_____

CD1-3 **AM 1-40 ¿A qué se refiere?** *(What does it refer to?)* You will hear some conversations. Match each conversation with the appropriate description.

_____ **a.** friends having something to drink together in a café

_____ **b.** one person having breakfast

_____ **c.** strangers having a drink in a café

_____ **d.** students talking about themselves and their activities

CD1-4 **AM 1-41 En un restaurante** Listen to the conversation that takes place in a restaurant. Then answer the questions by circling the letter of the correct response.

1. This conversation could not take place . . .
    a. at breakfast.
    b. at lunch.
    c. in the evening.

2. The people involved are . . .
    a. mutual friends.
    b. two friends and an acquaintance of the second.
    c. two friends and a stranger.

3. What nationalities are represented?
    a. one Italian, one Mexican, and one American
    b. two Italians and one American
    c. two Mexicans and one American

CD1-5   **PRONUNCIACIÓN**

Each of the first eleven chapters of the *Workbook/Audio Transcript* includes a section on pronunciation. In the **Capítulo preliminar** of the textbook the complete Spanish alphabet was presented. In these exercises you will have the opportunity to practice with different sounds of the Spanish language.

Los sonidos vocálicos: *a, o, u*

AM 1-42 La vocal *a* The sound of the vowel **a** in Spanish is pronounced like the *a* of the English word *father* except the sound is shorter in Spanish. Listen as the speaker on the CD models the difference between the Spanish **a** and the English *a* of *father*.

PRÁCTICA

Listen to and repeat the following words.

| hola | pan | tapas | habla | calamares |
| va | patatas | canta | hasta | cacahuetes |

CD1-6 **AM 1-43 La vocal *o*** The sound of the vowel **o** in Spanish is pronounced like the *o* of the English word *open* except that the sound is much shorter in Spanish. Listen as the speaker on the CD models the difference between the Spanish **o** and the English *o*.

PRÁCTICA

| ojo | algo | como | disco | chorizo |
| con | nosotros | por | vaso | año |

CD1-7 **AM 1-44 La vocal *u*** The sound of the vowel **u** in Spanish is pronounced like the *u* of the English word *rule* except that the sound is shorter in Spanish. Listen as the speaker on the CD models the sound for you.

PRÁCTICA

| tú | Perú | un | mucho | gusta |
| lunes | Cuba | saludos | jugo | música |

Capítulo 2

Lo mío y los míos

PRIMERA ETAPA

Para empezar: ¿De quién es?

AM 2-1 Asociaciones For each of the items in the left column select the most logically related action from the right column. Then place the corresponding letter next to the items.

_____ **1.** unos libros

_____ **2.** una computadora

_____ **3.** un estéreo

_____ **4.** una cama

_____ **5.** un escritorio

_____ **6.** un apartamento

a. escribir
b. dormir
c. navegar *(surfing)* en Internet
d. escuchar música
e. vivir
f. leer

AM 2-2 ¿De qué color... ? With which color are the following items normally associated? Note that the adjectives need to agree in gender and number with the noun they modify.

> **Modelo:** el sol
> *amarillo*

1. la pizarra   _____

2. las fresas   _____

3. el chocolate   _____

4. la tiza   _____

5. las plantas   _____

6. la limonada   _____

7. las gambas   _____

8. el bolígrafo   _____

AM 2-3 Adivina, adivinanza *(Guessing)* You and your classmates are playing a game in your Spanish class. Read the descriptions below and identify the corresponding object in Spanish. Follow the **modelo.**

> **Modelo:** con *(with)* números y letras
> *Es un teclado.*

1. con pantalla y teclado

_____

2. con paredes, ventanas y una puerta

_____

3. con almohadas y sábanas *(sheets)*

_____

4. con cajones, una lámpara y libros

_____

5. con ropa y zapatos

_____

ENFOQUE LÉXICO

Hay + sustantivo

AM 2-4 ¿Qué hay... ? Look at the drawings of Eduardo's and Alicia's rooms. First, list in Spanish at least ten objects that you see in Eduardo's room. Then, list at least four objects in Alicia's room that are not found in Eduardo's room.

1. En el cuarto de Eduardo hay _____

_____

_____ .

2. En el cuarto de Alicia hay _____

_____

AM 2-5 En... hay... Think of which items can be found in the following locations and then write them in the space below.

1. En una biblioteca hay _____.

2. En un café hay _____.

3. En la clase de español hay _____.

4. En una residencia estudiantil hay _____.

ENFOQUE ESTRUCTURAL

El verbo *tener*

AM 2-6 ¿Quién tiene qué? Connect the names from the left column with the appropriate sentence from the right column to form complete sentences.

_____ **1.** Yo...

_____ **2.** Mis profesores...

_____ **3.** Tú...

_____ **4.** Mis compañeros de cuarto *(roommates)* y yo...

_____ **5.** Ustedes...

_____ **6.** Elena...

a. tienes unos pósters de Jennifer López en tu cuarto.
b. tiene una computadora portátil.
c. tienen las notas *(grades)* de los estudiantes.
d. tengo el diccionario en mi mochila.
e. tenemos plantas en la habitación.
f. tienen un vídeo en la clase.

AM 2-7 ¡Las cosas que no tengo! Today you woke up late and had to leave in a rush. You forgot to take your backpack with you. Look at the pictures and indicate who has the items that you need.

1. Sonia tiene _____.

2. _____.

3. _____.

4. _____.

AM 2-8 La oficina de mi profesor/a Imagine that you are in your professor's office. Write six sentences in which you identify six possessions that your professor has in his/her office. Follow the **modelo**.

    Modelo: *Mi profesor tiene una silla.*

1. _____
2. _____
3. _____
4. _____
5. _____
6. _____

AM 2-9 No tenemos… You just found out that everyone needs something for his/her room. Indicate who doesn't have what by using the elements below to form sentences. Follow the **modelo**.

    Modelo: Miguel / no tener estantes
                 Miguel no tiene estantes.

1. mis amigos / no tener un televisor

   _____

2. yo / no tener un radio despertador

   _____

3. Fernando y yo / no tener una computadora portátil

   _____

4. Marta / no tener una cómoda blanca

   _____

5. mi compañero/a de clase / no tener un escritorio en su cuarto

   _____

6. Uds. / no tener pósters

   _____

ENFOQUE ESTRUCTURAL

Los posesivos, *de y ser + de* para expresar posesión

AM 2-10 Posesiones *(Belongings)* Substitute the following sentences with the possessive adjectives according to the **modelo**.

    Modelo: el estéreo de Paco: *su estéreo*

1. el cuarto de Antonio: _____
2. las bicicletas de mis padres: _____
3. los pósters de ellas: _____

4. la cama de Lola: _____

5. el televisor de nosotros: _____

6. la computadora de tu amigo: _____

AM 2-11 Objetos perdidos (Lost items) In the following exchanges, some people seem to have lost different items. Complete the following sentences with the appropriate possessive adjective.

> **Modelo:** —¿Tiene Miguel tus libros?
> —No, Miguel no tiene *mis* libros.

1. —¿Tienes tú mi disco compacto de Shakira?

—Sí, tengo _____ disco compacto de Shakira en el cuarto.

2. —¿Tienen ustedes sus cuadernos?

—No, profesor, no tenemos _____ cuadernos. Están en _____ habitación.

3. —¿Tienes mis lápices?

—No, no tengo _____ lápices. Tú tienes los lápices en _____ escritorio.

4. —¿Tienen Marta y María su diccionario de español?

—No, no tienen _____ diccionario de español.

5. —¿Tiene Daniel tus plantas?

—Sí, Daniel tiene _____ plantas en _____ apartamento.

AM 2-12 Demasiadas preguntas (Too many questions) Julia is working in the orientation sessions for prospective students at her university, and she is showing Marta around the campus. Write down the questions that Marta asks Julia.

MARTA: **(1)** _____

JULIA: Sí, es mi habitación, pasa.

MARTA: **(2)** _____

JULIA: Sí, son mis compañeras *(roommates),* Noelia y Susana.

MARTA: **(3)** _____

JULIA: No, no son nuestras computadoras. Las computadoras son de la universidad.

MARTA: **(4)** _____

JULIA: Sí, es nuestra televisión.

MARTA: **(5)** _____

JULIA: No, son mis libros de cálculo. Noelia y Susana no estudian matemáticas.

MARTA: **(6)** _____

JULIA: No, no tengo mi perro *(dog)* en la universidad. No está permitido *(It is not permitted).*

AM 2-13 Conversaciones Using the information below, complete the following exchanges with the appropriate possessive adjective.

1. Alberto is looking for his pens. Francisco sees where they are.

   ALBERTO: ¿Tienes tú (**1**) _____ bolígrafos?

   FRANCISCO: No, tienes los bolígrafos en (**2**) _____ mochila.

2. Alberto and Francisco are looking for Camila's house.

   ALBERTO: Francisco, ¿es la casa (**3**) _____ Camila?

   FRANCISCO: Sí, es (**4**) _____ casa.

3. Francisco has found a set of keys.

   FRANCISCO: Alberto y Cristina, ¿son (**5**) _____ llaves?

   CRISTINA: No, no son (**6**) _____ llaves.

4. Alberto is looking at a stereo in Francisco's house.

   ALBERTO: Francisco, ¿es (**7**) _____ estéreo?

   FRANCISCO: No, el estéreo es (**8**) _____ mi hermano.

5. Alberto is looking for the group's CDs that Francisco has in his bedroom.

   ALBERTO: Francisco, ¿tienes tú (**9**) _____ discos compactos?

   FRANCISCO: Sí, tengo los discos en (**10**) _____ habitación.

AM 2-14 Es de... Your roommate Luis had some friends visiting and they have left their belongings in your room. Luis and you talk about the forgotten items. Ask Luis to whom the various things belong; then Luis answers. Write your questions and Luis' answers following the **modelos.**

> **Modelos:** ¿De quién / ser / el libro? ...de Ana
> Tú: *¿De quién es el libro?*
> LUIS: *El libro es de Ana.*
>
> ¿De quién / ser / los discos? ...de Juan y de Pedro
> Tú: *¿De quiénes son los discos?*
> LUIS: *Los discos son de Juan y de Pedro.*

1. ¿De quién / ser / la calculadora? ...de Pedro

   Tú: _____.

   LUIS: _____.

2. ¿De quién / ser / los bolígrafos? ...de Rafa y José

   Tú:_____.

   LUIS: _____.

3. ¿De quién / ser / las llaves? ...de Luisa

   Tú:_____.

   LUIS: _____.

4. ¿De quién / ser / los casetes? ...de Rosana y Tere

Tú: _____ .

Luis: _____ .

5. ¿De quién / ser / la computadora? ...de Darío

Tú: _____ .

Luis: _____ .

SEGUNDA ETAPA

Para empezar: En la universidad y después de clase

AM 2-15 Ofertas de empleo *(Employment opportunities)* Read the following ads and indicate what type of professionals they are seeking.

Modelo: El restaurante La Sirena busca *(is looking for)* **un mesero** para los fines de semana.

1. **La Universidad de Miami necesita** *(needs)* **tres** _____ **de historia.**

2. **El grupo de danza Rendición busca dos** _____ **con experiencia.**

3. La editorial Santillana necesita siete _____ bilingües para traducir textos del inglés al español.

4. El director de cine Alfonso Aráus busca _____ hispanas para su nueva película *(movie)*.

AM 2-16 Un joven puertorriqueño Marcos is a young Puerto Rican student. Help him complete the following paragraph about himself by placing the correct word or expression in the blanks. Note that each word or expression is used only once!

> química   humanidades   abogado   lenguas extranjeras
> residencia estudiantil   física   derecho   especialidades

¡Hola! Me llamo Marcos y estudio **(1)** _____ en la Universidad de Vanderbilt.

Vivo con mi amigo Alejandro en una **(2)** _____. Alejandro también quiere ser

(3) _____, como yo *(like me)*. La Universidad de Vanderbilt ofrece otras

(4) _____. En la sección de ciencias hay: biología, **(5)** _____

y **(6)** _____, informática y matemáticas. En el área de las

(7) _____ un estudiante de esta universidad se puede especializar en: filosofía,

historia, **(8)** _____ y literatura. Hay muchas opciones para elegir.

ENFOQUE LÉXICO

Los números de 0 a 100

AM 2-17 Preparándose para las clases *(Getting ready for school)* Juan, a Spanish student from Sevilla, is getting ready for his classes at the University of San Diego, California, and purchased the items listed below. List the things that he bought, writing out the quantity and the prices.

   Modelo: 1 mochila: 40 dólares
   una mochila: cuarenta dólares

1. 4 cuadernos: 20 dólares

_____

2. 1 diccionario de inglés: 35 dólares

_____

3. 2 borradores: 1 dólar

_____

4. 1 calculadora: 98 dólares

_____

5. 3 bolígrafos: 2 dólares

_____

6. 5 discos para la computadora: 15 dólares

_____

AM 2-18 Perfiles *(Profiles)* Marta and Beatriz are two young students from Venezuela, who are getting their master's degree at Boston University. Complete the following description about their routine, writing out the numbers that appear in the sentences.

Marta es una estudiante universitaria venezolana y tiene 21 (**1**) _____ años. Vive

fuera del campus en un apartamento, en el número 95 (**2**) _____ de la calle Park,

con su amiga Beatriz de 19 (**3**) _____ años. Todas las mañanas *(Every morning)*

Marta y Beatriz toman el autobús 63 (**4**) _____ para ir *(to go)* a sus clases. Marta

estudia administración de empresas y Beatriz estudia periodismo. Marta y Beatriz tienen 6

(**5**) _____ horas de clase cada día. Después de las clases toman un curso de

fotografía, su gran afición. El curso es de 75 (**6**) _____ horas y aprenden mucho.

Hay 16 (**7**) _____ estudiantes en la clase. Gino, su profesor, es un joven fotógrafo

de 28 (**8**) _____ años, pero con mucha experiencia.

ENFOQUE ESTRUCTURAL

La expresión de los gustos: *gustar* + acciones

AM 2-19 ¿Te gusta? Look at the pictures and pretend you are talking to the person in each one. Write your conversation according to the **modelo.**

Modelo: *¿Te gusta hablar español?*
       Sí, me gusta.

1. _____

_____

2. _____

_____

3. _____

_____

4. _____

_____

AM 2-20 De relajo... *(Relaxing)* What kind of activities do you like to do in the following situations? Make sure to form complete sentences when expressing your likes.

1. En vacaciones *(On vacation)* _____

_____.

2. En un café con amigos _____

_____.

3. En una discoteca _____

_____.

4. En casa los domingos *(At home on Sundays)* _____

_____.

Nombre _____ Fecha _____

ENFOQUE ESTRUCTURAL

La expresión de los gustos: *gustar* + cosas

AM 2-21 Combinaciones *(Mix and match)* Form as many sentences as possible by properly combining the elements from the three columns.

a nosotros	les gusta	el arte
al profesor Sánchez	no te gustan	las matemáticas
a mí	me gusta	el teatro clásico
a Pedro y a Lola	no nos gustan	la música clásica
a ti	le gusta	las películas de ciencia ficción
a ti y a tu amigo	les gustan	los poemas de Neruda

1. _____

_____

2. _____

_____

3. _____

_____

4. _____

_____

5. _____

_____

6. _____

_____

HAND IN.

AM 2-22 Olga y sus amigos In the following narration we learn about Olga and the activities she likes to do during the weekend. Complete the sentences with the appropriate indirect object pronoun or the correct form of **gustar**.

A Olga (**1**) _____ gustan mucho los fines de semana. Todos los fines de semana Olga sale con sus amigos. A ellos (**2**) _____ gusta mucho el cine. Les (**3**) _____ muchísimo las películas extranjeras. También les (**4**) _____ ir a los museos, especialmente cuando hay exposiciones nuevas. Les (**5**) _____ las exposiciones de arte moderno. A Olga le (**6**) _____ mucho pasar tiempo con sus amigos. Y a ti, ¿qué (**7**) _____ gusta? ¿Te (**8**) _____ los conciertos? ¿Te (**9**) _____ el arte?

34 *¡Tú dirás!* Third Edition ◆ Activities Manual

AM 2-23 Preferencias We all have our preferences. What are yours? Read the following pairs of words and indicate which of the two you like best.

> **Modelo:** la música – los deportes
> Me gustan más los deportes.

1. la historia – la geografía

_____

2. las películas de aventura – las películas románticas

_____

3. el arte clásico – el arte moderno

_____

4. los conciertos de música rock – los conciertos de música folklórica

_____

5. las clases de ciencias – la clase de historia

_____

TERCERA ETAPA

Para empezar: Mi familia

AM 2-24 La familia de Gilberto Identify the following members of Gilberto's family in the spaces provided below their names.

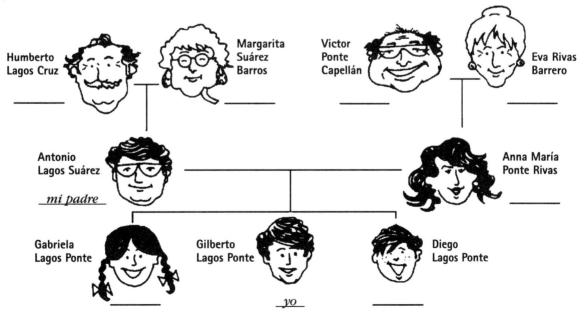

AM 2-25 Perfiles *(Profiles)* Complete the information that Francisco, a Chilean kid, provides about his family. Use the words that appear in the box below. Remember that each word or expression is used only once.

hermanos	**primas**	**nombre de pila**	**maternos**	**abuelos**	**apartamento**

Hola, me llamo Francisco, pero mi **(1)** _____ es Fran. Soy chileno, de la capital,

Santiago de Chile. Vivo en un **(2)** _____ con mi familia y un pájaro llamado

Panchito. Tengo dos **(3)** _____, Daniel y Gustavo. Ellos estudian en los Estados

Unidos, pero les gusta visitar a nuestra familia en Chile. Mis **(4)** _____,

Clara y Lucía, viven cerca de nosotros, también mis abuelos **(5)** _____ viven cerca.

No tengo **(6)** _____ paternos.

ENFOQUE LÉXICO

Los adjetivos para la descripción de personas

AM 2-26 La familia de mi amigo Mateo You are going to tell us about your friend's family. Use the following elements to form sentences. Don't forget to conjugate the verbs correctly and to put the adjectives in the appropriate form.

1. la familia de Mateo / ser / muy simpático

_____

2. Mateo y su familia / vivir / en una casa / bonito

_____

3. los hermanos de Mateo / ser / muy divertido / y / me gustar / jugar con ellos

_____

4. la hermana de Mateo / ser / muy serio / y / estudiar / mucho

_____

5. Mateo / tener / un perro / muy listo, / se llamar / Centella

_____

6. Mateo y yo / ser / bueno / amigos

_____

AM 2-27 Una familia de contrastes Monica's family is very interesting; each member has its own characteristics. Complete the following descriptions about her family members by using the appropriate adjectives in each case.

    Modelo: Mi familia no es muy grande; *es pequeña.*

1. Mi padre es aburrido, pero mi madre es muy _____.

2. Mi abuela Reme es gordita, pero mi abuelo Rafael es muy _____.

3. Mi hermana Belén es muy _____, pero su esposo es bajo.

4. Mi primo José tiene el pelo _____, pero mi prima tiene el pelo liso.

5. Mi tío Carlos, el hermano de mi madre, es muy simpático, pero su esposa es _____.

6. Tengo un perro, Robin, muy _____, pero el pez de mi hermana Belén es feo.

ENFOQUE ESTRUCTURAL

Más sobre el verbo ser

AM 2-28 Combinaciones (*Mix and match*) Form sentences by combining elements from the first and third columns and conjugating the verb **ser** as necessary.

las películas cómicas el hermano de mi padre mi familia y yo mi compañera de cuarto las hijas de mi tía tu hermano y tú los discos compactos	ser	de la República Dominicana abogado mis primas argentina divertidas de Carlos Vives altos

1. _____

2. _____

3. _____

4. _____

5. _____

6. _____

7. _____

AM 2-29 De charla (*Chatting*) It is the first day of school and David is trying to meet new people. Help David complete the following conversation where he introduces himself and his cousins to a young journalist. Conjugate the verb **ser** as necessary.

DAVID: ¡Hola! Yo (**1**) _____ David y éstas (**2**) _____ mis primas ^{COUSINS} Carlota y Raquel.

Nosotros (**3**) _____ estudiantes en la Universidad de Buenos Aires, Argentina.

Nuestra especialidad (**4**) _____ derecho. Y tú, ¿(**5**) _____ estudiante también *(also)*?

PERIODISTA: No, (**6**) _____ periodista. Voy a entrevistar al profesor Rivera. ¿Lo conoces? *(Do you know him?)*

DAVID: Sí, él (**7**) _____ nuestro profesor de derecho internacional. Él y sus colegas (**8**) _____ profesores excelentes.

Nombre _____ Fecha _____

AM 2-30 De profesión... Antonio's friends are all very successful professionals. Try to identify what their professions are. Conjugate the verb **ser** as necessary.

> **Modelo:** Ángel trabaja arreglando *(fixing)* carros.
> *Es un mecánico muy bueno.*

1. Mariano escribe sobre las noticias nacionales e internacionales.

   _____ un _____ excelente.

2. Carmela y Adriana diseñan *(design)* ropa elegante.

   _____ unas _____ famosas.

3. Julián trabaja con las computadoras de la universidad.

   _____ un _____ muy competente.

4. Esther y Hernán enseñan a los niños a leer y a escribir.

   _____ unos _____ muy pacientes.

5. Manolo tiene exposiciones de sus cuadros *(paintings)* en el Museo Reina Sofía de Madrid.

   _____ un _____ de gran talento.

6. Victoria y Paz trabajan en el hospital Virgen de los Milagros.

   _____ unas _____ extraordinarias.

ENFOQUE ESTRUCTURAL

Las preguntas de tipo *sí/no*

AM 2-31 Preguntas Think of the most appropriate questions for the following answers.

1. _____

   No, no me gusta hablar sobre política.

2. _____

   Sí, estudiamos medicina.

3. _____

   No, Luis y Ramón no son hermanos.

4. _____

   Sí, tengo una computadora en mi habitación.

5. _____

   No, no hay muchas especialidades de ciencias en esta universidad.

6. _____

   Sí, nos gustan las películas cómicas.

AM 2-32 ¡Qué curiosa! *(How curious!)* Beatriz is very intrigued about the new relationship that her friend Ana has with an Italian exchange student, Carlo. Answer the following questions that Beatriz asks Ana by using complete sentences.

—Ana, ¿deseas un café?

1) —No, _____.

—A Carlo le gusta el jazz, ¿no?

2) —Sí, _____.

—Tú y Carlo, ¿hablan mucho sobre política?

3) —No, _____.

—Tú y Carlo no viajan todos los fines de semana, ¿verdad?

4) —No, _____.

—Ana, ¿practicas el italiano mucho con Carlo?

5) —Sí, _____.

AM 2-33 Clubs universitarios *(University clubs)* You attended an orientation session celebrated at your university to find out about the different clubs available and a senior student is asking you some questions to help you decide which club you might like the best. Answer the following questions based on your personal experience.

1. ¿Hablas otras lenguas?

_____

2. ¿Viajas mucho?

_____

3. ¿Te gustan los deportes?

_____

4. ¿Tocas *(Do you play)* algún *(any)* instrumento?

_____

5. ¿Te gusta el cine?

_____

6. ¿Usas mucho la computadora?

_____

INTEGRACIÓN

LECTURA: Mi familia

You are going to read descriptions written by three Spanish speakers about themselves and their families.

Antes de leer

Guessing from context
When faced with an unfamiliar word, you can often figure out its meaning from the context, that is, from surrounding words that you can recognize. As a general rule, do not be afraid to make intelligent guesses about the meanings of the words and phrases. If you are wrong, succeeding sentences will probably warn you to go back again.

AM 2-34 Adivina Quickly read through the three paragraphs and find four words you do not know and write them below. Then guess their meaning based on the context of the sentence in which the words appear.

1. _____
2. _____
3. _____
4. _____

Después de leer

AM 2-35 ¿Cómo son? Read each description and answer the following questions.

Descripción 1

Me llamo Juan Carlos Morales y tengo diecisiete años. Vivo con mi familia en Burgos. Tengo dos hermanas. Angelina tiene diecinueve años y Laura quince. Mi tío Eduardo, el hermano de mi padre, y su esposa, Verónica, tienen dos hijos que se llaman Andrea y Lucas. Tengo familiares en otras ciudades de España y una tía que vive en los Estados Unidos. Mi abuelo, el padre de mi madre, vive en La Coruña con mi abuela. Los padres de mi padre viven en León.

1. Does Juan Carlos have any cousins?

_____

2. Do all of the members of Juan Carlos's family live close to each other?

_____

Descripción 2

Me llamo Isabel Álvarez, tengo veinticuatro años y deseo ser profesora de español. Vivo en Bilbao con mis padres y mi hermana Carolina, que tiene veinte años. Nuestro apartamento tiene cuatro habitaciones y dos balcones grandes. Mi padre trabaja en la oficina de correos y mi madre trabaja como secretaria en la universidad.

Toda mi familia vive en el País Vasco. Tengo dos tíos que tienen el mismo nombre: Fernando. Uno es hermano de mi madre y el otro, hermano de mi padre. Todos mis primos son más pequeños que yo.

Este año voy a clases de guitarra y practico cada vez que tengo tiempo libre. También me gusta salir con mis amigos. Vamos al cine o a un restaurante al menos una vez por semana. Durante las vacaciones de verano pienso viajar a Toledo y Salamanca.

3. What does Isabel say about her future profession?

_____

4. How big is Isabel's apartment?

_____

5. What does Isabel like to do in her free time?

_____

Descripción 3

Me llamo Francisco y soy mexicano. Vivo con mi esposa y mi familia en la Ciudad de México, una de las ciudades más grandes del mundo. Tengo dos hijos: Rosa y Carlos. Rosa tiene veinticuatro años y Carlos veintisiete y ya no viven con nosotros. Carlos tiene su propio apartamento y Rosa vive con su madre. Por el contrario, Luis, el hijo más pequeño de mi segunda esposa, vive en nuestra casa. Luis tiene diecisiete años y termina sus estudios secundarios en la escuela este año.

6. Do Francisco's children live with him?

_____

7. What is the family relationship between Carlos y Luis?

_____

8. What do we know about Luis?

_____

ESCRITURA

Vocabulary: Personality; Family members; Leisure
Phrases: Describing people
Grammar: Verbs: present tense; **ser; gustar**

Título: Autorretrato (Self-portrait)

In order to practice your Spanish, you decide to enroll in a program to help you find a pen pal from a Spanish-speaking country. This is your first contact with your pen pal and you would like to start by describing yourself. You may include the following information in your description:

- the members in your family
- you and your family members' physical characteristics and personal qualities
- your likes and dislikes as well as your family's likes and dislikes

A empezar

AM 2-36 Organización de las ideas Select the personal information that you would like to give about yourself and your family members, and make a list with details that you consider the most interesting for your pen pal.

A escribir

AM 2-37 Preparación del borrador Put the ideas from your list in the **A empezar** section all together in paragraph form. Try to go from the more general descriptive aspects to the more specific ones.

AM 2-38 Revisión del borrador Review your **borrador** by considering the following questions.

1. Have you provided information for all the points addressed in the **Título** section? Do you need to add more details?
2. Are the ideas expressed clearly? Would you consider changing the organization of your description to make it clearer?
3. Have you used the vocabulary and grammatical structures that you learned in this chapter to describe yourself and your family members and to express likes and dislikes?

AM 2-39 El producto final Based on the review of your draft, make the necessary adjustments and incorporate any new ideas that have occurred to you. Before you hand in your composition, read it again and check for any misspelled words or phrases. Finally, make sure that all your changes have been implemented.

COMPRENSIÓN AUDITIVA

CD1-8 **AM 2-40 En mi mochila… En mi cuarto…** Two students, Adela and Vicente, are going to describe what can be found in their backpacks. Write **A** under the picture of each item that Adela has in her backpack and **V** under the picture of each item Vicente has. Not everything in the picture is mentioned on the CD, nor is everything mentioned on the CD included here. Adela will begin.

Now Vicente and Adela will describe what they have in their dorm rooms. Once again, write **V** or **A** under the picture of each possession. Not everything in the picture is mentioned on the CD. This time Vicente will speak first.

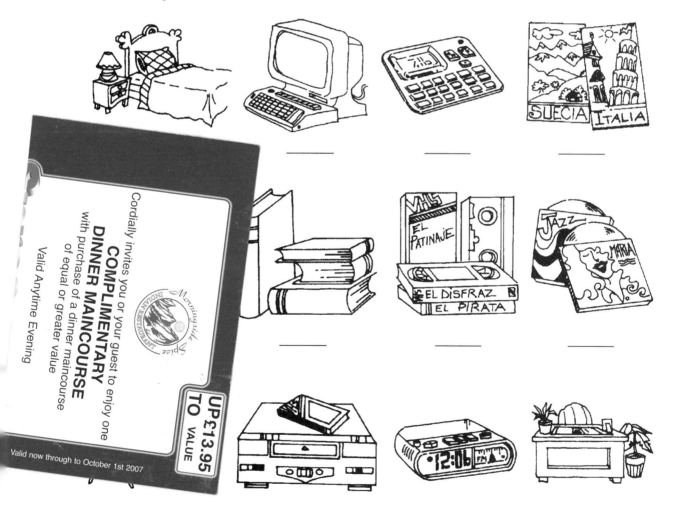

Nombre _____ Fecha _____

CD1-9 **AM 2-41 Un retrato** Listen carefully to Clara Herrera, a student at UCLA, discussing her interests and studies. Then answer the questions by circling the letters of the correct response.

1. Clara vive…
   a. en la universidad.
   b. en una casa.
   c. en un apartamento.
   d. en una residencia estudiantil.

2. A Clara le gusta mucho…
   a. cocinar.
   b. programar las computadoras.
   c. viajar.
   d. bailar.

3. Prefiere las películas
   a. de aventuras.
   b. extranjeras.
   c. cómicas.
   d. de ciencia ficción.

4. En la universidad estudia…
   a. historia.
   b. informática.
   c. filosofía.
   d. química.

5. A Clara no le gustan las clases de…
   a. ciencias.
   b. historia.
   c. lengua.
   d. geografía.

CD1-10 **AM 2-42 Los gustos** Four friends are discussing the subjects that they like and dislike. Listen to their conversation and tell how they feel about each item discussed. If they like something, write +. If they dislike something, write –.

Modelo: YOU HEAR: —Isabel, ¿te gusta cantar?
                        —¿Cantar? No, no mucho.
          YOU WRITE: – [minus sign]

	Isabel	Pablo	Matilde	Lucas
música				
televisión				
cine				
lenguas				
matemáticas				

CD1-11 **AM 2-43 ¡Qué familia!** You will hear Margarita talk about her family. As you listen, circle the response that matches the information that Margarita is giving you. Read the questions before listening to Margarita's description.

1. Margarita vive con…
   a. sus padres y su hermana.
   b. sus padres y sus tres hermanos.
   c. sus padres, sus tres hermanos y sus abuelos.
   d. su madre y su abuelo.

2. El padre de Margarita es…
   a. actor.
   b. fotógrafo.
   c. médico.
   d. profesor.

3. Ricardo, su hermano favorito, es…
   a. guapo y serio.
   b. alto y simpático.
   c. alto y gordito.
   d. bajo y simpático.

4. Su hermana mayor, Cecilia, es…
   a. diseñadora.
   b. bailarina.
   c. ingeniera.
   d. traductora.

5. El apellido del abuelo paterno de Margarita es…
   a. Suárez.
   b. Sánchez.
   c. Álvarez.
   d. Gálvez.

CD1-12 **PRONUNCIACIÓN**

Los sonidos vocálicos: e, i

AM 2-44 La vocal e The sound of the vowel **e** in Spanish is pronounced like the *e* of the English word *bet* except that the sound is shorter in Spanish. Listen as the speaker on the CD models the difference between the Spanish **e** and the English *e* of *bet*.

PRÁCTICA

Listen to and repeat the following words.

que	ese
es	leer
mes	tele
pez	tener
ver	verde

CD1-13 **AM 2-45 La vocal *i*** The sound of the vowel **i** in Spanish is pronounced like the *ee* of the English word *beet* except that the sound is shorter in Spanish. Listen as the speaker on the CD models the sound for you.

PRÁCTICA

Listen to and repeat the following words.

aquí	disco
mi	libro
sí	hija
ti	tipo
y	silla

Capítulo 3

¿Dónde y a qué hora?

PRIMERA ETAPA

Para empezar: Mi pueblo

AM 3-1 En este lugar... With which places and locations in cities and towns do you associate the following activities?

> **Modelo:** En este lugar, la gente *(people)* ve arte.
> *el museo*

1. En este edificio público, los estudiantes leen libros.

   _____

2. En este espacio abierto, la gente compra frutas y vegetales.

   _____

3. En este lugar la gente toma el tren.

   _____

4. En este edificio público, la gente envía cartas y paquetes.

   _____

5. En este lugar, los estudiantes bailan y escuchan música.

   _____

6. En este espacio abierto, las personas corren o pasean.

   _____

AM 3-2 Mi pueblo Carlos talks about his life in a small town in Mexico. Help him complete the description below with the missing words about public places.

Mi familia y yo vivimos en un pueblo pequeño a unos kilómetros de Guadalajara. Mi padre es

el maestro de la **(1)** _____ y mi madre, que es enfermera, trabaja en el

(2) _____. El pueblo es pequeño, pero muy bonito.

En el centro de la plaza del pueblo hay un **(3)** _____ donde los niños juegan

(play) y los adultos pasean. Los domingos en la plaza hay un **(4)** _____ donde la

gente compra fruta, vegetales y otros productos de la región.

En la calle Mayor hay muchos **(5)** _____ donde los jóvenes charlan y toman

algo y **(6)** _____ para comer. También hay un **(7)** _____ donde

vemos las nuevas películas y un pequeño **(8)** _____ con pinturas *(paintings)* de

artistas locales.

En el pueblo no hay aeropuerto, pero sí hay una (**9**) _____ y una

(**10**) _____ para viajar a la capital y a otras ciudades. La vida en el pueblo es

muy tranquila y me gusta mucho vivir aquí.

ENFOQUE LÉXICO

Los números de cien a un millón

AM 3-3 Datos *(Facts)* You are about to read some interesting facts about Mexico. Complete the
sentences below by writing out the numbers that appear in parentheses.

1. La Ciudad de México, Distrito Federal, tiene aproximadamente _____
   (20.000.000) de habitantes.

2. El náhuatl es una lengua indígena de México, todavía hablada hoy por unos

   _____ (100.000) hablantes.

3. La Universidad Nacional Autónoma de México es fundada en _____
   (1552).

4. El Pico de Orizaba es la montaña más alta del país, con _____ (5.747)
   metros de altura.

6. La constitución mexicana vigente es de _____ (1917), con algunas
   modificaciones.

AM 3-4 Apuntes sobre Oaxaca *(Some notes about Oaxaca)* One of the most beautiful Mexican
regions is Oaxaca. Complete the following description about this region by writing out the numbers
that appear in parentheses.

El estado de Oaxaca tiene una superficie de (**1**) _____ (36.820) millas

cuadradas con aproximadamente unas (**2**) _____ (300) millas de costa en

el Pacífico. Su capital, Oaxaca de Juárez, conocida como «Tierra del Sol», alberga una población de

(**3**) _____ (800.000) habitantes. El estado de Oaxaca es el más indígena de

México; posee (**4**) _____ (7) regiones diferentes en las cuales se hablan

(**5**) _____ (16) lenguas, y más de (**6**) _____ (200)

dialectos que sobreviven todavía hoy. El idioma indígena con mayor representación en el estado de

Oaxaca es el zapateco con unos (**7**) _____ (423.000) hablantes.

ENFOQUE ESTRUCTURAL

Las preguntas con *quién, qué, dónde, cuándo, por qué, cómo, cuánto, cuántos*

AM 3-5 El primer día de clase *(The first day of class)* Pablo, a Mexican student, and Sara, an exchange student from San Diego, are talking during their first day of classes about the courses, the professors . . . Complete their conversation using the appropriate interrogative word.

PABLO: ¡Hola, Sara! ¿Cómo estás?

SARA: Bien, gracias. Y tú, ¿qué tal?

PABLO: Muy bien. ¿(**1**) _____ clases tienes hoy?

SARA: Tengo dos: historia de México y composición avanzada en español.

PABLO: ¿(**2**) _____ es tu profesor de historia de México?

SARA: Es el doctor Juan Alberto Nájera.

PABLO: ¿(**3**) _____ es?

SARA: Es un profesor excelente. Me encantan sus clases. Y tú, ¿(**4**) _____ estudias este semestre?

PABLO: Bioquímica, cálculo y programación.

SARA: ¡Qué clases tan difíciles!

PABLO: Bueno, un poco, pero me gusta mi especialidad. Oye, ¿(**5**) _____ terminas tus clases hoy?

SARA: Por la tarde. ¿Tomamos un café?

PABLO: Muy bien. ¿(**6**) _____?

SARA: ¿En el bar Los Leones?

PABLO: Estupendo, hasta luego entonces.

SARA: Adiós.

AM 3-6 La pregunta perdida *(The missing question)* Isabel is interviewing Luis Alfonso, a freshmen at the **Universidad Autónoma de México.** Read the answers that Luis Alfonso provides and write the matching question.

Modelo: *¿Dónde estudias?*
Estudio en la Universidad Autónoma de México.

1. _____

Mi familia vive en Puerto Vallarta.

2. _____

Tengo dos hermanos.

3. _____

Mi madre es escritora y mi padre es director de cine.

4. _____

Mis padres son muy simpáticos.

5. _____

La señora en la foto es mi madre.

6. _____

Tomo clases en la Universidad Autónoma de México porque me gustan los programas que tiene.

ENFOQUE LÉXICO

Las expresiones con el verbo *tener*

AM 3-7 ¿Cuántos años tienen? Write complete sentences telling how old the following people are.

Modelo: tu padre / 45
Tu padre tiene cuarenta y cinco años.

1. su hermano Enrique / 23

_____

2. mis abuelos Inés y Paco / 76

_____

3. tu madre / 31

_____

4. nuestros primos Susana y Alberto / 18

_____

5. su sobrina Julia / 15

_____

AM 3-8 En conversación Use the expressions with the verb **tener** that you have learned to complete the following exchanges.

Modelo: —¿Por qué no tienes perros?
—Porque *tengo miedo* de los perros.

1. —¿Por qué corres tanto *(so much)*, Fran?

—_____; no quiero *(I don't want to)* llegar tarde a mis clases.

2. —¿_____?

—Sí, mucha. ¿Dónde cenamos?

3. —¿Te gusta el apartamento?

—Sí, pero no hay aire acondicionado y en verano mis compañeros y yo _____.

4. —Mira, ésa es Tere, la novia de Pancho.

—No, la novia de Pancho se llama Merche.

—¡Ah! _____; es Merche, no Tere.

5. —¿Qué tomas?

—Un agua mineral; _____.

6. —¿Te vas a la cama ahora? Es muy temprano *(early).*

—Sí, _____; necesito descansar.

AM 3-9 ¿Qué tienen que hacer? These people are very busy! Use the following verbs to describe what they need or have to do.

> **Modelo:** Pablo / ir a la universidad
> *Pablo tiene que ir a la universidad.*

1. Claudia / recoger a sus padres en la estación de trenes

_____

2. Mi hermana y yo / pasear a nuestro perro por el parque

_____

3. Teresa y Felipe / llamar al restaurante

_____

4. Yo / llevar unos libros a la biblioteca

_____

5. Todos / ver la película para la clase de cine mexicano

_____

6. Tú / visitar el museo con la clase de español

_____

AM 3-10 Invitaciones Your friends enjoy doing things with you. Read their invitations below and complete them by using the expression most logically related to context: **tener que** or **tener ganas de.** Don't forget to conjugate the verb **tener.**

> **Modelo:** TUS AMIGOS: ¿Preparamos la comida?
> TÚ: Sí, pero primero *tengo que* ir al mercardo.

1. TU AMIGO: ¿Sales esta noche?

TÚ: No, esta noche no salgo porque _____ estudiar.

2. TUS AMIGOS: ¿Visitamos el museo este fin de semana?

TÚ: Sí, _____ ver la nueva exposición.

3. TUS AMIGOS: ¿Paseamos por el parque?

TÚ: No, no _____ caminar.

4. TUS AMIGOS: ¿Comemos juntos mañana?

TÚ: No, _____ comer con mis abuelos.

5. Tus amigos: ¿Organizamos una fiesta el viernes?

Tú: Sí, pero primero (nosotros) _____ limpiar el apartamento.

6. Tus amigos: ¿Llamamos a María?

Tú: Sí, _____ hablar con ella.

ENFOQUE ESTRUCTURAL

Los verbos irregulares en el presente: *hacer, poner, traer, salir*

AM 3-11 ¡Qué activos! *(How active!)* Read what the following people do and form sentences by combining the elements below and conjugating the verb as necessary.

> **Modelo:** Yo / no traer / comida a clase
> *Yo no traigo comida a clase.*

1. Elisa / poner la mesa / antes de comer

_____

2. Yo / hacer cola / para comprar las entradas en el teatro

_____

3. Mis amigos y yo / salir / a bailar los fines de semana

_____

4. Tú / traer / el diccionario a la clase de español

_____

5. Yo / salir con mi madre / al mercado

_____

6. Yo / poner / la radio por las mañanas

_____

AM 3-12 Planes Amalia is asking his friend Ángel about his plans for the weekend. Complete their conversation by using the correct form of the verbs in parentheses.

—Ángel, ¿qué (**1**) _____ (hacer) este fin de semana?

—Este fin de semana (**2**) _____ (salir) con Tere y Miguel.

—(**3**) _____ (Hacer, ustedes) una fiesta en casa de Miguel, ¿no?

—Sí, ¿tú también asistes?

—No, (**4**) _____ (tener) que quedarme en casa. Mi hermana me

(**5**) _____ (traer) su computadora, y así (**6**) _____

(hacer, yo) mi proyecto de filosofía.

—¡Suerte!

—Gracias, diviértanse *(have fun).*

AM 3-13 La misma rutina Julián works in the study abroad office and tells us about his daily routine. Help him complete the following paragraph by using the correct forms of the verbs **hacer, poner, traer,** and **salir.**

Trabajo en la oficina de estudios en el extranjero *(study abroad)* y todas las mañanas es la misma rutina. **(1)** _____ de casa muy temprano y **(2)** _____ cola para tomar el autobús. Llego a la oficina y como me gusta escuchar música mientras trabajo, **(3)** _____ la radio. El trabajo es muy entretenido. Me gusta mucho trabajar con los estudiantes. Antes de viajar al extranjero, siempre ellos **(4)** _____ muchas preguntas sobre el país adonde viajan, y después de su viaje ellos siempre **(5)** _____ algún recuerdo *(souvenir)* para mí. A las doce del día, **(6)** _____ con mis compañeros a comer en la cafetería de la universidad. Después del trabajo, **(7)** _____ ejercicio antes de cenar. Y mientras ceno, **(8)** _____ la televisión para ver las noticias del día.

S E G U N D A   E T A P A

Para empezar: Mi casa

AM 3-14 ¡Hogar, dulce hogar! *(Home, sweet home!)* With which rooms and outside spaces of a house do you associate the following things?

> **Modelo:** la bañera: el cuarto de baño

1. el carro: _____
2. el fregadero y los platos: _____
3. las flores: _____
4. la cama: _____
5. los sillones y el televisor: _____
6. una mesa y cuatro sillas: _____

AM 3-15 ¡Qué apartamento! *(Nice apartment!)* Leticia is telling us about the apartment that she just rented. Complete her description with the most appropriate vocabulary in each case.

¿Cómo es mi apartamento? Pues, la cocina tiene mucha luz y es grande. Tengo un **(1)** _____ *(dishwasher)* y una **(2)** _____ *(refrigerator)* nuevos. En el dormitorio, hay un **(3)** _____ *(closet)* muy grande, una **(4)** _____ *(bed)* y una **(5)** _____ *(night table)*. La sala es muy bonita. Tiene un **(6)** _____ *(sofa)* al lado de la ventana y dos **(7)** _____ *(arm chairs)* muy cómodos. También hay una **(8)** _____ *(coffee table)* de cristal.

AM 3-16 Mi habitación Elena is very happy with her new bedroom! Complete her description by using the words that appear in the box. Each word is used only once!

al lado de   frente a   detrás de   cerca   entre

Mi habitación es muy grande y bien iluminada. **(1)** _____ mi ventana no hay otros edificios, así que tengo mucha luz. En una mesa de mi cuarto hay una planta preciosa, un regalo de mi madre. Tengo un escritorio con mi computadora y **(2)** _____ mi escritorio hay una estantería con libros. **(3)** _____ la estantería y la pared hay un clóset, donde guardo *(I keep)* mi ropa. **(4)** _____ la puerta tengo un póster de Alejandro Sanz. Me encanta su música. Mis amigas viven **(5)** _____ de mí, y todas las mañanas caminamos a nuestras clases juntas.

AM 3-17 Tu salón de clase *(Your classroom)* Try to visualize the classroom where you meet for your Spanish lesson and describe where the following things or people are by using the expressions for location that you learned.

> **Modelo:** el mapa
> *El mapa está entre la ventana y la puerta.*

1. la pizarra

_____

2. la mesa / el escritorio

_____

3. la puerta

_____

Now indicate the location of three more things. Remember that you should include the location of people as well.

4. _____
5. _____
6. _____

ENFOQUE ESTRUCTURAL

El verbo *estar* para expresar localización

AM 3-18 Hablando de geografía *(Talking about geography)* The following places are well-known tourist sites around the Spanish-speaking world. Form sentences using the verb **estar** and the name of the country where they are.

> **Modelo:** el museo de la Toma de Zacatecas / México
> *El museo de la Toma de Zacatecas está en México.*

1. el parque de Chapultepec / la Ciudad de México

_____

2. las cataratas de Iguazú / Argentina

_____

3. la Alhambra de Granada / España

_____

4. los palacios mayas de Uxmal / México

_____

5. la playa de Varadero / Cuba

_____

6. el lago Titicaca / Bolivia

_____

AM 3-19 El cuarto de Eduardo Look at the drawing of Eduardo's room and answer the following questions about the location of certain items.

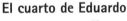

El cuarto de Eduardo

> **Modelo:** ¿Dónde está la cama?
> *La cama está frente al escritorio.*

1. ¿Dónde está el escritorio?

_____

2. ¿Dónde están los jerséis *(sweaters)* de Eduardo?

3. ¿Hay una estantería en el cuarto?

_____

4. ¿Dónde está el estéreo?

_____

5. ¿Hay una computadora en la habitación de Eduardo?

_____

AM 3-20 Antigua Guatemala Study the map of Antigua Guatemala on page 57 and use the appropriate expressions to explain the relationship between each set of places.

> **Modelo:** La Recolección (20) / San Jerónimo (21)
> *La Recolección está al lado de San Jerónimo.*

1. el hotel Antigua (35) / hotel Aurora (36)

_____

2. el Palacio de los Capitanes Generales (1) / el Palacio del Ayuntamiento (2)

_____

3. la Catedral (3) / la 4ª avenida Norte / la 5ª calle Oriente

_____

4. los apartamentos «El Rosario» (38) / la 5ª avenida Sur

_____

5. el hospital Pedro de Betancourt (28) / Santa Clara (29)

_____

ENFOQUE ESTRUCTURAL

El verbo *estar* + adjetivos

_____

AM 3-21 ¿Cómo están? After a very busy day, Tomás, Luis, Cecilio, and some other friends find themselves in the following physical or emotional conditions. Look at the drawings and say how they are feeling.

Tomás

Luis

Cecilio

Anabel y Amparo

Bernardo

1. Tomás _____.

2. Luis _____.

3. Cecilio _____.

4. Anabel y Amparo _____ .

5. Bernardo _____ .

Antigua Guatemala, "Monumento de América"

1- Palacio de los Capitanes Generales — (Oficina de Turismo).
2- Palacio del Ayuntamiento. (Museos).
3- Catedral.
4- Universidad de San Carlos de Borromeo.
5- Casa de Bernal Díaz del Castillo.
6- Casa Popenoe. (Visita de 10 a 11 de 16 a 17 horas).
7- La Concepción.
8- Santo Domingo.
9- Beatas Indias.
10- Santa Rosa.
11- Candelaria.
12- Capuchinas.
13- Santa Teresa.
14- El Carmen.
15- Casa de los Leones.
16- Santa Catarina.
17- La Merced.
18- San Sebastián.
19- Santiago.
20- La Recolección.
21- San Jerónimo.
22- Cementerio de San Lázaro
23- Casa de Landívar
24- San Agustín.
25- Compañía de Jesús. (Mercado).
26- Espíritu Santo.
27- San José "El Viejo".
28- Hospital Pedro de Bethancourt.
29- Santa Clara.
30- San Francisco.
31- Belem.
32- Escuela de Cristo.
33- Santa Cruz.
34- Cruz del Milagro.
35- Hotel "Antigua"
36- Hotel "Aurora"
37- Casa "El Carmen".
38 - Apartamentos "El Rosario".

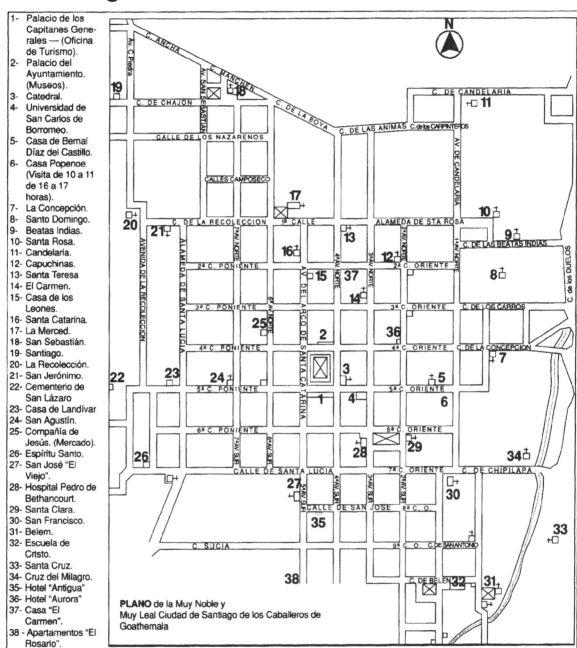

PLANO de la Muy Noble y Muy Leal Ciudad de Santiago de los Caballeros de Goathemala

Cantada por los poetas durante siglos de romántica veneración, la Ciudad de Santiago de los Caballeros de Guatemala, que fuera en la época de la colonia la tercera del Continente, antes de ser destruida por los terremotos de Santa Marta en 1773, se conserva aún como una reliquia del pasado legendario.

Sus calles y sus plazas, sus templos y monumentos, sus jardines de extraño colorido, sus arcos y palacios, sus alamedas, sus portales, conservan de manera inconfundible el sello de la hispanidad en toda su pureza.

Ninguna otra ciudad en el Nuevo Mundo puede ostentar con tanta justicia el título de "Monumento de América", que

le fuere conferido por el VIII Congreso Panamericano de Geografía e Historia, el 7 de Julio de 1965, como la Ciudad de Santiago de los Caballeros de Guatemala, que de esta manera ha pasado a ser la joya más preciada en el patrimonio histórico y afectivo de los pueblos hispanoamericanos.

AM 3-22 Siempre llega tarde (*Always late*) When Pablo is waiting for his friend Raquel who is always late, he runs into an acquaintance, Luis. Complete their conversation by putting the adjectives in the appropriate place. Note that each adjective is used only once.

harto   molesto   enojado   cansado   contento

—Luis, ¡cuánto tiempo! ¿Cómo estás?

—Estoy un poco **(1)** _____ —demasiadas *(too many)* fiestas. ¿Y tú?

—Pues, bien, aunque estoy **(2)** _____ con Raquel: siempre llega tarde a nuestras

citas *(appointments)*. Estoy **(3)** _____ de esperar.

—Seguro que llega pronto. Además siempre dices que estás **(4)** _____ con

Raquel, pero después, cuando llega, estás **(5)** _____ de verla.

—Sí, tienes razón. ¡No tengo remedio!

AM 3-23 Por eso (*That is why*) están así... Complete the sentences below by using the verb **estar** + the most appropriate adjective to indicate how the following people feel in the following situations.

Modelo: Rubén tiene que estudiar todos los fines de semana. Por eso *está enojado.*

1. Mario trabaja muchas horas. Por eso _____.

2. A Maricarmen y a Cristina les encantan sus clases. Por eso _____.

3. Todas las mañanas tengo que conducir al trabajo y hay mucho tráfico. Por eso

   _____.

4. Alberto está en la cama con una fiebre *(fever)* muy alta, y hoy no asiste a clase porque

   _____.

5. Belén está lejos de su familia y de sus amigos. Por eso _____.

6. El profesor habla y habla y la clase no es divertida; los estudiantes _____.

TERCERA ETAPA

Para empezar: ¿Cuándo?

AM 3-24 Franjas horarias *(Time zones)* As you might know, the different parts of the world are part of different time zones. Answer the following questions with the information provided at the end. Follow the **modelo.**

> **Modelo:** ¿Qué hora es en Los Ángeles cuando en Chicago son las tres de la tarde? / 1:00 p.m.
> *En Los Ángeles es la una de la tarde.*

1. ¿Qué hora es en Dallas cuando en Washington, D.C., es la una de la tarde? / 11: 00 a.m.

   _____

2. ¿Qué hora es en Madrid cuando en San Francisco son las siete y media de la tarde? / 4:30 a.m.

   _____

3. ¿Qué hora es en México, D.F., cuando en Boston son las nueve y media de la noche? / 8:30 p.m.

   _____

4. ¿Qué hora es en Tokio cuando en Nueva York son las diez de la mañana? / 12:00 *(midnight)*

   _____

AM 3-25 Jornada intensiva Teresa is a very busy woman! Her schedule is very tight! Write down in complete sentences the elements below to show at what time Teresa performs certain activities.

> **Modelo:** 7:00 a.m. / yo / poner la radio y escuchar las noticias *(news)*
> *A las siete de la mañana pongo la radio y escucho las noticias.*

1. 7:30 a.m. / yo / desayunar en el café de Elías con Antonio

   _____

2. 8:10 a.m. / yo / tomar el bus

   _____

3. 8:30 a.m. / yo / llegar a la oficina y / prender la computadora

   _____

4. 12:00 p.m. / mis compañeros y yo / salir a comer

   _____

5. 3:00 p.m. / yo / beber un café

   _____

6. 5:00 p.m. / yo / hacer el plan de trabajo para el día siguiente

   _____

7. 6:30 p.m. / yo / salir del trabajo

   _____

8. 7:15 p.m. / yo / tener clases de yoga

   _____

AM 3-26 Unos días increíbles... Think of what you do in a normal week. Then, indicate at least two days that are the busiest for you and explain why this is so by writing your schedule below. You can follow the **modelo.**

> **Modelo:**   *Martes: Los martes tengo que hacer muchas cosas. A las nueve y media de la mañana tengo clase de español. Después, a las once y cuarto tengo que estudiar en la biblioteca para la clase de matemáticas. A las doce mi amiga, Ana María, y yo comemos una ensalada o una sopa. A la una y cuarenta y cinco tenemos clase de filosofía. A las tres de la tarde salgo de la clase de filosofía. A las tres y media tengo clase de matemáticas, que termina a las cuatro y media. A las cinco como algo ligero y a las seis de la tarde tengo que trabajar. Regreso a casa a las diez de la noche.*

1. _____

   _____

   _____

   _____

   _____

   _____

2. _____

   _____

   _____

   _____

   _____

   _____

ENFOQUE ESTRUCTURAL

Más verbos irregulares: Verbos con cambios en la raíz: e→ie; o→ue; e→i

AM 3-27 Los días de fiesta en México Mexico, just like other Spanish-speaking countries, has various celebrations. Find below some popular holidays. Make sure to complete the information with the correct verb forms.

El día de los Reyes Magos: Para celebrar el Día de los Reyes Magos, en algunas ciudades de México,

personas famosas se (**1**) _____ (vestir) de Rey Mago y caminan por las calles.

El 5 de mayo: El 5 de mayo (**2**) _____ (servir) para recordar a los mexicanos su

victoria contra los franceses en la batalla de Puebla en 1862.

El día de la independencia de México: En 1810 México (**3**) _____ (conseguir) la

independencia del dominio español.

El día de los muertos: El dos de noviembre los mexicanos celebran el día de los muertos. En ese

día las familias (**4**) _____ (querer) honrar la memoria de los muertos y

(**5**) _____ (pensar) en sus familiares ausentes *(dead relatives)*.

El día de la Virgen de Guadalupe: El 12 de diciembre es el día de la Virgen de Guadalupe. Los mexi-

canos salen a las calles para bailar y festejar y en la iglesia (**6**) _____ (pedir) a la

Virgen protección.

AM 3-28 Un día en la vida de Ernesto Aguilar Ernesto describes a normal day in his university
life. Complete the following paragraph with the correct forms of the verbs that appear in the box.
Please, note that each verb is used only once.

jugar	perder	servir	poder	soñar	querer	pedir	preferir	volver	empezar

Mis clases (**1**) _____ a las ocho y media de la mañana. No me gusta conducir,

(**2**) _____ tomar el autobús. (**3**) _____ sacar buenas

notas, por eso no (**4**) _____ días de clase y hago toda la tarea que los

profesores (**5**) _____. Después de mis clases, los martes y los jueves

(**6**) _____ al tenis con mi amiga Inés que es una jugadora muy buena.

Ella (**7**) _____ con ser una gran tenista. Los lunes y los miércoles

por la tarde (**8**) _____ como voluntario en un hogar de ancianos

(nursing home) cerca de la universidad. Al final del día (**9**) _____ a casa,

y allí (**10**) _____ descansar.

AM 3-29 Preguntas, preguntas y más preguntas Your friend Silvia wants to know more about
you. Answer the following questions for her. Be creative!

1. ¿Qué sueñas ser?

_____

2. ¿Cuándo empieza tu día?

_____

3. Normalmente, ¿cuándo puedes salir con tus amigos?

_____

4. ¿Sirves de voluntario en alguna *(any)* organización?

_____

5. ¿Cuándo piensas viajar?

_____

6. ¿A qué ciudades o países quieres viajar?

_____

ENFOQUE ESTRUCTURAL

Los mandatos formales con *usted y ustedes*

AM 3-30 Un verano en Oaxaca You and some of your classmates are getting ready to spend a summer abroad in Oaxaca, Mexico, living with a host family. The program coordinator is giving you some advice for this trip. Complete the sentences using correct **ustedes** command forms.

¡Buenos días a todos! (**1**) _____ (Escuchar) con atención, por favor. Este viaje es una experiencia nueva para ustedes y una oportunidad única. No (**2**) _____ (olvidar) *(to forget)* mis consejos; pueden ser útiles. (**3**) _____ (Tener) sus pasaportes en regla *(in order)* antes del viaje y (**4**) _____ (pedir) algunos pesos en el banco para tener un poco de dinero suelto *(some cash)*.

(**5**) _____ (Llevar) un regalo para su familia. Es un gesto de cortesía. (**6**) _____ (Pasar) tiempo con ellos y (**7**) _____ (aceptar) sus invitaciones para salir a comer a un restaurante o ir de excursión. Es una buena forma de crear relaciones estrechas *(close relationships)* con su familia. (**8**) _____ (Ser) considerados en casa y (**9**) _____ (respetar) los hábitos familiares.

(**10**) _____ (Practicar) español en la clase, en la casa y con sus amigos. (**11**) _____ (Ir) a todas sus clases y a las visitas culturales que el programa ofrece.

(**12**) _____ (Escribir) un diario con sus experiencias en México y a su vuelta (**13**) _____ (hablar) con sus otros compañeros de la universidad sobre este viaje. Y eso es todo, chicos. ¡(**14**) _____ (Disfrutar) del verano!

AM 3-31 Consejos útiles Your younger brother and sister are starting this year at the university and you want to give them some advice about what they should not do in order to succeed at school.

Modelo: No / presentar sus proyectos tarde
No presenten sus proyectos tarde.

1. No / llegar tarde a sus clases

_____

2. No / hablar durante la explicación del profesor

_____

3. No / ser desorganizados con sus tareas

_____

4. No / ir de fiesta todas las noches

_____

5. No / estudiar sólo el día antes del examen

_____

AM 3-32 La consejera Vera *(Vera, the adviser)* Everybody trusts **la consejera Vera.** She is always very decisive in her advice. Write down the advice that she gives to the following people.

Modelo: Lupe y Rosita: Necesitamos sacar mejores notas en las clases.
Consejera: Estudiar más. *Estudien más.*

1. El Sr. Pérez: Llevo una vida muy sedentaria *(sedentary)*. Necesito un cambio.

Consejera: Comer bien y hacer ejercicio. _____

2. Pablo y Raúl: Necesitamos mejorar el español.

Consejera: Ir a México un semestre. _____

3. El turista: Llego tarde al aeropuerto.

Consejera: No perder tiempo y conseguir un taxi. _____

4. Los estudiantes: No entendemos la lección.

Consejera: Pedir ayuda al profesor. _____

5. El profesor Sanz: Mi vida es un poco aburrida; sólo trabajo.

Consejera: Salir más y practicar algún deporte. _____

AM 3-33 ¡Bienvenida! *(Welcome!)* An exchange student from Mexico just arrived at your school and you are showing her around. Think about possible advice that you can give her to make her experience more enjoyable. Create five affirmative commands and five negative commands in the **usted** form.

Modelo: *Vaya al cine de la universidad los jueves por la tarde.*

Modelo: *No pierda clase.*

1. _____
2. _____
3. _____
4. _____
5. _____

1. _____
2. _____
3. _____
4. _____
5. _____

INTEGRACIÓN

LECTURA: Folletos turísticos

Antes de leer

Anticipating content
When you read a text in a language you are not completely familiar with, the more previous knowledge you have about its content, the easier it is for you to understand unfamiliar words and structures.

AM 3-34 De turismo (*Touring*) When visiting a city, tourists are usually interested in the sites and attractions for which the city is famous. Thus, they often use a guidebook or brochures to find their way around. Think of what types of information you would expect to find in a guidebook or brochures for tourists visiting a fairly large city, and write a list of four things most likely to be found in such a guidebook.

1. _____

2. _____

3. _____

4. _____

Scanning
Scanning involves looking over the material in search of a certain type of information. In scanning, you focus your attention on specific details while ignoring unrelated information.

AM 3-35 Consejos turísticos Now think of the language used in the brochure. The use of formal commands is rather inviting in Spanish when used in brochures. Scan the brochure quickly and underline five formal commands. Write them in the table below and then provide their respective infinitives.

Mandatos formales	Infinitivos
descubra	*descubrir*

Nombre _____ Fecha _____

Después de leer

AM 3-36 ¿Verdadero? ¿Falso? Read the brochure and indicate whether each of the following sentences is true, **V** (**verdadero**), or false, **F** (**falso**).

	V	F
1. La Ciudad de México combina elementos modernos y elementos tradicionales.	_____	_____
2. El Museo de Arte Moderno está cerrado *(closed)* los domingos.	_____	_____
3. El Zócalo es la parte más moderna de la ciudad.	_____	_____
4. El Palacio Nacional está en el lugar del antiguo Palacio de Moctezuma.	_____	_____
5. La vida nocturna de la Ciudad de México es muy aburrida.	_____	_____

México Mágico

¡Venga a la Ciudad de México y descubra sus encantos! Pasee por los maravillosos parques, visite los museos llenos de tesoros artísticos y explore los típicos mercados al aire libre.

La Ciudad de México, construida sobre las ruinas de la antigua ciudad de Tenochtitlán, ofrece a sus visitantes una mezcla de modernidad y tradición. Empiece su paseo en el Bosque de Chapultepec y visite el Museo de Arte Moderno. Allí están las obras más importantes de pintores mexicanos como Rivera, Orozco y Siqueiros. También el museo es famoso por sus exposiciones temporales. No se pierda la visita a los jardines que están alrededor del museo, donde se pueden ver maravillosas esculturas. El museo está abierto de lunes a domingo, desde las diez de la mañana hasta las cinco y media de la tarde, y los domingos la admisión es gratuita.

Siga su visita de la ciudad en el Zócalo, la parte más grande y antigua de la ciudad, y visite allí el Palacio Nacional, un edificio construido sobre las ruinas del Palacio del Emperador Moctezuma y actual sede del gobierno mexicano. Y después, haga una parada en uno de los restaurantes de moda de la zona y pruebe un plato típico mexicano.

Después de una siesta en el hotel, esté listo para disfrutar de la noche en la capital. La Boom es la discoteca más famosa del Distrito Federal y allí van miles de jóvenes mexicanos todas las noches. ¡No se pierda la fantástica vida nocturna de la ciudad!

¿Quiere salir de la ciudad y descansar en las maravillosas playas? ¡Vaya a Cancún o a Acapulco y allí tome el sol y practique todo tipo de actividades náuticas!

¡Buen viaje!

AM 3-37 México mágico Read the information in the brochure again and answer the following questions in Spanish.

1. According to the Mexico brochure that you read, what are some of the activities that visitors to Ciudad de México can do?

    _____

2. Where does the brochure recommend starting the visit to Ciudad de México?

    _____

3. If you want to see some Mexican art in Ciudad de México, where would you go?

    _____

4. What does the brochure recommend to visit in the Zócalo?

    _____

5. Where can you go at night in Ciudad de México if you feel like dancing?

    _____

6. What are the names of the two beach destinations mentioned in the brochure?

    _____

ESCRITURA

> **Vocabulary:** Traveling; Leisure; Stores; Time expressions
> **Phrases:** Description; Expressing location
> **Grammar:** Verbs: Present tense **estar, tener, hacer,** and other regular verbs

Título: Conocer... (To know ...)

Now it is your turn to develop for your professor a tourist brochure. Think of a city or a town that you know well and that could be interesting for visitors and prepare a brochure that includes the following information:

- major attractions
- visiting hours
- places to stay and eat

Try to make it as attractive as possible to the tourist!

A empezar

AM 3-38 Organización de las ideas Think of the main points of interest that you would like to include in the brochure and make an outline dividing the ideas by topic, such as *cultural activities, historical monuments, lodging, dining,* etc. Focus on the unique qualities that set the city or town apart.

A escribir

AM 3-39 Preparación del borrador Review the outline that you prepared in the **A empezar** section and create a well-organized and easy-to-use brochure providing a brief description of each attraction.

AM 3-40 Revisión del borrador Review your **borrador** by considering the following questions.

1. Have you included all of the city's/town's best features? Have you forgotten any of the landmarks or information suggested in the **Título** section?
2. Is the brochure useful? Would you organize it differently in order to make its use more efficient for the traveler?
3. Have you used the vocabulary and grammatical structures that you learned in this chapter in order to identify and locate places in a city or town?

AM 3-41 El producto final Based on the review of your draft, make the necessary adjustments and incorporate any new ideas that have occurred to you. Before you hand in your brochure, read it again and check for any misspelled words or phrases. Make sure that all your changes have been implemented.

COMPRENSIÓN AUDITIVA

CD1-14 **AM 3-42 La buena vida** Luis is asking Paula about her parents' life and Paula is describing it. Listen to their conversation and indicate if the following sentences are true, **V (verdadero),** or false, **F (falso).**

	V	F
1. Los padres de Paula no viven en una ciudad grande.	_____	_____
2. El padre de Paula trabaja en el ayuntamiento.	_____	_____
3. La madre de Paula es enfermera.	_____	_____
4. A los padres de Paula les gusta salir con sus amigos.	_____	_____
5. A los padres de Paula no les gusta pasear.	_____	_____
6. En Puebla los padres de Paula visitan los museos.	_____	_____

CD1-15 **AM 3-43 ¡Qué distintas son!** Rosa, Julia and María are good friends and co-workers, but they are very different people. Listen to the description of the three young ladies and respond to the following questions with the appropriate information.

1. ¿Dónde trabajan Rosa, Julia y María?

    _____

2. ¿Cuántos años tienen Rosa y Julia?

    _____

3. ¿Qué le gusta hacer a María? ¿Qué prefiere hacer Rosa?

    _____

4. ¿Cómo es Julia?

    _____

5. ¿Qué hacen las tres muchachas en su tiempo libre?

    _____

CD1-16 **AM 3-44 El nuevo apartamento** Julián is very excited about the apartment that he and his roommates found, and he is explaining to Gema how great the place is. Listen to their conversation and point out the advantages **(ventajas)** and disadvantages **(desventajas)** that the apartment might have.

Ventajas	Desventajas
1.	1.
2.	2.
3.	3.
...	...

CD1-17 **AM 3-45 La vida de un «chef»** Carolina works as a chef in a well-known restaurant in Mexico, D.F. Her daily routine is very different from the rest of her friends', but she is happy with her job and got used to living on a different time schedule. Listen to the description of a normal week in her life and answer the questions with the appropriate information.

1. ¿Adónde va Carolina por las mañanas temprano *(early)*?

   _____

2. ¿Qué hace al mediodía durante la semana?

   _____

3. ¿A qué hora empieza a trabajar Carolina en el restaurante?

   _____

4. ¿A qué hora sale de trabajar?

   _____

5. ¿Qué día de la semana tiene libre *(free)*? ¿Qué hace en su día de descanso?

   _____

CD1-18 **AM 3-46 Los mensajes** Jorge is checking his voice mail at home and is trying to keep track of all of the messages. Help him determine who called and for which reason the person called.

Modelo:	**Mensaje**
	De (From): *Andrés*
	Mensaje: *No puede ir al cine; tiene que ir al aeropuerto a las 6:00 de la tarde.*

Mensaje 1

De:

Mensaje:

Nombre _____ Fecha _____

Mensaje 2

De:

Mensaje:

Mensaje 3

De:

Mensaje:

  PRONUNCIACIÓN

Los diptongos: *ua, ue, uo*

AM 3-47 El diptongo *ua* The combination **ua** in Spanish is pronounced in a single syllable, similar to the *wa* in the English word *water*.

PRÁCTICA

Listen to and repeat the following words.

agua	cuatro
cuadro	cuando
cuanto	cuaderno
suave	cuarenta

AM 3-48 El diptongo *ue* The combination **ue** in Spanish is pronounced in a single syllable, similar to the *we* in the English word *wet*.

PRÁCTICA

Listen to and repeat the following words.

pueblo	después
abuelo	puerta
fuera	sueño
jueves	escuela

CD1-21 **AM 3-49 El diptongo *uo*** The combination **uo** in Spanish is pronounced in a single syllable, similar to the English word *woe*.

PRÁCTICA

Listen to and repeat the following words.

cuota	antiguo
mutuo	continuo
actuó	monstruo
arduo	continuó

Capítulo 4

Vamos al centro

PRIMERA ETAPA

Para empezar: Calendario escolar

AM 4-1 Una visita *(A visit)* Ramón, a student from Argentina, is visiting your school and he would like to know in what months the following events take place. Answer his questions and don't forget to use the appropriate months.

1. ¿Cuándo empieza *(starts)* el semestre de otoño en la universidad?

    _____

2. ¿Cuándo termina el semestre de primavera?

    _____

3. ¿Cuándo hay vacaciones en la universidad?

    _____

4. ¿Cuándo viajan más *(more)* los estudiantes?

    _____

5. ¿Cuándo es la orientación *(orientation)* para los nuevos estudiantes?

    _____

AM 4-2 ¿En qué estación? Judith is telling Ramón, her Argentinean friend, about what she and her friends like to do during different seasons. Read the following sentences and help her complete them with the most logical season.

1. Mis amigos y yo tomamos muchos cursos de septiembre a mayo pero en

    _____ nos gusta descansar y disfrutar del *(to enjoy)* sol.

2. A Elena le gusta explorar la naturaleza y especialmente le gusta el cambio de colores de las hojas

    (leaves). Su estación favorita es el _____.

3. Los viernes después de las clases en _____ los estudiantes van *(go)* al café a tomar un chocolate caliente.

4. En la _____ los estudiantes normalmente tienen un descanso *(break)* de una semana.

5. Me encanta tomar una limonada bien fría en un día de _____.

Nombre _____ Fecha _____

ENFOQUE LÉXICO

La fecha

AM 4-3 Fechas memorables The Martínez family has invented a way of remembering everyone's birthday: they have all the dates marked on a piece of paper. Look at the paper and write down the dates. Follow the **modelo.**

Note that in Spanish, when indicating **la fecha**, the first number refers to the actual date and the second to the month. For instance, **el señor Martínez** has his birthday on **25-8**, the twenty-fifth of August.

Fechas importantes

el señor Martínez: 25-8   Lucía: 17-6

la señora Martínez: 30-12   el abuelito: 20-1

Luis: 5-4   la abuelita: 3-10

Modelo: el señor Martínez: *el veinticinco de agosto*

1. la señora Martínez: _____

2. el señor Martínez: _____

3. Luis: _____

4. Lucía: _____

5. el abuelito: _____

6. la abuelita: _____

AM 4-4 Más celebraciones Read the information provided about different days dedicated to certain celebrations, and write down in Spanish the dates that you find in parentheses and in the text.

1. **El día mundial de la salud** *(Good Health day) (April 7)* (_____). La Organización Mundial de la Salud, cuyo objetivo es lograr que todos los pueblos del mundo tengan el más alto nivel de salud, empieza a operar el *(7-4-1948)* _____. Por esa razón, ese día se celebra el día mundial de la salud.

2. **El día de la Tierra** *(April 22)* (_____). El día *(22-4-1970)* _____ más de veinte millones de norteamericanos hacen una protesta por los derechos de la tierra y del medio ambiente *(environment)*. Desde entonces, ese día las personas celebran el día de la Tierra.

3. **El día del idioma español** *(April 23)* (_____). El día *(23-4-1616)* _____ muere en Madrid Miguel de Cervantes. Como homenaje a su memoria en esa fecha se celebra el día del idioma español y en muchos países, también el día del libro.

72 *¡Tú dirás!* Third Edition ◆ Activities Manual

4. **El día del animal** *(April 29)* (_____). El Consejo Nacional de Educación celebra el día del animal en esta fecha en honor al doctor Ignacio Lucas Albarracín, luchador por los derechos de los animales, que muere el *(29-4-1926)* _____.

5. **El día del trabajo** *(May 1)* (_____). El día *(1-5-1886)* _____ los trabajadores norteamericanos paran el país con más de 5000 huelgas *(strikes),* para pedir *(to ask for)* una jornada de trabajo de ocho horas. El resultado es un éxito en todo el país, excepto en Chicago donde los dirigentes de las protestas son ejecutados. Así, en honor a los mártires de Chicago y en defensa de los derechos de los trabajadores se celebra este día el día del trabajo.

ENFOQUE ESTRUCTURAL

El verbo *ir*

AM 4-5 Vamos al centro Carmen and her friends Dani and Fran are talking about what they are doing this afternoon. Complete the following exchange by using the verb **ir** and conjugating it as necessary.

CARMEN: ¡Hola, chicos! ¿Van a la biblioteca?

DANI Y FRAN: No, **(1)** _____ al centro comercial.

CARMEN: Ah, van de compras.

DANI Y FRAN: Sí, tenemos que comprar un regalo para Paula.

CARMEN: ¿**(2)** _____ en carro?

DANI Y FRAN: No, vamos en autobús, porque es imposible aparcar *(to park)* en el centro. Y tú, ¿adónde **(3)** _____?

CARMEN: **(4)** _____ a la oficina de correos.

DANI: ¿Puedes mandarme esta carta?

CARMEN: Claro que sí.

FRAN: ¿Vas en autobús?

CARMEN: No, **(5)** _____ a pie. Me gusta caminar.

DANI: ¡Qué bien! Así haces ejercicio. Nosotros no caminamos nada.

FRAN: Es verdad, usualmente (nosotros) **(6)** _____ en carro a todas partes.

DANI: Excepto al centro, donde es imposible aparcar.

AM 4-6 Vacaciones en familia María José, a girl from Uruguay, describes her summer vacation with her family. Fill in the blanks using the verb **ir** in the appropriate form and with the prepositions **a, de,** or **en** when necessary.

Todos los años mi familia (**1**) _____ vacaciones en agosto. Tenemos una casita en la playa *(beach)* y allí pasamos el verano. Mis padres y mis hermanos (**2**) _____ carro con mi papá. Yo (**3**) _____ tren, porque tengo que trabajar. Cuando estamos de vacaciones, a mis padres les gusta (**4**) _____ la playa por las mañanas y de paseo por las tardes. Mi hermana prefiere (**5**) _____ compras al centro comercial, y mi hermano y yo usualmente (**6**) _____ cine por las tardes. A veces, cuando tenemos ganas de salir de la playa, (**7**) _____ un pueblo cercano en bicicleta. Nuestras vacaciones son muy divertidas. Y tú ¿adónde (**8**) _____ en verano?

AM 4-7 ¿Adónde vas... ? Your new roommate is an exchange student from Rosario and he wants to learn about the places you go to during the holidays, weekends . . . Answer the following questions according to your own personal experience.

1. ¿Adónde vas normalmente en verano?

   _____

2. ¿Vas mucho a la biblioteca? ¿Cuándo?

   _____

3. ¿Adónde vas durante las vacaciones de primavera?

   _____

4. ¿Vas mucho a casa de tus padres? ¿Cuándo?

   _____

5. ¿Adónde vas los fines de semana?

   _____

ENFOQUE ESTRUCTURAL

Los adjetivos demostrativos

AM 4-8 Combinaciones *(Mix and match)* Form the maximum number of sentences in Spanish by combining the items from the three columns and conjugating the verbs as necessary. Remember that demonstrative adjectives must agree in gender and number with the nouns that follow them.

Este	casa	ser míos
Aquel	chicas	empezar el verano
Esas	lápices	estar cerca de la universidad
Estos	señor	ser muy serio
Aquellas	mes	tener colores bonitos
Esta	mochilas	ir de compras juntas

1. _____
_____

2. _____
_____

3. _____
_____

4. _____
_____

5. _____
_____

6. _____
_____

AM 4-9 Esquí en Bariloche Complete the narration in which Irene tells about her vacation in a ski resort in Bariloche, Argentina.

(1) _____ *(This)* muchacho es Alfredo, mi novio *(boyfriend)*. Tiene veintitrés años y es de Buenos Aires. **(2)** _____ *(This)* semana estamos de vacaciones aquí en Bariloche. A Alfredo y a mí nos gusta mucho esquiar *(to ski)* y **(3)** _____ *(these)* días de vacaciones vamos a disfrutar mucho. Durante **(4)** _____ *(these)* vacaciones vivimos en **(5)** _____ *(that)* casita. Es pequeña pero muy funcional. **(6)** _____ *(That . . . over there)* señor es nuestro monitor *(instructor)* de esquí, Juancho. Él es muy simpático y con mucha experiencia. **(7)** _____ *(That . . . over there)* señora es Patricia, la enfermera de la estación. En Bariloche hay muchos tipos de pistas *(trails)* bonitas. **(8)** _____ *(Those)* pistas de ahí son para principiantes y **(9)** _____ *(those . . . over there)* pistas de allá son más complicadas. Mira, **(10)** _____ *(those . . . over there)* chicos van a bajar ahora.

AM 4-10 Más demostrativos One of your classmates is very nosey and is always asking you questions. Read his questions below, and then respond in Spanish by using the appropriate demonstrative adjective. Follow the **modelo.**

> **Modelo:** *Is this building the bank?* (oficina de correos)
> *No, este edificio es la oficina de correos.*

1. *Is this man your coach?* (profesor de literatura)

No, _____.

2. *Is that woman over there your mother?* (tía)

No, _____.

3. *Is that building the gym?* (biblioteca)

No, _____.

4. *Are these boys your cousins?* (hermanos)

No, _____.

5. *Are those girls boring?* (divertidas)

No, _____.

S E G U N D A   E T A P A

Para empezar: ¿Qué tiempo hace?

AM 4-11 El tiempo en las vacaciones Based on the drawings, give a description of the weather conditions for each day of the Candela's family vacation. The (Celsius) temperatures in some of the drawings are an additional guide.

Modelo: *Llueve y hace mucho frío.*

1. _____

_____

_____

_____

2. _____

_____

_____

_____

3. _____
   _____
   _____
   _____

AM 4-12 Situaciones Think about what you would like to do on a nice day. What about on a cold day? Complete the following sentences using the most logical weather expression in each case.

   Modelo: Paseamos por el parque cuando *hace buen tiempo.*

1. Tomo un chocolate muy caliente cuando _____.

2. Hacemos una barbacoa *(barbecue)* en el jardín cuando _____.

3. Llevo el paraguas *(umbrella)* cuando _____.

4. No nos gusta ir a la playa *(beach)* cuando _____.

5. Me gusta tomar un té helado *(iced tea)* cuando _____.

6. Es peligroso estar bajo un árbol *(under a tree)* cuando _____.

AM 4-13 Donde yo vivo... Write a short description of the weather conditions in your area during the following months and seasons.

En el verano _____

_____

_____

En el mes de diciembre _____

_____

_____

En abril _____

_____

_____

AM 4-14 Parte meteorológico (*Weather report*) Read the weather information provided in the local newspaper and write a sentence describing the weather in the different parts of the country.

   Modelo: En el este de la región la temperatura máxima es de 22 grados.
                 Hace calor.

1. La temperatura en la capital es de 10 grados y no hace sol.

   _____

2. Ahora por la mañana en las montañas la temperatura mínima es de 0° (grados) y no se ve *(one cannot see)* muy bien.

_____

3. En la costa el cielo está despejado y la temperatura máxima alcanza los 18° (grados).

_____

4. En el sur de la región tenemos lluvias muy fuertes.

_____

ENFOQUE ESTRUCTURAL

El progresivo: Para expresar acciones que tienen lugar en este momento

AM 4-15 ¿Qué están haciendo? Look at the drawings below and write down what these people are doing.

Modelo: Julio *está mirando la televisión.*

1. Miriam y sus amigas _____

_____

_____ .

2. Armando _____

_____

_____ .

3. Mis amigos y yo _____

_____

_____ .

4. Tú _____

_____

_____.

5. Los profesores _____

_____

_____.

AM 4-16 Querida Angélica... Helen, an exchange student from New Mexico, is spending a semester in Montevideo, Uruguay, and she writes a letter to her college roommate, Angélica. Help her complete the letter by putting the verbs in parentheses in the present progressive.

Querida Angélica:

(Yo) Te (1) _____ (escribir) para contarte mis experiencias aquí en Montevideo. Me gusta mucho la ciudad y las clases en la universidad son excelentes. (2) _____ (Vivir) en un apartamento cerca del centro con dos chicas uruguayas, que también (3) _____ (estudiar, ellas) en la Universidad del Sur, aunque ellas tienen su especialización en ciencias políticas. Mis compañeros norteamericanos y yo

(4) _____ (aprender) mucho sobre la lengua y la literatura hispanas, gracias a (thanks to) nuestros profesores, que

(5) _____ (dedicar) mucho tiempo a preparar la materia y a ayudar a los estudiantes extranjeros. (6) _____ (Hacer, yo) grandes progresos en el estudio del español. La verdad es que las semanas

(7) _____ (pasar) muy rápido. Ya

(8) _____ (pensar, yo) en el final del semestre y estoy un poco triste, aunque te extraño y quiero verte pronto.

Un abrazo,

Helen

AM 4-17 Ahora no puedo... Respond to the following invitations by using the present progressive in the excuse provided.

> **Modelo:** Miguel, ¿damos un paseo?
> *Ahora no puedo; estoy escribiendo una carta a Rosa.*

1. Lola, ¿vamos al cine?

   Ahora no puedo; _____ (estudiar) para el examen de arte medieval.

2. Chicos, ¿quieren salir a tomar un café?

   Ahora no podemos; _____ (leer) unos artículos para la clase de economía aplicada.

3. Mamá, ¿vienes a la playa?

   Ahora no puedo; _____ (hacer) el pastel de cumpleaños para tu hermana.

4. Señores, ¿desean comer algo?

   Ahora no podemos; _____ (repetir) el experimento.

5. ¿Viene Juan al centro?

   Ahora no puede; _____ (dormir).

AM 4-18 Y tú, ¿qué estás haciendo? Your instructor is interested in knowing some details about your university life. Respond to the questions below using the present progressive.

1. ¿Estás viviendo en una residencia en la universidad o en un apartamento?

   _____

2. ¿Qué cursos estás tomando este semestre?

   _____

3. ¿Estás haciendo otras actividades además de tus clases? ¿Qué actividades?

   _____

4. ¿Qué libro o libros estás leyendo?

   _____

5. ¿Estás pensando en viajar las próximas vacaciones? ¿Adónde?

   _____

Más actividades, más verbos irregulares

AM 4-19 Conversaciones Complete the following exchanges with the appropriate verb forms according to the context.

Conversación 1

—¿Sabes a qué hora pasa el autobús para el centro?

—No, no (**1**) _____ (saber).

—¿Qué pasa? ¿Ya no conduces?

—No, ya no (**2**) _____ (conducir). Siempre hay un tráfico horrible. Por eso

 (**3**) _____ (preferir) ir en autobús.

Conversación 2

—¿Conoces al novio de Silvia?

—No, no lo (**4**) _____ (conocer).

—Es un chico mexicano muy simpático y (**5**) _____ (tener) unos ojos muy bonitos.

—¡Ah! Es el chico con quien *(with whom)* yo (**6**) _____ (ver) a Silvia todas las

mañanas, cuando (**7**) _____ (empezar, yo) mis clases.

Conversación 3

—¿Sales con Luis esta noche?

—No, no (**8**) _____ (salir) con él esta noche. Luis no (**9**) _____ (volver)

de Buenos Aires hasta el martes.

—¿(**10**) _____ (Querer, tú) ir con nosotros al cine?

—Gracias, pero no (**11**) _____ (poder). (**12**) _____ (Tener) que

preparar mi ensayo de sociología.

AM 4-20 Una estudiante dedicada *(A committed student)* Amanda is determined to reach fluency in Spanish and is putting a lot of effort into her classes. Form sentences with the information below about the activities that she does in order to achieve her objective. Conjugate the verbs in the **yo** form.

1. hacer / la tarea todos las días

_____

2. traducir / artículos de revistas en inglés al español

_____

3. oír / las noticias en español en el canal Univisión

_____

4. ver / películas de directores hispanos en versión original

_____

5. salir / con los estudiantes latinos de mi universidad los fines de semana

_____

AM 4-21 Escríbeme (*E-mail me*) In her last e-mail, your pen pal from Paraguay asked you more details about your daily activities at the university. Answer her questions according to your personal life.

1. ¿Conduces a la universidad?

_____

2. ¿Tienes clases todos los días?

_____

3. ¿Almuerzas en la cafetería?

_____

4. ¿Qué pides normalmente para almorzar?

_____

5. ¿Oyes la radio mucho?

_____

6. ¿Cuándo ves a tus amigos?

_____

TERCERA ETAPA

Para empezar: Las actividades del fin de semana

AM 4-22 Mi hermana Yolanda Clara is complaining about her sister Yolanda, who never helps with the household chores. Complete the following paragraph using the expressions that appear in the box and conjugating the verbs as necessary.

> **recoger las hojas secas   limpiar   quitar   mirar vídeos**
> **cortar el césped   quitar la nieve   regar   pasar**

Mi hermana Yolanda nunca participa en los quehaceres *(chores)* de la casa. Los fines de

semana mi hermano Raúl y yo (**1**) _____ el apartamento. Raúl

(**2**) _____ la aspiradora y yo (**3**) _____ el polvo.

Durante el verano, Raúl (**4**) _____ del jardín, y yo

(**5**) _____ las flores. En el otoño, yo (**6**) _____

y en el invierno, Raúl (**7**) _____. Yolanda nunca tiene ganas de ayudar. Está

frente al televisor y (**8**) _____ todo el fin de semana.

Nombre _____   Fecha _____

AM 4-23 Así son nuestros fines de semana… The young Dani is telling us about the activities that he and his family usually do on the weekend. Complete his narrative by using the appropriate expressions related to indoor and outdoor activities. Be sure to use the correct verb forms in the present tense.

Los sábados por la mañana mi familia está muy ocupada haciendo los quehaceres de la casa.

Mi madre (**1**) _____ *(to do grocery shopping)* para la semana y mi padre

(**2**) _____ *(to clean the apartment).* Mi hermano Andrés

(**3**) _____ *(to do the laundry)* y mi hermana Puri (**4**) _____

(to iron). Y yo, (**5**) _____ *(to do errands)* para todos.

   Los sábados por la tarde y los domingos son un poco más relajados. Mi familia y yo

(**6**) _____ *(to have dinner)* con la abuela Gloria el sábado, y el domingo,

generalmente, Andrés (**7**) _____ *(to rent some movies)* y Puri y su novio

(**8**) _____ *(to go to the beach).* Mis padres y yo (**9**) _____

(to ride a bike) o (**10**) _____ *(to go to a concert).*

ENFOQUE ESTRUCTURAL

Los verbos reflexivos

AM 4-24 Por la mañana Form sentences indicating what happens at Joaquín's house every morning.

   Modelo: Mi madre / levantarse a las seis
   Mi madre se levanta a las seis.

1. Mi padre / despertarse un poco más tarde

   _____

2. Mi hermana Raquel / ducharse a las siete de la mañana

   _____

3. Yo / bañarse rápidamente

   _____

4. Mi hermano Javier / lavarse y / peinarse después que yo

   _____

5. Mis hermanas Bárbara y Julia / maquillarse antes de salir de casa

   _____

6. Nosotros / vestirse antes del desayuno

   _____

7. Mi padre / afeitarse en la ducha

   _____

8. Todos / irse después del desayuno

   _____

Capítulo 4 ◆ **Vamos al centro** 83

AM 4-25 La rutina de Felipe Felipe, a man from Paraguay, has been interviewed about his daily routine. Complete the conversation by writing down the questions that are missing. Use the **tú** form in the questions.

ENTREVISTADOR: (**1**) _____

FELIPE: Me despierto a las siete de la mañana.

ENTREVISTADOR: (**2**) _____

FELIPE: No, no me quedo en la cama un rato.

ENTREVISTADOR: (**3**) _____

FELIPE: Sí, me afeito todas las mañanas, antes de ir a trabajar.

ENTREVISTADOR: (**4**) _____

FELIPE: Me voy de casa a las ocho y cuarto.

ENTREVISTADOR: (**5**) _____

FELIPE: Sí, me divierto en mi trabajo.

ENTREVISTADOR: (**6**) _____

FELIPE: Sí, me siento a ver un rato la televisión antes de dormir.

ENTREVISTADOR: (**7**) _____

FELIPE: No, no me acuesto tarde, alrededor de las diez de la noche.

ENTREVISTADOR: (**8**) _____

FELIPE: Sí, me duermo pronto.

ENFOQUE ESTRUCTURAL

El futuro inmediato: *ir a* + infinitivo

AM 4-26 De excursión a Montevideo The Sanchez family is going to spend a weekend in Montevideo. Complete the following narration using the structure **ir a** + infinitive.

Este fin de semana mis padres y yo (**1**) _____ (conocer) Montevideo, la capital más nueva de América Latina. Hay muchas cosas que hacer en la capital. El sábado por la mañana, (**2**) _____ (asistir) a un concierto en la catedral. Y por la tarde, (**3**) _____ (conducir) hasta el puerto. Montevideo tiene el mejor puerto natural del sur de América. El sábado por la noche, mis padres (**4**) _____ (cenar) con unos amigos y yo (**5**) _____ (descansar) en el hotel. El domingo por la mañana, todos (**6**) _____ (andar) en bicicleta por la playa. Y por la tarde, (**7**) _____ (ir) al centro comercial. El fin de semana (**8**) _____ (ser) muy divertido.

AM 4-27 ¿Qué van a hacer estas personas? Depending on the given weather conditions, try to figure out what these people are going to do, using the vocabulary from the box below.

> **regar las flores   alquilar unos vídeos   andar en bicicleta**
> **recoger las hojas secas   quitar la nieve**

1. Hoy está nevando. El señor García _____.

2. Hace buen tiempo. Dolores y Reme _____.

3. Hace viento. El señor Santos _____.

4. Está lloviendo. Mis amigos y yo _____.

5. Hace mucho calor. Verónica _____.

AM 4-28 Una conversación telefónica Luis is calling her friend Mirta to find out about her plans for the weekend. Complete their conversation with the corresponding form of **ir** + **a** and the expression from the box that best fits the context.

> **ir al centro comercial   limpiar el apartamento   descansar   hacer la compra**
> **cenar   hacer una fiesta**

MIRTA: ¿Aló?

LUIS: ¡Hola, Mirta! ¿Qué tal?

MIRTA: Bien, ¿y tú?

LUIS: Muy bien, gracias. Oye, ¿tienes planes para el fin de semana?

MIRTA: Sí, el sábado por la tarde (**1**) _____ con unos amigos de la escuela

secundaria y el domingo (**2**) _____ con mi madre. Es el cumpleaños de

mi padre y necesitamos comprarle un regalo.

LUIS: ¿Y el viernes por la noche?

MIRTA: Nada. (**3**) _____ en casa.

LUIS: Verás, el viernes por la noche (**4**) _____ en mi apartamento. ¿Quieres

venir?

MIRTA: Por supuesto. ¿Necesitas ayuda con algo?

LUIS: Bueno, esta tarde mis compañeros y yo (**5**) _____ y mañana yo

(**6**) _____ de comida y bebida. ¿Quieres ir conmigo mañana al super-

mercado *(supermarket)*?

MIRTA: Sí, claro. Paso por tu apartamento a las diez. ¿Está bien?

LUIS: ¡Perfecto!

AM 4-29 ¿Y tus planes? Tell us about the plans that you and your friends have for next weekend. Fill in the table below with five activities that you, your friends, and you and your friends will do this weekend. Be creative!

	Yo	Mis amigos	Mis amigos y yo
1.	Voy a estudiar.	Van a trabajar.	Vamos a mirar vídeos.
2.			
3.			
4.			
5.			
6.			

INTEGRACIÓN

LECTURA: ¿Cómo vamos? ¡En subte!

Antes de leer

Anticipating the content of a reading
As you already know, approaching a text with some expectations can make your reading experience a little easier. If you live in a big city, you certainly know that transportation may sometimes be complicated. If you do not, it is likely that you have heard about it.

AM 4-30 El transporte público, ¿una alternativa? Urban dwellers are faced with a myriad of problems as they try to get around their city of choice. Some of those problems are pollution, traffic jams, parking shortages, and high gasoline prices. As a result of these problems, more and more urban-ites are turning to public transportation. Think of some of the advantages and disadvantages of this alternative and write at least two of each below.

Advantages

1. _____

2. _____

Disadvantages

1. _____

2. _____

Después de leer

AM 4-31 Algunas palabras Quickly read the brochure and then connect each of the following words that appears in the reading with its most appropriate definition.

_____ **1.** el andén

_____ **2.** el boleto

_____ **3.** la boletería

_____ **4.** la línea

_____ **5.** la tarifa

a. lugar donde se venden los boletos

b. el precio que cuesta el viaje en el metro

c. plataforma de acceso al tren

d. las distintas paradas de una ruta *(route)*

e. recibo para viajar en el metro

AM 4-32 En subte The brochure below has some general information about the **subte,** the subway in Buenos Aires. Now read it again and answer the following questions in Spanish.

1. Why do the inhabitants of Buenos Aires use the **subte**?

_____

2. Does the **subte** operate daily? What are the differences between weekly and Sunday schedules?

_____

3. Where do you purchase the tickets for the **subte**?

_____

4. What kind of ticket would you purchase if you had to use the **subte** every day?

_____

¿Cómo vamos? ¡En subte!

Muchos habitantes de las grandes capitales hispanas como Buenos Aires, la Ciudad de México, Lima o Madrid eligen el metro como forma de transporte público. Todas las mañanas los andenes de las estaciones se llenan de estudiantes, obreros, profesionales, que prefieren empezar su jornada sin el estrés del tráfico. El «subte», abreviación de «subterráneo», es el medio de transporte usado por la mayoría de los habitantes de Buenos Aires, y la red urbana de metro es muy extensa. La inauguración de la primera línea del subte entre Plaza de Mayo y Plaza Miserere ocurre en 1913 y así, Argentina se convierte en pionera de la construcción de la primera línea de metro de América Latina.

El subte es la mejor forma de transporte para moverse por el centro de Buenos Aires. El precio del boleto es muy asequible y con el subte puedes llegar a muchos lugares de la ciudad y también hacer viajes más largos cambiando de línea. El subte funciona todos los días: de lunes a sábado entre las seis de la mañana y las once de la noche, y los domingos de ocho de la mañana a diez de la noche. La tarifa del boleto es fija y los boletos y los subtepass se pueden comprar en las boleterías de las estaciones. Aquí tienes un mapa del subte de Buenos Aires, ¿Ves qué completo es?

AM 4-33 El mapa del subte Review the **subte** map and then answer the following questions in Spanish.

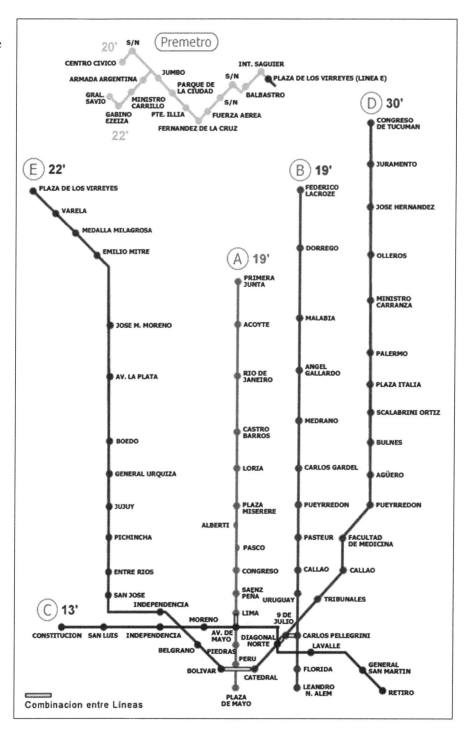

1. How can you tell the lines apart?

_____

2. According to the reading, what was the first line of the **subte** to be up and running? With which line does it correspond in the **subte** map that you have?

_____

_____

3. Imagine that you are visiting Buenos Aires with your family and are using the **subte** to get around the city. You are staying in a hotel near the **subte** stop **Florida** and you would like to go to the places listed below. Using the **subte,** how would you and your family get there?

a. La Casa Rosada (Subte Plaza de Mayo)

_____

b. El Museo de Arte Hispanoamericano (Subte Retiro)

_____

ESCRITURA

Vocabulary: Traveling; weather; temperature; places
Phrases: Planning a vacation
Grammar: Verbs: future with **ir**; reflexives

Título: Las condiciones ideales para un viaje

You and your friends are planning a trip for your next vacation to a Spanish-speaking country. Describe your ideal vacation. Make sure to include information about:

* the month and/or the season in which you are going to travel
* the ideal weather conditions
* the daily activities you are going to do

A empezar

AM 4-34 Organización de las ideas Think about what your dream vacation would be like, the season in which you prefer to travel, and the weather that you would like to have. List some of the activities that you plan to do during your vacation.

A escribir

AM 4-35 Preparación del borrador Now that you have considered some details about your ideal trip, write a brief description about how your vacation is going to be. Emphasize details about the weather and the activities you plan to do.

AM 4-36 Revisión del borrador Review your **borrador** by considering the following questions.

1. Have you included all of your planned activities? Have you left out anything about the destination that might be especially interesting?
2. Is your description complete? Is it organized in a straightforward manner?
3. Have you used the vocabulary and grammatical structures that you learned in this chapter to talk about plans for the near future, the weather, and outdoor and indoor activities?

AM 4-37 El producto final Based on the review of your draft, make the necessary adjustments and incorporate any new ideas that have occurred to you. Before you hand in your description, read it again and check for any misspelled words or phrases. Also make sure that all your changes have been implemented.

Nombre _____   Fecha _____

 COMPRENSIÓN AUDITIVA

CD1-22 **AM 4-38 Vamos al centro** In the following conversations, some friends are discussing the activities they have planned in the city. Listen to the dialogues and then write the number of each conversation under the appropriate drawing.

a. _____   b. _____   c. _____   d. _____

Listen to the conversations once again. This time focus on identifying the means of transportation that the different people are going to use.

a. _____

b. _____

c. _____

d. _____

CD1-23 **AM 4-39 Y ahora, información sobre el tiempo** You are listening to the weather report on the morning news from different cities in Argentina. Listen carefully to the reporters and complete the following sentences by selecting the most appropriate option.

1. En Buenos Aires…
   a. está nevando y hay niebla.
   b. hace frío y llueve.
   c. está lloviznando y el cielo está nublado.
   d. hace sol y calor.

2. Este verano en Buenos Aires…
   a. está haciendo mucho calor y está lloviendo mucho.
   b. está haciendo muy buen tiempo.
   c. está haciendo frío.
   d. está haciendo viento.

3. En Santa Fé…
   a. está lloviendo y hay niebla.
   b. hace sol y el cielo está despejado.
   c. está nublado.
   d. hace muy mal tiempo.

4. Los turistas en Santa Fe…
   a. están andando en bicicleta.
   b. están durmiendo en la playa.
   c. están desayunando en un café.
   d. están bañándose.

5. En San Carlos de Bariloche…
   a. está lloviznando.
   b. está nevando.
   c. hay niebla y está fresco.
   d. hay tormenta y hace viento.

6. Muchos turistas en San Carlos de Bariloche…
   a. están conduciendo a las montañas.
   b. están mirando vídeos en el hotel.
   c. están descansando en la playa.
   d. están acampando en las montañas.

CD1-24 **AM 4-40 ¡Qué organización!** Sara, Cecilia and Jaime are three Uruguayan roommates and they are very well organized with the household chores. Listen to their conversation when they talk about who is going to do what task this weekend and respond to the following questions.

1. ¿Van a hacer los amigos una fiesta este fin de semana?

   _____

2. ¿Qué va a hacer Jaime en el apartamento?

   _____

3. ¿Va a cortar Cecilia el césped?

   _____

4. ¿Qué va a hacer Sara en el apartamento?

   _____

5. ¿Adónde va a ir Jaime el sábado por la mañana?

   _____

6. ¿Qué van a hacer Cecilia y Sara el sábado por la mañana?

   _____

PRONUNCIACIÓN

Los diptongos: *ui, ai, ei, oi*

AM 4-41 Los diptongos *ui* y *ai* The combination **ui** in Spanish is pronounced in a single syllable, similar to the English word *we*. Note that in the word **muy,** the same sound is spelled **uy.** The combination **ai** in Spanish is pronounced in a single syllable, similar to the English word *eye*. Notice that it can be spelled **ay,** as in the Spanish words **hay** and **ay.**

PRÁCTICA

Listen to and repeat the following words.

fui	hay
Luis	aire
muy	aislado
ruido	bailar
cuidado	paisaje

AM 4-42 Los diptongos *ei* y *oi* The combinations **ei** and **oi** in Spanish are pronounced in a single syllable. The first one is similar to the *a* in the English word *date*. The second combination is similar to the *oi* in the English word *oink*.

PRÁCTICA

Listen to and repeat the following words.

seis	hoy
afeitar	doy
peinar	voy
veinte	estoy
reina	oigo

Capítulo 5

Los deportes

Para empezar: ¿Qué deportes practicas?

AM 5-1 ¿Qué quieren hacer estas personas? Look at
the drawings to determine what these people have bought.
Then, based on their purchases, write a sentence predicting
the activity they want to do. Follow the **modelo.**

Modelo: Santi
Santi quiere patinar sobre hielo.

1.  José

_____

2.  Tú

_____

3.  La familia García

_____

4.  Manolo

_____

5.  Nosotros

_____

6. Ustedes _____

AM 5-2 Tantos deportes... (*So many sports . . .*) Today is your day to become the sports consultant that you always wanted to be! Read these people's likes and then tell them what sports they would enjoy practicing. Give them as many options as possible so they can select a sport.

1. A Ana le gustan el mar y los parques. También le gusta estar sola. Su estación favorita es el verano.

Deportes: _____

_____

2. A Miguel le gustan las montañas con nieve. También le gusta hacer actividades con otras personas. Su estación favorita es el invierno.

Deportes: _____

_____

3. A la señora Márquez le gustan los lugares cerrados *(closed spaces)*. También le gusta hacer actividades con otras personas. Le gustan todas las estaciones.

Deportes: _____

_____

AM 5-3 Una deportista Natalia, a girl from Puerto Rico, tells us about her athletic routine. Help her complete the description below by putting the words or expressions from the box below in the appropriate blanks. Remember that each word or expression may be used only once and that the verbs should be conjugated accordingly.

| bucear | levantar pesas | hacer vela | correr | jugar | nadar |

Hola, me llamo Natalia y soy de Puerto Rico. Soy una estudiante bien activa en cuanto a los deportes.

La verdad es que me han gustado *(I have liked)* los deportes desde que era niña *(since I was a kid)*.

Por eso, **(1)** _____ al fútbol en la universidad. Ser deportista no siempre es

fácil. Mi equipo y yo entrenamos *(train)* cinco horas al día. Por las mañanas, antes de empezar mis

clases, yo **(2)** _____ cinco millas y **(3)** _____

en el gimnasio. Algunas veces, por la tardes, voy a la piscina *(swimming pool)* y

(4) _____. Los fines de semana tenemos partido y nos divertimos mucho.

En verano, cuando no estoy en la universidad, me gusta practicar los deportes acuáticos en las playas

de mi país. **(5)** _____ y **(6)** _____. ¡Es chévere!

Nombre _____   Fecha _____

ENFOQUE ESTRUCTURAL

El pretérito de los verbos regulares en *-ar*

AM 5-4 Un semestre en Puerto Rico Sara, a student from North America, tells us about her semester abroad in San Juan, Puerto Rico. Combine the elements below to form sentences about Sara's experience in Puerto Rico. Remember to conjugate the verbs in the preterite tense.

1. (yo) / estudiar en San Juan el semestre pasado

_____

2. (yo) / regresar de Puerto Rico la semana pasada

_____

3. (yo) / disfrutar de mi experiencia allí y / encontrar las clases de la universidad muy interesantes

_____

4. (yo) / quedarse con una familia puertorriqueña muy simpática

_____

5. (yo) / pasar mucho tiempo con la familia y / hablar mucho en español

_____

6. mis compañeros y yo / viajar por la isla al final del semestre

_____

¡Qué viaje tan increíble!

AM 5-5 Un poco de historia (*A bit of history*) Complete the following information about Puerto Rico. Conjugate the verbs in parentheses in the preterite tense.

Puerto Rico (**1**) _____ (dejar) de ser territorio español en el año 1898, cuando los Estados Unidos (**2**) _____ (ganar) la guerra contra España. Puerto Rico (**3**) _____ (pasar) entonces a ser un Estado Libre Asociado de los Estados Unidos, aunque los ciudadanos puertorriqueños (**4**) _____ (votar) por preservar el español como idioma oficial, junto con el inglés. Por consiguiente (*Consequently*), muchos aspectos de la vida cotidiana (**5**) _____ (cambiar). El cambio político (**6**) _____ (afectar), por ejemplo, a los deportes. Aunque el fútbol (**7**) _____ (triunfar) como el deporte más popular en la mayoría de los países hispanos, en Puerto Rico el béisbol es ahora el deporte más importante.

AM 5-6 El viaje de la familia Castillo Last month the Castillo family traveled to Puerto Rico and had a wonderful time. Elena Castillo is telling her friend Berta about some of the details of their trip. Complete their conversation using the correct preterite forms of the verbs in parentheses.

BERTA: Elena, ¡qué alegría verte! ¿Qué tal el viaje de ustedes a Puerto Rico?

ELENA: ¡Chévere! Nosotros **(1)** _____ (pasar) unos días muy buenos.

BERTA: ¿**(2)** _____ (Visitar, ustedes) el viejo San Juan?

ELENA: Sí, claro, **(3)** _____ (pasear) por allí y **(4)** _____ (cenar) en un restaurante muy bueno.

BERTA: ¿**(5)** _____ (Nadar) también en el mar?

ELENA: Sí, el Caribe es maravilloso. También **(6)** _____ (practicar) el esquí acuático.

BERTA: ¡Qué divertido! Me gustan mucho los deportes acuáticos.

ELENA: Sí, Puerto Rico es perfecto para los deportes al aire libre. Tienes que ir.

AM 5-7 Una reunión de departamento (*A departmental meeting*) One of the professors is telling us about his last departmental meeting. Help him tell us the details about his meeting by conjugating the verbs in parentheses in the correct preterite forms.

Ayer por la mañana el departamento **(1)** _____ (celebrar) la primera

reunión del semestre. Primero, todos **(2)** _____ (aprobar, nosotros) las minu-

tas de la pasada reunión. Después, algunos profesores **(3)** _____ (presentar)

sus nuevos proyectos y el director les **(4)** _____ (preguntar) sobre muchos

detalles. Después, ellos **(5)** _____ (ilustrar) con claridad las respuestas sobre

estos detalles. Más tarde, el director **(6)** _____ (hablar) de los fondos

económicos para el nuevo año. El año pasado, el departamento **(7)** _____

(comprar) nuevas computadoras y muchos libros. También algunos profesores

(8) _____ (usar) los fondos para asistir a conferencias. Al final de la reunión,

todos los miembros del departamento **(9)** _____ (tomar, nosotros) café y

(10) _____ (charlar) de otros asuntos no tan académicos.

ENFOQUE LÉXICO

Expresiones para indicar el tiempo pasado

AM 5-8 Gonzalo y su entrenador *(Gonzalo and his coach)* Gonzalo's coach is very demanding and that is why he monitors Gonzalo's academic and athletic activities. Form the questions that the coach asks Gonzalo and respond as Gonzalo would with the information provided in parentheses. Follow the **modelo.**

> **Modelo:** levantar pesas (ayer por la tarde)
> —*¿Levantaste pesas?*
> —*Sí, levanté pesas ayer por la tarde.*

1. nadar en la piscina (ayer por la mañana)

_____

_____

2. patinar con el equipo (anteayer)

_____

_____

3. esquiar con tus amigos (el fin de semana pasado)

_____

_____

4. hablar con el profesor Galiano sobre el examen (anoche)

_____

_____

5. estudiar para los exámenes (la semana pasada)

_____

_____

AM 5-9 ¿Cuándo... ? For each of the expressions given below, mention one thing that you and other people did (your roommate, your friends, your parents . . .). You may use verbs like **hablar, mirar, estudiar, comprar, escuchar, nadar, cenar, cantar,** etc.

1. Ayer por la mañana, yo _____

y (otra/s persona/s) _____

Por la tarde, yo _____

y (otra/s persona/s) _____

2. El fin de semana pasado, yo _____

y (otra/s persona/s) _____

3. Anteayer, yo _____

y (otra/s persona/s) _____

4. La semana pasada, yo _____

y (otra/s persona/s) _____

Nombre _____   Fecha _____

ENFOQUE ESTRUCTURAL

El pretérito de los verbos regulares en *-er* e *-ir* y los verbos irregulares: *hacer, ser* e *ir*

AM 5-10 ¿Qué hicieron? Tell what the following people did yesterday afternoon. Use the correct preterite form of the verbs in parentheses.

1. El ingeniero japonés _____ (escribir) el proyecto en inglés.

2. Sus compañeros _____ (asistir) a un concierto.

3. Martín _____ (compartir) el bocadillo con su novia.

4. El periodista _____ (discutir) el problema con los políticos.

5. Nosotros _____ (recibir) las entradas para ir al gimnasio.

6. Uds. no _____ (comprender) bien el problema.

7. Mi amigo Andrés y yo _____ (correr) por el parque.

8. ¿_____ (Vender) Ud. su carro?

AM 5-11 ¡Qué curiosidad! You are very interested in knowing what your roommate did last Saturday. Use the words below to form questions in the preterite. Follow the **modelo.**

> **Modelo:**   correr / por el parque
> *¿Corriste por el parque?*

1. ir / al cine

_____

2. salir / a cenar en un restaurante

_____

3. hacer / una fiesta en el apartamento

_____

4. asistir a / un concierto

_____

5. recibir / llamadas telefónicas

_____

6. escribir / mensajes en la computadora

_____

AM 5-12 Un viaje por América Latina Use the correct form of **ir** in the preterite to indicate where several people went in Latin America.

1. Tú _____ a Guayaquil, Ecuador.

2. El profesor de historia _____ a Machu Picchu, Perú.

3. Tú y tus amigos _____ a La Pampa, Argentina, ¿verdad?

4. Mi familia y yo _____ a San José, Costa Rica.

5. Los Sres. Álvarez _____ a Cuernavaca, México.

6. Uds. _____ a La Habana, Cuba.

7. La periodista _____ a Santiago de Chile.

8. Yo _____ a Puerto Rico.

AM 5-13 ¡Qué día! Everyone was in a water-sport mood yesterday except your friend Pedro! Use the correct form of **hacer** to indicate what type of activity the people below did.

1. Tú _____ esquí acuático.

2. Nuria y Elena _____ vela.

3. Nosotros _____ surf.

Pero Pedro…

4. Pedro _____ la cama y nada más.

Y ¿tú?

5. _____

AM 5-14 Unas vacaciones pasadas por agua (A ruined vacation) Eva is telling Hernán about the vacation that she and Gloria had in the Dominican Republic. Complete their conversation with the correct preterite form of the verbs in parentheses.

HERNÁN: Hola, Eva. ¿Qué tal? ¿Cómo (**1**) _____ (ser) sus vacaciones?

EVA: La verdad es que no muy bien.

HERNÁN: ¿Y eso? ¿(**2**) _____ (Hacer) buen tiempo?

EVA: No, (**3**) _____ (llover) toda la semana. Por eso

(**4**) _____ (ir, nosotras) al cine, y

(**5**) _____ (correr) un poco dentro del gimnasio. En fin, que no

(**6**) _____ (salir) mucho por el mal tiempo.

HERNÁN: ¡Qué pena! ¿No (**7**) _____ (conocer) entonces ninguna de las

reservas naturales de la isla?

EVA: No, Hernán, pero (**8**) ¡_____ (comer) muy bien! ¡Qué comida tan

deliciosa!

HERNÁN: Menos mal…

EVA: ¡Ah! ¿(**9**) _____ (Recibir) nuestra postal?

HERNÁN: Sí, sí. El viernes pasado. ¡Qué detalle! Gracias.

SEGUNDA ETAPA

Para empezar: ¿Qué equipo necesitas?

AM 5-15 ¿Qué falta? *(What's missing?)* Read the following lists of sporting equipment and think about what is missing to complete the set.

1. las zapatillas de deporte, la pelota de básquetbol, _____

2. los patines de ruedas, el casco, _____

3. la pelota de béisbol, el guante, _____

4. los esquís, las botas de esquí, _____, _____

5. la pelota de fútbol, la portería, _____

AM 5-16 Necesitan… , No necesitan… Imagine that you are working in a sporting goods store on the weekends and you have to help the customers pick out the appropriate equipment for the sports listed below. Indicate the equipment that they need and do not need to play the following sports.

> **Modelo:** el esquí
> *Necesitan los esquís, los palos de esquí y las botas de esquí. No necesitan el bate.*

1. el hockey

   _____

2. el fútbol

   _____

3. el tenis

   _____

4. el golf

   _____

5. el surf

   _____

ENFOQUE ESTRUCTURAL

El pretérito de los verbos con cambios ortográficos (c→qu, g→gu, z→c)

AM 5-17 ¡Qué despistado! *(How absent-minded!)* Ricardo is very absent-minded and always loses or forgets his things. Complete the following mini-conversations by using the correct preterite form of the verbs that appear in parentheses.

Conversación 1

MADRE: Ricardo, ¿buscaste el diccionario de inglés en tu cuarto?

RICARDO: Sí, lo **(1)** _____ (buscar), pero ya te

(2) _____ (explicar) que no estaba.

Conversación 2

ENTRENADOR: Ricardo, ¿utilizaste las zapatillas de deporte nuevas que te dejé?

RICARDO: No, no las (**3**) _____ (utilizar) todavía, porque no

(**4**) _____ (sacar) mi equipo del vestuario (*locker room*).

Conversación 3

PROFESORA: Ricardo, ¿practicaste las lecciones de piano de la última clase?

RICARDO: No, profesora, no las (**5**) _____ (practicar), pero sí

(**6**) _____ (tocar) los tambores.

Conversación 4

AMIGA: Ricardo, ¿jugaste en el partido del sábado?

RICARDO: No, no (**7**) _____ (jugar) porque no

(**8**) _____ (llegar) a tiempo al partido.

AMIGA: Y ¿ya pagaste tu bicicleta?

No, no la (**9**) _____ (pagar) todavía.

(**10**) _____ (Empezar) a pagarla, pero todavía me faltan dos

plazos (*payments*).

AM 5-18 Una visita a Miami Judith is visiting her friend Lidia in Miami, and she shares her impressions about the city with us. Complete the following description by conjugating the verbs in the preterite tense.

(**1**) _____ (Comenzar, yo) mi paseo por la Pequeña Habana, el barrio

cubano por excelencia. Allí viven muchos de los cubanos que llegaron a Cuba después de la revolución

cubana que dirigió Fidel Castro en 1959. (**2**) _____ (Llegar, yo) a la Pequeña

Habana alrededor de las tres de la tarde y vi a algunos hombres cubanos jugando al dominó.

(**3**) _____ (Jugar, yo) al dominó un rato en una mesa y después

(**4**) _____ (ir) hacia la zona de la playa. En South Beach

(**5**) _____ (sacar) muchas fotos de los bares adonde van los famosos y, de la

arquitectura «deco» de los edificios. (**6**) _____ (Buscar) una terraza para sen-

tarme y tomar un refresco. Cuando (**7**) _____ (pagar) al mesero, me

(**8**) _____ (explicar, él) cómo regresar a Coral Gables, donde está la

Universidad de Miami, a la que asiste mi amiga Lidia, con la que estoy pasando estos días.

ENFOQUE ESTRUCTURAL

El pretérito de los verbos con cambio en la raíz

AM 5-19 Combinaciones Form sentences by making the most logical combinations with the elements from the three columns. Note that each element may be used only once and that the verbs need to be conjugated in the preterite tense.

los niños	preferir	mucho en la fiesta de anoche
la maestra	vestirse	cansado después del partido
tu familia y tú	dormir	la tarea a los estudiantes
yo	pedir	al ver *(when seeing)* a su novio *(boyfriend)*
nuestros profesores	sentirse	toda la noche
mis amigos y yo	divertirse	rápidamente después de ducharse
Raúl	sonreír	la playa a la montaña
Anita	despedirse	de nosotros al final del curso

1. _____

2. _____

3. _____

4. _____

5. _____

6. _____

7. _____

8. _____

AM 5-20 El partido del domingo Some friends are talking about last Sunday's soccer game. Complete their conversation with the correct preterite forms of the verbs in parentheses.

PACO: ¿(**1**) _____ (Divertirse, ustedes) en el partido del domingo pasado?

JULIO Y ELENA: Sí, mucho.

PACO: Y ¿cómo (**2**) _____ (conseguir, ustedes) las entradas?

JULIO: Elena las (**3**) _____ (pedir) por teléfono.

PACO: (**4**) _____ (Sentir, yo) no poder ir con ustedes.

ELENA: Fue un buen partido. ¿Lo (**5**) _____ (seguir, tú) por televisión?

PACO: Un rato, después (**6**) _____ (dormirse). No es igual *(It is not the same)* por televisión.

AM 5-21 Incompatibilidad de caracteres *(Mutual incompatibility)* Pedro and Héctor are roommates and good friends but they are very different! Form sentences with the elements below to indicate what each of them did last Saturday.

Pedro...

1. Pedro / ir al gimnasio por la mañana

_____

_____

_____

2. Pedro / hacer la tarea antes de ir al cine

_____

_____

_____

3. Pedro / vestirse bien para salir

_____

_____

_____

4. Pedro / divertirse con la película

_____

_____

_____

5. Pedro / sugerir comida italiana para la cena

_____

_____

_____

6. Pedro / dormirse pronto

_____

_____

_____

Héctor...

1. Héctor / preferir ver la televisión

_____

_____

_____

2. Héctor / dormir toda la tarde

_____

_____

_____

3. Héctor / ir con ropa de deporte

_____

_____

_____

4. Héctor / salir con unos amigos

_____

_____

_____

5. Héctor / preferir comer una hamburguesa

_____

_____

_____

6. Héctor / seguir viendo la televisión hasta muy tarde

_____

_____

_____

TERCERA ETAPA

Para empezar: ¿Dónde jugaste al béisbol?

AM 5-22 ¿En dónde jugamos? Look at the drawings below and name the places. Follow the **modelo.**

Modelo: *la pista*

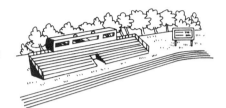

1. _____

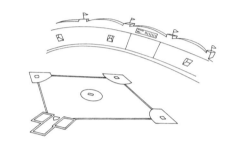

5. _____

2. _____

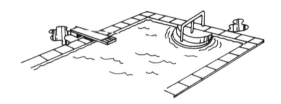

6. _____

3. _____

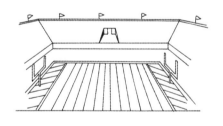

7. _____

4. _____

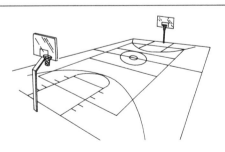

8. _____

AM 5-23 Las instalaciones deportivas Noelia is describing the athletic center and facilities at her university. Help her complete the description using the words that appear in the box below. Note that each word may be used only once.

> **pista   campos   gimnasio   canchas   piscina   estadio**

Las instalaciones deportivas de nuestra universidad son bastantes buenas. El **(1)** _____

está muy bien equipado: tiene salas de musculación y aparatos aeróbicos. También tiene una

(2) _____ interior donde practica el equipo de natación. Los

(3) _____ de fútbol están muy cuidados, con las porterías siempre pintadas

(painted). Ahora también están construyendo un nuevo **(4)** _____ de fútbol,

que va a estar listo para el próximo curso. Las **(5)** _____ de tenis son de hierba

(grass). Mi amiga Lupe y yo jugamos a veces, pero yo necesito una raqueta nueva, porque la que

tengo ahora está vieja. En mi universidad también hay una **(6)** _____ de patinaje,

donde todos los estudiantes podemos patinar cuando llega el invierno. ¡Es muy divertido!

ENFOQUE LÉXICO

Más vocabulario deportivo

AM 5-24 Familias de palabras For the vocabulary contest that you and your classmates are having in your Spanish class, you need to think of all the words that you know related to the following sports (those who play the sports, places where they are played, necessary equipment . . .).

> **Modelo:** el fútbol
> *el/la futbolista, el campo de fútbol, el partido, ganar, la pelota de fútbol, la portería…*

1. la natación

_____

2. el béisbol

_____

3. el golf

_____

4. el tenis

_____

5. el esquí

_____

AM 5-25 Combinaciones Combining the elements from the three columns below, form logical sentences. Don't forget to use the correct preterite forms of the verbs.

la comentarista	perder	en la portería de su equipo
unos aficionados	empezar	el fin de semana pasado
el entrenador	meter un gol	el último partido de la liga
el campeonato	pedir	con entusiasmo el partido
el futbolista	abrazar	un autógrafo a su jugador favorito
el equipo	contar	a sus jugadores después de la victoria

1. _____

2. _____

3. _____

4. _____

5. _____

6. _____

AM 5-26 La afición al béisbol Juan is telling us about the passion that he and his brother César share for baseball. Complete the following paragraph using the words from the box below. Remember that each word may be used only once and that you need to conjugate the verbs in the preterite when necessary.

meter	**equipo**	**campeonato**	**aficionados**	**jugar**	**perder**	**ir**	**entrenador**

Mi hermano César y yo fuimos desde niños grandes (**1**) _____ al béisbol.

Nosotros (**2**) _____ al béisbol en la escuela y ahora en la universidad. Nunca

nos gustó (**3**) _____ un partido, pero no siempre pudimos ganar los campe-

onatos. Aprendimos mucho de béisbol con nuestro (**4**) _____ de la escuela

secundaria, un jugador ya retirado muy dedicado al equipo. Un verano, mi hermano y yo

(**5**) _____ a un campamento (*summer camp*) de béisbol. Allí formamos un

(**6**) _____ y jugamos un (**7**) _____ regional contra

otros campamentos. Nuestro equipo no ganó, pero yo (**8**) _____ varios

jonrones. Todavía recuerdo aquel verano.

ENFOQUE ESTRUCTURAL

Los mandatos afirmativos y negativos con *tú*

AM 5-27 El día antes del partido Marina has an important tennis match tomorrow and her coach is giving her some advice. Put the verbs in each sentence in the **tú** form command.

1. ser disciplinada

_____

2. correr unas millas por la mañana

_____

3. ir a la sauna después de correr

_____

4. salir con tus amigas a comer

_____

5. no practicar por la tarde

_____

6. venir a casa a cenar

_____

7. no ir de fiesta

_____

8. no dormir menos de ocho horas

_____

AM 5-28 La prueba Elena is the captain of the cheerleading squad and she is selecting new members for next year's basketball season. The next tryout candidate is Amalia. Put the infinitives below in the **tú** form command to indicate what Elena suggests that Amalia do for this tryout.

1. ponerse este uniforme para hacer la prueba

_____

2. no ser tímida y / no ponerse nerviosa

_____

3. empezar ahora y / bailar con la música que vas a escuchar

_____

4. tirar la pelota al aire y / recogerla después

_____

5. Hacer tres saltos consecutivos

_____

6. Decir: «¡Adelante, adelante! ¡Vamos a ganar!»

_____

AM 5-29 Mejorar tu español In order to improve your Spanish, you decided to speak with Professor Caldarera. Now she is giving you some advice. Complete the conversation, using the verbs in parentheses in the **tú** form command.

PROFESORA: La práctica es muy importante para conseguir la fluidez *(fluency)* en una

lengua extranjera. **(1)** _____ (Ser) constante y

(2) _____ (practicar) mucho.

TÚ: ¿Y cómo puedo ampliar mi vocabulario?

PROFESORA: **(3)** _____ (Leer) periódicos y revistas en español.

Así también vas a estar informado/a sobre la actualidad hispánica.

TÚ: ¿Y para practicar la escritura?

PROFESORA: **(4)** _____ (Buscar) un *pen pal* nativo. Es una práctica divertida.

O también, **(5)** _____ (escribir) un diario en español.

TÚ: También me interesa conocer el español menos formal. ¿Qué puedo hacer?

PROFESORA: **(6)** _____ (Ir) a conciertos de música latina,

(7) _____ (salir) con compañeros hispanos y no

(8) _____ (hablar) en inglés con ellos, sólo en español.

TÚ: ¿Y si quiero aprender más sobre la cultura y las tradiciones hispanas?

PROFESORA: **(9)** _____ (Viajar) a un país de habla hispana y

(10) _____ (vivir) con una familia.

ENFOQUE ESTRUCTURAL

Hace y *hace que* para expresar tiempo transcurrido

AM 5-30 ¡Cómo pasa el tiempo! A classmate is asking you about what athletic activities you participate in and how often you do them. Use the information below to form the mini-dialogues you had with your classmate. Follow the **modelo**.

Modelo: aprender a nadar / años
TU COMPAÑERO/A: *¿Cuánto hace que aprendiste a nadar?*
TÚ: *Aprendí a nadar hace años.*

1. jugar el Campeonato Mundial / cuatro años

TU COMPAÑERO/A: _____

TÚ: _____

2. ir al gimnasio / una hora

TU COMPAÑERO/A: _____

TÚ: _____

3. hacer surf / unas semanas

TU COMPAÑERO/A: _____

TÚ: _____

4. bucear con Arturo / tres días

TU COMPAÑERO/A: _____

TÚ: _____

5. empezar a patinar / años

TU COMPAÑERO/A: _____

TÚ: _____

AM 5-31 Los sueños de un deportista Tomás is a great basketball player and he is preparing for his college team tryouts, but he spends so much time in training that he has little time to spend with his friends. Form sentences with the following elements to indicate how long it has been since Tomás has been doing or not doing certain activities. Follow the **modelo.**

Modelo: mucho tiempo / hacer deporte
Hace mucho tiempo que Tomás hace deporte.

1. diez años / jugar al básquetbol

_____

2. un año / entrenar con el equipo de la universidad

_____

3. tres meses / practicar para la prueba de la NBA

_____

4. semanas / seguir una dieta muy estricta

_____

5. tiempo / no salir con sus amigos

_____

6. días / no hablar con su novia por teléfono

_____

AM 5-32 Hace tiempo que... A classmate wants to know some of the details related to your life at the university. Respond to the following questions by using the appropriate temporal structure.

1. ¿Cuánto hace que empezó el semestre?

_____

2. ¿Cuánto hace que fuiste al cine?

_____

3. ¿Cuánto hace que visitaste a tus padres/parientes?

_____

4. ¿Cuánto hace que hablaste con tus amigos de la escuela secundaria?

_____

5. ¿Cuánto hace que vives en tu habitación/apartamento/casa?

_____

6. ¿Cuánto hace que estudias español?

_____

INTEGRACIÓN

LECTURA: Dos cartas

Antes de leer

> **Predicting content**
> Before reading a given letter, you can look at the opening and closing expressions, in order to predict what kind of letter it is. This particular strategy forces you to hypothesize what ideas a given letter may include and at the same time helps you activate any previous knowledge you may have related to the letter you are about to read.

AM 5-33 Querida amiga... Estimado señor... Before reading the letters on page 111 more closely, glance at them and try to answer the following questions.

1. What can you tell from the opening and closing expressions of the letters? What kind of letters are they? Which letter is formal and which one is informal?

2. What do the letters tell us about the writers and the recipients?

Después de leer

AM 5-34 Comprensión del texto Now read the letters that Alejandra and Justo wrote and answer the questions that appear below.

Carta 1

1. What do you think Alejandra's profession is? What information supports your answer?

2. How much time did Alejandra spend with Ana?

3. Is Ana single or married? How do you know?

4. What did Alejandra do when she left Ana's house?

5. What is Alejandra doing at the time she is writing the letter?

6. What plans do they have for a future visit?

Carta 1

> *Tampa, 3 de septiembre del 2002*
>
> *Querida Ana:*
>
> *Hace tres días que llegué a casa de mi visita a Puerto Rico y el trabajo comienza en dos días. Quiero agradecerte muchísimo tu hospitalidad y le quisiera dar las gracias también a tu esposo. Pasé un mes muy agradable con ustedes y espero verlos en mi casa para las Navidades.*
>
> *Cuando salí de su casa, primero fui a Mayagüez y luego a la capital. Visité a unos amigos norteamericanos que trabajan allí, en San Juan, y pasé tres días con ellos. Por fin llegué a Tampa y ahora preparo mis clases que comienzan en dos días. Tengo tres clases de inglés y dos clases de historia europea. Es mucho trabajo, pero me encanta.*
>
> *Un abrazo fuerte para los niños. Escríbeme para confirmar nuestros planes para las Navidades. Otra vez, muchísimas gracias por todo.*
>
> *Con cariño,*
> *Alejandra*

Carta 2

> Bayamón, 2 de agosto del 2002
>
> Estimado señor Solís:
>
> Le escribo porque estoy muy interesado en la posición de entrenador de béisbol disponible en su escuela. Desde niño fui un gran aficionado a los deportes y jugué en el equipo de béisbol de mi escuela secundaria. También participé en tres campamentos de verano de béisbol y aprendí mucho sobre la técnica del juego.
>
> Hace dos años que juego con el equipo de estudiantes que no son jugadores profesionales de béisbol en la universidad y practicamos mucho antes de los partidos. La temporada pasada mi equipo consiguió ganar dos campeonatos contra universidades de la región y yo fui el pelotero que más jonrones metió.
>
> El verano pasado conseguí un trabajo de ayudante deportivo en un campamento de verano y me divertí mucho con los niños. En el campamento jugamos al béisbol y al tenis, nadamos, pescamos y mi relación con los niños fue muy buena.
>
> Quiero seguir ganando experiencia en el área de los deportes, y el trabajo en su escuela es una oportunidad excelente para mí. Muchas gracias por su atención y espero sus noticias.
>
> Se despide atentamente,
>
> Justo Noriega
>
> P.D. Le incluyo mi hoja de vida y mis referencias.

Carta 2

1. What is the purpose of the letter that Justo wrote to Sr. Solís? Why is he interested in the position?

   _____

2. What does Justo say in the letter about his childhood and adolescence?

   _____

3. What is Justo doing at the time he is writing the letter?

_____

4. How is Justo doing on his university baseball team?

_____

5. Does Justo have experience working with kids?

_____

6. How was Justo's experience at the summer camp?

_____

ESCRITURA

Vocabulary: Sports; sports equipment; traveling
Phrases: Talking about past events
Grammar: Verbs: preterite

Título: Querido diario

Imagine that you were in Puerto Rico visiting a friend and you stayed with his/her family. Now that you are back, you are documenting in your journal the details and impressions of your trip. Make sure to include the following information:

- the places that you visited in Puerto Rico
- the sports and other activities that you participated in
- your impressions of the trip

A empezar

AM 5-35 Organización de las ideas First, make a list of the places you visited in Puerto Rico. Then, put next to them the activities or sports that you performed in these places. Finally, add any special equipment that you bought or brought with you in order to perform these activities. Be creative!!!

A escribir

AM 5-36 Preparación del borrador Put the activities from the list that you prepared in the **A empezar** section in chronological order and write a brief narrative including all the details of your trip. Conclude the narrative with your impressions of the trip.

AM 5-37 Revisión del borrador Review your **borrador** by considering the following questions:

1. Have you provided information about all the points addressed in the **Título** section? Do you need to add more activities and relevant details?
2. Are the ideas presented clearly? Did you follow the chronological order of events?
3. Have you used the vocabulary and grammatical structures that you learned in this chapter to provide information about sports and other leisure activities in the past tense?

AM 5-38 El producto final Based on the review of your draft, make the necessary adjustments and in-corporate any new ideas that have occurred to you. Before you hand in your narrative, read it again and check for any misspelled words or phrases. Also make sure that all your changes have been implemented.

🎧 COMPRENSIÓN AUDITIVA

CD1-27 **AM 5-39 ¡Qué experiencia!** Marlene tells us about the summer that Derek, a foreign student, spent with her family in Santo Domingo. Listen to Marlene's narration and focus on identifying the different sports activities that Derek did while he was in the Dominican Republic.

1. What did Marlene's family and Derek do on their trip to Punta Cana?

   _____

   _____

2. With whom did Derek travel to La Romana? What sports did they play while they were there?

   _____

   _____

3. In which part of the island is Puerto Plata located? What did Derek do during his visit to Puerto Plata?

   _____

   _____

4. How was Derek's experience in the Dominican Republic?

   _____

   _____

CD1-28 **AM 5-40 ¡Qué jugador!** Rafa and Dani talk about one of the most well-known stars of major league baseball in the United States, the Dominican Sammy Sosa. As you listen to their conversation, indicate whether the following sentences are true (**V**) or false (**F**).

	V	F
1. Sammy Sosa empezó a jugar en Estados Unidos a los dieciocho años.	_____	_____
2. En 1998 ganó el trofeo para el mejor jugador de la Liga Nacional.	_____	_____
3. Sammy Sosa es muy popular entre los aficionados del béisbol.	_____	_____
4. Sammy Sosa ganó dos campeonatos con su equipo.	_____	_____
5. El béisbol americano se hizo más emocionante cuando llegaron jugadores latinos.	_____	_____

Now listen to Rafa and Dani's dialogue one more time and determine how each one expresses the following ideas.

6. How does Rafa express his younger brother's enthusiasm about baseball?

   _____

7. What does Dani say about the Latin baseball players?

   _____

CD1-29 **AM 5-41 ¡Vaya cara!** Lucía and Elena are talking about the latest defeat of Elena's team. As you listen to their conversation, choose the correct response to complete the following sentences.

1. El partido del que hablan las chicas fue…
    a. un partido de tenis.
    b. una competición de golf.
    c. un partido de fútbol.
    d. una carrera de natación.

2. El equipo de Elena…
    a. empató el partido.
    b. ganó el partido.
    c. empató el partido en la primera parte y ganó al final.
    d. empató el partido en la primera parte y perdió al final.

3. El resultado final del partido fue…
    a. tres goles a dos.
    b. dos goles a dos.
    c. cero goles a uno.
    d. tres goles a uno.

4. Desde que (*Since*) empezó la temporada, el equipo de Elena…
    a. no perdió un partido.
    b. no ganó un partido.
    c. perdió seis partidos.
    d. ganó tres partidos.

Now listen to Lucía and Elena's dialogue one more time and try to determine how they express the following ideas.

5. How do Lucía and Elena express their discontent?

    _____

6. What does Elena think about the future of the team?

    _____

7. What advice does Lucía give to Elena?

    _____

CD1-30 **PRONUNCIACIÓN**

Los diptongos: *au* y *eu*

AM 5-42 The combinations **au** and **eu** in Spanish are pronounced in a single syllable. The first one is similar to the *ou* in the English word *ouch*. To pronounce the combination **eu,** start with your lips spread, positioned to smile, as you pronounce the Spanish vowel **e.** Bring them slowly to a rounded position as though you were going to whistle. All this should be done in one smooth motion—in a single syllable.

PRÁCTICA

Escucha y repite las siguientes palabras.

aula	causa	euro	neutro
auto	laurel	deuda	reuma
pauta	aunque	feudo	seudónimo

Capítulo 6

Las compras

PRIMERA ETAPA

Para empezar: En el centro comercial: Una tienda de ropa

AM 6-1 Vestido para la ocasión The following people have to dress for the occasion. Look at the drawings and name the clothes they will be wearing.

1. ¿Qué ropa va a llevar *(going to wear)* Julián para su entrevista?

_____

_____

2. ¿Qué ropa va a llevar Ana para ir a la fiesta de Julián?

_____

_____

3. ¿Qué ropa van a llevar Julián y Ana para sus vacaciones en Alaska?

_____

_____

4. ¿Qué ropa va a llevar Inés para ir a la playa?

_____

_____

AM 6-2 ¡Qué elegante! Maribel admires her friend Laura for her unique style. Complete her description below by placing the appropriate word from the box below in the empty spaces. Note that each word may be used only once.

bolso   guantes   zapatos   sombrero   vestido   pañuelo

Laura tiene muy buen gusto para la ropa y siempre va muy bien coordinada. Mira, ahí viene.

Me encanta el (**1**) _____ que lleva. Es muy ajustado, pero como ella

está delgada (*slim*), le queda muy bien. Fíjate, también lleva un (**2**) _____

de seda de los mismos tonos que el vestido. ¡Qué bien le queda el conjunto (*outfit*)! Y sus

(**3**) _____ de tacón son muy bonitos también; hacen juego (*match*)

con el (**4**) _____ de piel que tiene. Me encanta ir de compras con ella.

El otro día salimos juntas y compró unos (**5**) _____ de lana y un

(**6**) _____ para el otoño muy bonitos. ¡Qué elegancia de mujer!

ENFOQUE LÉXICO

Expresiones útiles para comprar ropa y otras cosas

AM 6-3 Saber comprar... Estefanía is a shopping expert. Read her opinion about the best time of the year to go shopping and complete the following paragraph with the most appropriate word from the box below. Note that each word may be used only once.

probadores   número   clientes   precios   ofertas   talla   dependientes

Después de las Navidades hay unas (**1**) _____ increíbles en todas

las tiendas. Es la mejor época para hacer compras, porque puedes encontrar muy buenos

(**2**) _____. Además, en las tiendas no hay tantos

(**3**) _____ y los (**4**) _____ pueden trabajar

mejor. Los (**5**) _____ no están llenos de ropa, y puedes ver mejor si

la ropa te queda bien o mal. A veces no tienen tu (**6**) _____ de ropa o tu

(**7**) _____ de zapatos —eso es lo malo. Otra desventaja de estas

promociones es que los artículos que compras no se pueden devolver. Así que tienes que pensar

muy bien antes de comprar.

AM 6-4 De compras... Looking at the answers that appear in the following conversation, imagine what the questions might be and complete the dialogue between a salesperson and a customer.

DEPENDIENTA: (**1**) _____

CLIENTA: ¡Hola! Deseo ver la falda que tiene en el escaparate.

DEPENDIENTA: (2) _____

    CLIENTA: No, la falda azul no, la falda roja, gracias.

DEPENDIENTA: (3) _____

    CLIENTA: Sí, gracias. Me la voy a probar.

DEPENDIENTA: (4) _____

    CLIENTA: No me queda bien.

DEPENDIENTA: (5) _____

    CLIENTA: No, no necesito otra talla, pero gracias igualmente *(anyway).*

AM 6-5 Situaciones Think about the most appropriate thing to say in the following situations.

1. ¿Qué dice un cliente en la caja registradora antes de pagar?

_____

2. ¿Qué dice un dependiente en la caja registradora antes de cobrar *(charging)*?

_____

3. ¿Qué dice un cliente cuando la ropa que se prueba *(tries on)* le queda grande?

_____

4. ¿Qué dice una dependienta cuando una clienta se quiere probar unos zapatos?

_____

5. ¿Qué dice un cliente cuando compra un artículo, pero no está seguro si va a quedarse con *(keep)* él o no?

_____

ENFOQUE ESTRUCTURAL

Otros pretéritos irregulares: pretéritos con *u* e *i*

AM 6-6 Explícate In the following conversations, several people are explaining why they could not complete certain errands. Fill in the blanks by conjugating the verbs in parentheses in the preterite.

1. —Raquel, ¿pudiste ir al centro comercial el sábado?

  —No, no _____ (poder), porque _____ (venir)

    mis primos de visita y _____ (haber) una gran reunión familiar en mi casa.

2. —¿Compraron Jorge y tú las entradas para el partido del domingo?

  —No, no las compramos, porque _____ (tener) que trabajar hasta tarde,

    y luego Jorge ya no _____ (querer) ir hasta el estadio.

3. —¿Hizo tu hermana una fiesta por su cumpleaños?

  —No, no _____ (poder) porque _____ (tener)

    que escribir varios ensayos y _____ (estar) muy ocupada.

4. —Fran, ¿viniste aquí a la conferencia de la profesora Milá el sábado por la mañana?

—No, no _____ (venir) porque _____ (poner)

el despertador a las ocho, pero la alarma no sonó. ¡Qué raro! ¿_____

(Estar) buena la conferencia?

5. —¿Dónde estuvieron Malena y tú el viernes por la noche?

—Pues, _____ (estar) en una fiesta que _____

(tener) unos amigos de Malena y después _____ (andar) por los bares

del casco antiguo.

AM 6-7 ¡Ahora tú! Think about the errands you were unable to run last week and, following the previous activity, form sentences describing the things you could not accomplish and why. Make sure to include in your sentences verbs such as **poder, hacer, tener,** and **estar,** among others.

1. _____

2. _____

3. _____

4. _____

5. _____

AM 6-8 El primer día de rebajas Ángela is telling us about her "adventures" in the mall during a big sale. Complete her narration with the verbs in parentheses conjugated in the preterite.

Ayer por la tarde (**1**) _____ (estar, yo) en el centro comercial y

(**2**) _____ (venir) muy cansada. (**3**) _____ (Querer)

comprar unos zapatos para mi nuevo traje, pero no (**4**) _____ (poder)

imaginarme la pesadilla *(nightmare)* del primer día de rebajas. (**5**) _____

(Tener) que esperar muchísimo tiempo a los dependientes y para nada, porque los dependientes no

(**6**) _____ (poder) encontrar mi número. (**7**) _____

(Andar) por todas las tiendas, pero no (**8**) _____ (tener) suerte. Y después, de

vuelta a casa, empezó a llover y me (**9**) _____ (poner) empapada *(soaked)*.

¡Qué día!

ENFOQUE ESTRUCTURAL

Otros pretéritos irregulares: pretéritos con *j* e *y*

AM 6-9 El accidente Miriam is giving us some details about the accident that her brother Darío had last weekend. Help her build the narration by conjugating the verbs that appear in italics in the preterite.

1. El fin de semana pasado mi hermano Darío *conducir* el coche de mis padres y tuvo un pequeño accidente.

_____

_____

2. Un perrito *cruzarse* de repente enfrente del coche.

_____

_____

3. Aunque mi hermano *reducir* la velocidad, el coche *caer* a la cuneta *(shoulder of the road)*.

_____

_____

4. El dueño del perrito *huir* avergonzado *(ashamed)* y cuando vino la policía, mi hermano *decir* lo que ocurrió.

_____

_____

5. La policía *creer* a mi hermano y *traer* a mi hermano a casa en el coche patrulla.

_____

_____

AM 6-10 ¿Cuándo lo hiciste? Using the elements that appear below, create complete sentences in the preterite to indicate how long ago these people did the following activities.

Modelo: Patricia / conducir / el coche de sus padres hace tres meses
Patricia condujo el coche de sus padres hace tres meses.

1. Los estudiantes / leer / *Don Quijote* hace dos años

_____

2. Antonio / construir / una página de web hace una hora

_____

3. Tú / producir / un cortometraje *(short film)* hace seis meses

_____

4. Tus compañeros y tú / traducir / poemas en árabe hace dos semestres

_____

5. El profesor / traer / a la clase nuevas películas en español hace unas semanas

_____

SEGUNDA ETAPA

Para empezar: En el mercado y en el supermercado

AM 6-11 ¿Cómo se llaman? Miguel is teaching his younger brother the names of some fruits and vegetables. Help him identify the fruits and vegetables that appear in the drawings below.

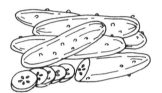

1. _____

5. _____

2. _____

6. _____

3. _____

7. _____

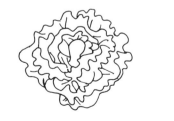

4. _____

8. _____

Nombre _____ Fecha _____

AM 6-12 Los mandados This is the shopping list that Belén has left for her husband. Complete it with the appropriate words from the box. Note that each word may be used only once.

congelados	pescado	mantequilla	galletas	productos lácteos	helado	atún	aceite

- Compra cuatro latas de (**1**) _____, porque sólo tenemos una.
- También necesitamos tres botellas de (**2**) _____ y dos paquetes de

  (**3**) _____.

- Pasa por la sección de (**4**) _____, porque necesitamos una pizza,

  (**5**) _____ y (**6**) _____ de chocolate.

- No olvides en la sección de (**7**) _____: el yogur y la

  (**8**) _____.

Las expresiones de cantidad

AM 6-13 ¡Qué organizado! Since Martin has just started living on his own, he has to be very organized about his meals and what he needs to buy. Complete the list below using the most logical expressions from the box below. Note that each expression may be used only once.

medio kilo	litro	cuarto de kilo	paquete
latas	kilo	botella	medio litro

Para desayunar

Una (**1**) _____ de leche y un (**2**) _____ de cereales.

También unos trozos de fruta. ¡Ah! Y un (**3**) _____ de jugo de naranja.

Para almorzar

Unas (**4**) _____ de sopa, y verdura para ensalada: tomates, una lechuga y un

(**5**) _____ de cebollas.

Para cenar

Un (**6**) _____ de jamón y (**7**) _____ de patatas. Y claro,

(**8**) _____ de vino tinto.

AM 6-14 Tu lista de la compra It is your roommate's turn to do the grocery shopping and you are going to make a list with the products that you need for the week. Use the expressions to indicate the quantities that you have learned.

Jorge, aquí tienes la lista de la compra para esta semana:

- *una (1)* _____ *de leche*
- *un (2)* _____ *de manzanas*
- *un (3)* _____ *de cereales*
- *una (4)* _____ *de huevos*
- *un (5)* _____ *de limonada*
- *una (6)* _____ *de atún*

ENFOQUE ESTRUCTURAL

El subjuntivo de verbos regulares con expresiones de voluntad

AM 6-15 La fiesta del club de español Imagine that you are the president of the Spanish Club at your school, and you are planning a party to celebrate **el Día de la Hispanidad.** Other members of the club have offered to help and you are giving them instructions about what you would like them to do. Follow the model.

Modelo: Marina / reservar el local para la fiesta
Marina, quiero que reserves el local para la fiesta.

1. Toni / invitar a los profesores del departamento de español

_____

2. Luis y Jorge / anunciar la fiesta en sus clases de español

_____

3. Sara / dibujar el cartel *(poster)* para la fiesta

_____

4. Loli y Macarena / llamar a la banda *(band)* de músicos

_____

5. Esteban / comprar refrescos y cosas para picar *(snacks)*

_____

AM 6-16 ¡Planes y planes! These people have plans for the weekend, but their parents or other adults have other plans for them! Follow the model to build sentences that express these desires.

> **Modelo:** Pablo piensa asistir al concierto el sábado. (sus padres querer que / ayudar en casa)
> *Sus padres quieren que Pablo ayude en casa.*

1. Margarita piensa salir con sus amigos. (su madre desear que / visitar a los abuelos)

   _____

2. Nos gustaría *(We would like)* acampar en las montañas este fin de semana. (el Sr. Arias necesitar que / trabajar el sábado)

   _____

3. Felipe y Antonio piensan caminar por la playa. (el médico sugerir que / descansar en casa)

   _____

4. Nosotros queremos nadar el sábado. (nuestro entrenador preferir que / correr cuatro millas)

   _____

5. A Sara le gusta mucho mirar la televisión. (su profesor esperar que / estudiar para el examen del lunes)

   _____

AM 6-17 Por una vida más sana Pachi goes to see doctor Lozano to get some advice about his dietary habits. Following are the suggestions that the doctor gives him. Make sentences by conjugating the verbs in the correct tenses and mood.

1. la doctora Lozano / querer que / Pachi / llevar una dieta equilibrada

   _____

2. es aconsejable que / Pachi / comer más frutas y verduras / y consumir menos grasas

   _____

3. la doctora / aconsejar que / Pachi / no tomar tanto café / y beber más infusiones

   _____

4. es preferible que / Pachi / comprar en el mercado al aire libre / a que usar productos congelados

   _____

5. la doctora / pedir a Pachi que / correr unas millas todos los días / y que dejar de fumar

   _____

ENFOQUE ESTRUCTURAL

El presente del subjuntivo de verbos irregulares con expresiones de voluntad

AM 6-18 Los tradicionales mercados al aire libre Ana, a girl from Bolivia, talks to her American classmates about the traditional open markets they have in Bolivia. Help her complete her description by conjugating the verbs in parentheses in the present subjunctive.

Si viajan a un país hispano, les recomiendo que (**1**) _____ (ir) a un mercado al aire libre. Los mercados al aire libre existen tanto en las ciudades como en los pueblos. Eso sí, es necesario que (**2**) _____ (saber) cuándo es día de feria, porque muchos mercados sólo abren ese día. Es preferible que (**3**) _____ (llegar) temprano al mercado, porque así pueden ver todos los puestos de productos frescos, tejidos, artesanía local, sin prisa *(unrushed)*. Les sugiero que no (**4**) _____ (ser) tímidos con los vendedores de los puestos, que les (**5**) _____ (decir) de dónde son y que (**6**) _____ (poner) interés en lo que dicen sobre sus productos. Les aconsejo que (**7**) _____ (hacer) sus compras en estos mercados, aunque *(although)* es preciso que (**8**) _____ (tener) dinero en efectivo, porque en estos mercados no admiten tarjetas de crédito.

AM 6-19 El Nuevo Sol Mónica wants to take her special friend Paco out to dinner, but she doesn't know where to go. Her friend Merche recommends Nuevo Sol, the Peruvian restaurant where she works. Complete their conversation by conjugating the verbs in parentheses in the present subjunctive.

BAR-RESTAURANTE EL NUEVO SOL; COCINA PERUANA

MÓNICA: Quiero que Paco y yo (**1**) _____ (salir) esta noche a cenar, pero no sé adónde ir.

MERCHE: Les aconsejo que (**2**) _____ (venir) aquí al restaurante peruano donde trabajo.

MÓNICA: Pero necesito que el restaurante (**3**) _____ (ser) un lugar romántico.

MERCHE: El Nuevo Sol es perfecto. Pero es preciso que (**4**) _____ (hacer, tú) una reserva. Los sábados por la noche se llena. También es preferible que (**5**) _____ (venir, ustedes) antes de las nueve, porque a partir de las diez y media de la noche sólo es bar y ya no sirven cena.

MÓNICA: Y del menú, ¿qué me recomiendas?

MERCHE: Les recomiendo que (**6**) _____ (pedir) una carne a la parrilla; que es la especialidad. Viene acompañada de verduras frescas. Es deliciosa.

MÓNICA: Estupendo. Voy a llamar al restaurante ahora mismo y decir que (**7**) _____ (tener, ellos) una mesa lista para las ocho de la noche.

MERCHE: Espero que les guste el sitio y que (**8**) _____ (volver) otra vez.

AM 6-20 Expectativas It is the first day of classes and your Spanish instructor is explaining what he expects the students to accomplish during the semester. Use the information below to describe the instructor's expectations. Follow the **modelo.**

> **Modelo:** poner atención a mis explicaciones
> *Espero que ustedes pongan atención a mis explicaciones.*

1. tener una buena actitud en la clase

   Espero que _____

2. venir a clase bien preparados

   _____

3. no llegar tarde

   _____

4. hacer la tarea todos los días

   _____

5. practicar español fuera de la clase

   _____

6. ir a mi oficina con cualquier pregunta

   _____

TERCERA ETAPA

Para empezar: En una tienda de computadoras

AM 6-21 La computadora Paco is very inexperienced with the computer and he is learning now the names of the different parts of the computer. Help him identify the names of the drawings that appear below.

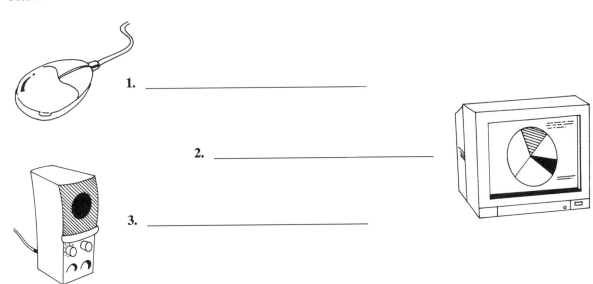

1. _____

2. _____

3. _____

4. _____

5. _____

AM 6-22 Cada cosa por su nombre You and your friends are playing **Adivina la palabra,** a Spanish definition game. Now it is your turn and you have to guess which computer-related terms fit with each question or definition.

1. ¿Qué utilizas para escribir en la computadora?

_____

2. Es un código secreto que te permite acceder a los documentos.

_____

3. ¿Qué usas para imprimir un documento?

_____

4. Es el lugar por donde sale el sonido de tu computadora.

_____

5. Es el lugar donde pones el disquete.

_____

AM 6-23 Una sesión de informática Alfredo is a computer instructor and he is giving some directions to his students. Fill in each blank with the most logical verb from the box. Note that each verb may be used only once.

archiven editen impriman abran cierren guarden

1. Para empezar, _____ un nuevo documento y escríbanle una carta a un amigo.

2. Al final, _____ la carta, haciendo los cambios necesarios.

3. Es importante que _____ el documento en una carpeta.

4. Después, _____ la nueva versión del documento en un disquete.

5. Finalmente, pongan la impresora, _____ el documento y _____ el programa.

ENFOQUE LÉXICO

El vocabulario de Internet

AM 6-24 ¡Conéctate! The Internet is used extensively by both young and old in our society, and all somehow benefit from its use. Complete the following paragraph about the advantages of the Internet by using the words or expressions from the box below. Note that each word or expression may be used only once.

| enlaces | correo electrónico | buscadores | recibir | navegando | hacer clic | bajar | enviar |

El acceso a Internet es hoy en día una herramienta *(tool)* de trabajo y de diversión muy extendida

entre jóvenes y adultos. El manejo de Internet es relativamente fácil. Una vez *(Once)* que

encuentras los **(1)** _____ a las páginas necesarias con uno de los

(2) _____ que existen en la Red, sólo con **(3)** _____

puedes acceder a una gran cantidad de información. También, **(4)** _____ por

Internet, puedes leer periódicos y revistas de todo el mundo, y para escuchar las radios internacionales

sólo tienes que **(5)** _____ un programa que reconoce y transmite la voz.

Además, el **(6)** _____ facilita la comunicación profesional y personal.

Puedes **(7)** _____ y **(8)** _____ mensajes de forma

instantánea. Ya no hay barreras. ¡Conéctate!

AM 6-25 El virus Armando was attacked by an e-mail virus and he doesn't know how to fix it, so he calls a computer specialist for advice. Following are the suggestions that the computer support person gives him. Complete the following sentences by choosing the most appropriate verbs from the box below.

| baje | borre | reciba | mande |

- *Es necesario que (1) _____ el mensaje de su buzón.*

- *Es preciso que (2) _____ un mensaje para advertir* (to warn) *la presencia del virus.*

- *Es aconsejable que (3) _____ un programa anti-virus de Internet y lo instale en su computadora.*

- *Es importante que no (4) _____ mensajes de remitentes desconocidos; pueden contener virus.*

AM 6-26 Vía electrónica María tells one of her co-workers that last month she got an Internet conection at home, and now they can communicate via e-mail. Complete their conversation with the Internet terms suitable for each case.

PACO: María, ¿ya tienes (**1**) _____ *(e-mail)* en casa?

MARÍA: Sí, nos conectamos a (**2**) _____ *(Internet)* el mes pasado.

PACO: Pues, dame tu (**3**) _____ *(address);* así puedo escribirte y mandarte los

documentos que necesitas en un (**4**) _____ *(attachment)*.

MARÍA: Sí, gracias. La dirección es mcosta (**5**) _____ *(at)* terra

(**6**) _____ *(dot)* es.

PACO: Bien. Contesta mi mensaje cuando lo recibas para confirmar que pudiste abrir el anexo sin

problema.

ENFOQUE ESTRUCTURAL

Los verbos *saber* y *conocer;* el concepto de complemento de objeto directo y la *a* personal

AM 6-27 ¿Lo supiste? ¿La conoces? Complete the mini-dialogues by choosing **saber** or **conocer.**

1. —Toni, ésta es mi amiga Eugenia.

   —Sí, ya nos _____ (sabemos / conocemos). Eugenia y yo nos

   _____ (supimos / conocimos) en la fiesta de Navidad de Miguel.

2. —Marisa no preparó la lectura de Vargas Llosa para la clase de literatura latinoamericana y

   cuando el profesor le preguntó, no _____ (supo / conoció) qué decir.

   —¿En serio? ¡Qué raro! _____ (Sé / Conozco) bien a Marisa y siempre hace sus
   tareas.

3. —¿_____ (Supieron / Conocieron) ustedes al nuevo profesor de cálculo?

   —No, no pudimos ir a la primera clase.

4. —Luis, ¿_____ (sabes / conoces) que hubo una fiesta en la Casa Internacional el
   viernes pasado?

   —Sí, lo _____ (supe / conocí) esa misma noche.

AM 6-28 ¿Sabes? ¿Conoces? Form sentences with the following elements and choose between using **saber** or **conocer** to indicate what you do and do not know.

- **crear una página web**
- **al profesor de español**
- **usar la computadora**
- **a los estudiantes de la clase**
- **un programa muy bueno para crear gráficos**
- **navegar por Internet**

1. (Yo) _____
2. (Yo) _____
3. (Yo) _____
4. (Yo) _____
5. (Yo) _____
6. (Yo) _____

AM 6-29 Grandes conocedores With whom and with what places and facts are the following people familiar? Use the elements that appear below to form sentences with the appropriate form of **conocer** and the **a** personal when necessary.

Modelo: mis padres / la ciudad muy bien
Mis padres conocen la ciudad muy bien.

1. yo / ese restaurante boliviano

_____

2. Yolanda / presidente de la universidad

_____

3. mis abuelos / las ruinas incas

_____

4. tú / las películas de Almodóvar

_____

5. mi amigo y yo / Gloria Estefan

_____

ENFOQUE ESTRUCTURAL

Los pronombres de complemento directo

AM 6-30 Un anuncio Read the following advertisement for a new store that is open in your local mall. Then, rewrite the advertisement by substituting the direct object nouns that appear in italics with direct object pronouns.

¡Qué precios! ¡Cuántas gangas! Vengan a ver nuestra tienda. ¡Hay de todo! ¿Quieres una bicicleta nueva? Tenemos *bicicletas* fantásticas. ¿Deseas una computadora? Vendemos *computadoras* a precios espectaculares. ¿Te gustan los discos compactos de música latina? Puedes comprar *los discos compactos de música latina* aquí. ¿Tienes ganas de encontrar el estéreo perfecto? Aquí tenemos *el estéreo que buscas*. ¿Necesitas ropa nueva? Éste es el lugar para ti; te ofrecemos *toda la ropa de moda* a los mejores precios.

Y además de todo, ¿quieres ganar un viaje al Caribe? Sorteamos *un viaje al Caribe* entre nuestros clientes y tú puedes ganar *ese viaje al Caribe*. ¿Estás pensando en pagar con tarjeta de crédito? Aceptamos *tarjetas de crédito*. ¿Qué esperas? No te pierdas nuestras rebajas.

_____

_____

_____

_____

_____

_____

AM 6-31 ¡Cuántas preguntas! Andres' boss has just returned from her trip and she wants to get all her ducks in a row, so she has a lot of questions for her work group. Answer her questions with the preterite tense and the direct object pronoun that best fits each case.

1. —¿Mandaste ya los mensajes?

   —No, no _____, porque no funciona el correo electrónico.

2. —¿Consultaron ustedes la página web que les recomendé?

   —Sí, sí _____. Es muy interesante y útil.

3. —¿Pudiste abrir el anexo que te envié?

   —No, no _____. No tengo el programa que se necesita.

4. —¿Pediste los altavoces al Sr. Gutiérrez?

   —No, no _____, porque el Sr. Gutiérrez está de viaje.

5. —¿Trajeron ya las nuevas unidades de disco duro?

   —Sí, sí _____. Están en su oficina.

AM 6-32 Intenciones Complete the following responses with the appropriate verb forms and the direct object pronouns most suitable to each context.

> **Modelo:** —¿Vas a comprar una computadora nueva ahora?
> —No, no *voy a comprarla* ahora. No tengo dinero suficiente.

1. —¿Piensas comprar el último disco de Shakira?

   —Sí, _____ esta misma tarde.

2. —¿Van tus hermanas y tú a sacar las entradas para el partido de los Red Sox?

   —No, no _____ hasta el sábado. Todavía no están a la venta.

3. —¿Piensa nuestro profesor de informática cambiar la fecha del examen final?

   —No, no _____. Las fechas de los exámenes son definitivas.

4. —¿Vas a ayudar a tus compañeros con la traducción de latín?

   —Sí, claro que _____. Están teniendo dificultades con la clase.

5. —¿Intentaste llamar a Lorena?

   —Sí, _____, pero no contestó nadie al teléfono.

INTEGRACIÓN

LECTURA: La compraventa en Internet

Internet se ha convertido en un paraíso para el consumidor. Con un sólo «clic» puedes comprar desde ropa, libros, discos, hasta los productos más exóticos imaginables. Internet también es un buen medio para la compraventa de productos de segunda mano *(second-hand)*.

Antes de leer

> **Looking for specific information for shopping on the Web**
> When consulting reading material in order to purchase items on the Web, it is important that we understand precisely what is being said. When visiting a Web page, you should usually consult guides for different purposes. One of them can be to find out what shopping opportunities a Web site offers. Remember that guides are written in a very economical fashion. That is, they try to provide as much information as possible using very little space. Sentences tend to be short and telegraphic.

AM 6-33 ¡Esta sociedad de consumo! Before you read in detail the web page **www.vendatodo.com** in this section, answer the following questions.

1. What kind of Web page do you think it is?

   _____

2. What kind of categories do you see on this Web page?

   _____

3. What kind of items do you think you may find in each category?

   _____

4. What kind of information about the products do you expect to find?

_____

5. What language is used in order to capture the attention of potential buyers?

_____

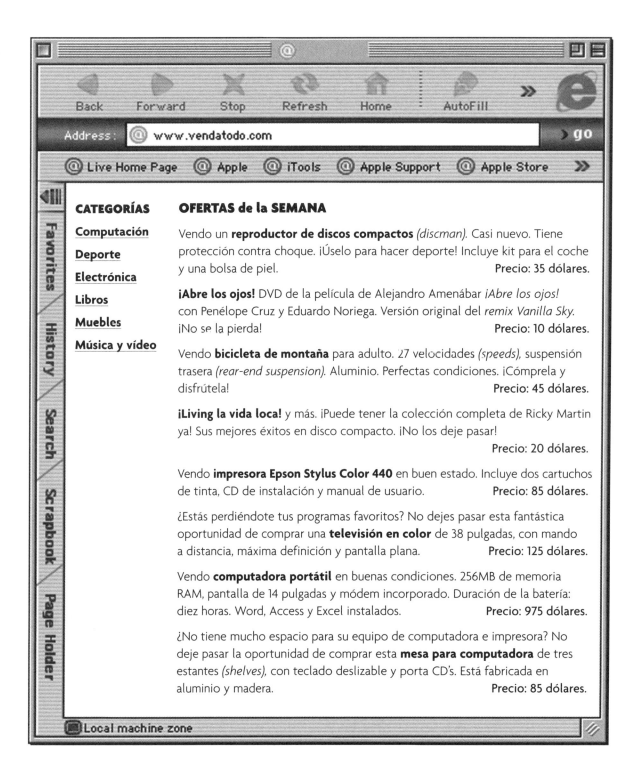

CATEGORÍAS

Computación

Deporte

Electrónica

Libros

Muebles

Música y vídeo

OFERTAS de la SEMANA

Vendo un **reproductor de discos compactos** (discman). Casi nuevo. Tiene protección contra choque. ¡Úselo para hacer deporte! Incluye kit para el coche y una bolsa de piel.   Precio: 35 dólares.

¡Abre los ojos! DVD de la película de Alejandro Amenábar ¡Abre los ojos! con Penélope Cruz y Eduardo Noriega. Versión original del remix Vanilla Sky. ¡No se la pierda!   Precio: 10 dólares.

Vendo **bicicleta de montaña** para adulto. 27 velocidades (speeds), suspensión trasera (rear-end suspension). Aluminio. Perfectas condiciones. ¡Cómprela y disfrútela!   Precio: 45 dólares.

¡Living la vida loca! y más. ¡Puede tener la colección completa de Ricky Martin ya! Sus mejores éxitos en disco compacto. ¡No los deje pasar!
                    Precio: 20 dólares.

Vendo **impresora Epson Stylus Color 440** en buen estado. Incluye dos cartuchos de tinta, CD de instalación y manual de usuario.   Precio: 85 dólares.

¿Estás perdiéndote tus programas favoritos? No dejes pasar esta fantástica oportunidad de comprar una **televisión en color** de 38 pulgadas, con mando a distancia, máxima definición y pantalla plana.   Precio: 125 dólares.

Vendo **computadora portátil** en buenas condiciones. 256MB de memoria RAM, pantalla de 14 pulgadas y módem incorporado. Duración de la batería: diez horas. Word, Access y Excel instalados.   Precio: 975 dólares.

¿No tiene mucho espacio para su equipo de computadora e impresora? No deje pasar la oportunidad de comprar esta **mesa para computadora** de tres estantes (shelves), con teclado deslizable y porta CD's. Está fabricada en aluminio y madera.   Precio: 85 dólares.

Después de leer

AM 6-34 Vendatodo.com The web page **www.vendatodo.com** includes a list of used items that could be of great interest to college students. Review the items advertised and answer the questions that appear below.

1. Link the products in the weekly specials with the category/ies in which they belong.

   _____

2. What are the features of the items under the category of *Electrónica*?

   _____

3. What are the features of the items under the category of *Computación*?

   _____

4. Which item/s would you buy from the Web site **www.vendatodo.com** and why?

   _____

ESCRITURA

Vocabulary: Computers; house: furniture; sports equipment
Phrases: Describing objects
Grammar: Verbs: imperfect; preterite; direct and indirect object pronouns

Título: Regalos, regalos

You are a very thoughtful person and you never forget about your friends' birthdays. Think about the gifts you bought for them last year and tell your instructor about your purchases. As you are preparing your composition, remember to include the following information:

- what items you bought and for whom
- a description of the items and the reason for which you selected them
- the amount of money you spent

A empezar

AM 6-35 Organización de las ideas Make a list of the names of your friends and write the gifts you bought for them next to their names.

A escribir

AM 6-36 Preparación del borrador Prepare a brief description of each item that you listed in the **A empezar** section, emphasizing their good qualities and indicating the price.

AM 6-37 Revisión del borrador Review your borrador, taking into consideration the following questions.

1. Have you included a description of the gifts and the reasons for which you selected them? Are there any other important details that you forgot to mention?
2. Did you specify what items you bought and for whom? Is the description of the items well organized and clear?
3. Have you used the vocabulary related to shopping that you learned in this chapter and the grammatical structures to describe in the past?

AM 6-38 El producto final Based on the review of your draft, make the necessary adjustments and incorporate any new ideas that have occurred to you. Before you hand in your composition, read it and check for any misspelled words or phrases. Also, make sure that all your changes have been implemented.

COMPRENSIÓN AUDITIVA

CD2-2 **AM 6-39 ¿Qué compraron?** You are going to listen to three conversations between people out shopping. While you listen to each conversation, identify the items that they bought **(cosas que compraron)** and the ones they did not buy **(cosas que no compraron).**

	Cosas que compraron	Cosas que no compraron
Conversación 1		
Conversación 2		
Conversación 3		

CD2-3 **AM 6-40 Un regalo para mi sobrino** Ramón is in a sporting goods store, shopping for his nephew. After you listen to the conversation that Ramón has with the salesperson, answer the following questions.

1. ¿Sabe Ramón qué regalo va a comprar para su sobrino? ¿Qué le sugiere la dependienta?

_____

2. ¿Cuánto dinero piensa gastar Ramón en el regalo?

_____

3. ¿Qué decide comprar Ramón finalmente?

_____

4. ¿Por qué elige ese regalo en particular?

_____

CD2-4 **AM 6-41 ¡Vámonos al supermercardo!** Roberto and Tino are planning a birthday party for their roommate, Alex. Listen to their conversation and answer the following questions.

1. ¿Qué frutas necesitan para la ensalada?

_____

2. ¿Qué productos tienen que comprar en la sección de congelados?

_____

3. ¿Qué bebidas van a servir?

_____

4. ¿Qué otros productos mencionan Roberto y Tino en su conversación?

_____

CD2-5 **AM 6-42 ¿Cuánto necesitamos?** Listen one more time to the conversation between Roberto and Tino and identify the quantities of the following products that they are planning to buy.

1. _____ de fresas

2. _____ de melocotones

3. _____ de galletas

4. _____ de té helado

5. _____ de azúcar

CD2-6 **AM 6-43 La nueva computadora**
Lidia and Miguel are checking different stores in which to buy a new computer for Lidia. Listen to their conversation with the salesperson in the computer store and determine whether the following sentences are true **(verdadero)** or false **(falso).**

_____ 1. La computadora de Lidia funciona, pero ella quiere una nueva.

_____ 2. Lidia quiere tener acceso a Internet en su computadora.

_____ 3. El dependiente le recomienda a Lidia que compre la computadora y la impresora porque el equipo tiene un precio especial.

_____ 4. Es preferible que Lidia compre el escáner ahora porque está de oferta.

_____ 5. Lidia no va a tener que pagar la cuota de conexión a Internet el primer año.

_____ 6. Lidia va a pagar en efectivo.

CD2-7 **AM 6-44 Con sus palabras** Listen to the dialogue one more time and identify how the people involved in the conversation express the following ideas.

1. ¿Cómo saluda el dependiente a Lidia y a Miguel?

_____

2. ¿Qué le aconseja el dependiente a Lidia sobre *(about)* el escáner?

_____

3. ¿Cómo le ofrece Miguel a Lidia su ayuda con la computadora al final de su conversación?

_____

CD2-8   **PRONUNCIACIÓN**

Los sonidos consonánticos: *p, t, k*

AM 6-45 La consonante *p* The sound of **p** in Spanish is similar to the sound *p* in English, but it is pronounced without the puff of air that accompanies the English sound. Put your hand in front of your mouth and note the puff of air that is produced when you pronounce the English word *pan* and the absence of this puff when you say *speak*. The Spanish **p** is more like the *p* in *speak*.

PRÁCTICA

Listen to and repeat the following words.

papas	papelera
pavo	pepino
pera	pedazo
pollo	pimiento
apio	plátano

CD2-9 **AM 6-46 La consonante *t*** The sound **t** in Spanish is produced by placing the tip of the tongue behind the back of the upper front teeth, while the *t* in English is pronounced by placing the tip of the tongue on the gum ridge behind the upper front teeth. Pronounce the English word *tea* and note where the tip of your tongue is. Now pronounce the Spanish word **ti,** being careful to place the tip of your tongue on the back of the upper front teeth.

PRÁCTICA

Listen to and repeat the following words.

talla	patata
té	teclado
ratón	lácteos
vestir	tomate
atún	portátil

CD2-10 **AM 6-47 El sonido *k*** In Spanish, the sound of **k** can be spelled with a **c** before the vowels **a, o, u,** as in **caso, cosa, culpa,** or before the consonants **l** and **r,** as in **clase, crema.** It can also be spelled with **qu** as in **Quito, queso.** In this combination the **u** is always silent. A few Spanish words that have been borrowed from other languages are spelled with the letter **k,** for example, **koala, kimono,** and **kilómetro.** In all of the cases mentioned above, the sound of **k** is almost identical to the sound of *k* in English.

PRÁCTICA

Listen to and repeat the following words.

café	calculadora
queso	paquete
kilo	mantequilla
disco	computadora
cuesta	documento

Capítulo 7

Fiestas, celebraciones y música

PRIMERA ETAPA

Para empezar: Las fiestas

AM 7-1 La graduación de Sergio Sergio is graduating and his sister Lidia is planning a surprise party for him. Complete the conversation that Lidia has with her friend Maribel, using the most appropriate expressions.

LIDIA: ¿Sabes? Estoy preparando una (**1**) _____ *(surprise party)* para la graduación de Sergio.

MARIBEL: ¿En serio? Así que él no sabe nada, ¿verdad?

LIDIA: Claro, ésa es la idea. Ahora voy a mandar las (**2**) _____ *(invitations)*.

MARIBEL: ¿A cuántas personas vas a (**3**) _____ *(to invite)*?

LIDIA: Alrededor de sententa, entre amigos y familia.

MARIBEL: Y ¿cuándo vas a (**4**) _____ *(to celebrate)* la graduación de Sergio?

LIDIA: El último sábado de mayo. La fiesta va a ser en el jardín de casa de mis padres.

MARIBEL: Estoy segura que van a (**5**) _____ *(to have fun)*. Y Sergio va a estar muy sorprendido.

LIDIA: Eso espero. Es una gran ocasión. Todavía no sé que le voy a (**6**) _____ *(to give a gift)*.

MARIBEL: La fiesta me parece un regalo estupendo. ¿Qué más quieres?

LIDIA: No sé...

MARIBEL: ¿Ya sabes dónde vas a comprar el (**7**) _____ *(cake)*? Porque hay una pastelería muy buena en mi barrio, donde mi madre compra siempre. Si quieres te acompaño.

LIDIA: Bien. El postre es lo único que me falta, porque ya encargué los aperitivos y las bebidas. ¿Vamos entonces?

AM 7-2 El aniversario de mis padres Beatriz tells us about the anniversary party that her parents have every year. Using the words from the box below, complete her narration. Conjugate each verb in the appropriate tense.

invitar	pasarlo bien	dar una fiesta	brindar	celebrar	hacer regalos

Todos los años mis padres (**1**) _____ su aniversario de boda. Llevan quince

años casados y todos los años hacen la misma cosa: (**2**) _____. El año pasado

(**3**) _____ a casi cincuenta personas. Yo ayudé a mi madre a escribir y mandar las invitaciones y a preparar la fiesta. Me encanta ver a mis padres tan ilusionados con su fiesta. La familia

y los amigos les **(4)** _____ a mis padres, y ellos les están muy agradecidos *(thankful)*.

Todos los invitados **(5)** _____ siempre: comen, bailan, charlan… Mi abuelo

(6) _____ todos los años por la pareja *(couple)* y les desea muchos años de felicidad.

ENFOQUE ESTRUCTURAL

El imperfecto de verbos regulares e irregulares

AM 7-3 Recuerdos de la infancia Clara remembers with great affection the family celebrations that she had during her childhood. Help her complete her narration by using the verbs in parentheses in the imperfect tense.

Uno de mis recuerdos favoritos de la infancia eran nuestras celebraciones familiares. Cualquier

fiesta (1) _____ *(servir) como excusa para reunirse. Casi toda mi familia*

(2) _____ *(vivir) cerca de nuestra casa, y por eso no (3)* _____

(resultar) difícil vernos. Recuerdo que (4) _____ *(celebrar, nosotros) los*

cumpleaños de niños y adultos con grandes fiestas donde (5) _____ *(divertirse)*

muchísimo. La persona que (6) _____ *(cumplir) años (7)* _____

(soplar) las velas del pastel y (8) _____ *(recibir) cantidades de regalos. El día*

de los Reyes Magos (9) _____ *(ser) especialmente mágico para los niños.*

Recuerdo que el día 5 de enero (10) _____ *(ver, nosotros) la cabalgata*

(parade) de Reyes, donde (11) _____ *(desfilar) los tres Reyes de Oriente, que*

(12) _____ *(venir) cargados de regalos para los niños. Esa noche casi no*

(13) _____ *(dormir, nosotros) de la emoción. A la mañana siguiente*

(14) _____ *(abrir, nosotros) los regalos que los Reyes nos habían dejado y*

(15) _____ *(jugar) el resto del día con ellos. Recuerdo también el domingo de*

Pascua. Mi familia y yo (16) _____ *(ir) a la iglesia y después*

(17) _____ *(haber) una comida en casa de mis abuelos. Me*

(18) _____ *(gustar) las reuniones familiares. Ahora que estoy lejos, las echo de*

menos (I miss them).

AM 7-4 ¿Qué hacíamos normalmente? People's habits change over time. Indicate what the following people did when they were younger and still lived with their parents.

> **Modelo:** María / despertarse temprano
> *María se despertaba temprano.*

1. yo / no levantarse a las siete de la mañana

_____

2. Marcos y Susana / acostarse temprano todos los días

_____

3. Victoria y yo / no maquillarse nunca

_____

4. Eduardo / divertirse mucho los fines de semana

_____

5. Teresa y Carla / ponerse la ropa de su madre

_____

6. tú / quedarse en casa los sábados y domingos

_____

AM 7-5 Ahora tú Think about what your life was like when you were in high school and what it is like now. Form six sentences using the imperfect tense to tell us some activities that you used to do on a fairly regular basis.

1. _____

2. _____

3. _____

4. _____

5. _____

6. _____

ENFOQUE LÉXICO

Expresiones para hablar de acciones habituales

AM 7-6 De niño... Guzmán is telling us what his weekends were like when he was a child. Form sentences using the elements that appear below and the verb conjugated in the imperfect tense.

1. Todos los fines de semana / yo / salir con mis padres

_____

2. Todos los sábados por la mañana / mi padre y yo / dar un paseo en bicicleta por la playa

_____

_____

3. Por lo general / los sábados por la tarde / yo / tener partido de fútbol / y mis padres / ir al partido

_____

_____

4. Normalmente / los sábados por la noche / mis padres y yo / cenar en una pizzería del barrio o en casa de unos amigos

_____

_____

5. Todos los domingos por la mañana / mi madre y yo / ir al mercado y comprar frutas y verduras para la semana

_____

_____

6. Todos los domingos / la familia / ir a misa y después / comer en casa de mis abuelos

_____

7. A menudo / los domingos por la tarde / mis padres y yo / ver una película en el cine

_____

AM 7-7 ¡Qué tiempos aquéllos! Complete José's narrative about his time at the university by using the most logical time expression from the box below. Note that each expression may be used only once.

| los sábados por la tarde   por lo general   por las mañanas   los fines de semana   los domingos |
| normalmente   los viernes por la noche   por las tardes   de vez en cuando |

Cuando estaba en la universidad, (**1**) _____ me levantaba tarde, porque

(**2**) _____ salía con mis amigos a cenar y al cine. Después de levantarme,

el sábado (**3**) _____ lavaba mi ropa y arreglaba mi cuarto.

(**4**) _____ me gustaba visitar alguna exposición en el museo de la ciudad

o ir al centro comercial a comprar discos. (**5**) _____ compraba algún

compacto, pero no siempre. (**6**) _____, los sábados por la noche mis

compañeros y yo alquilábamos una película de vídeo y nos quedábamos en nuestro cuarto.

(**7**) _____ eran muy tranquilos. (**8**) _____

hacía un poco de ejercicio y (**9**) _____ preparaba mi tarea. ¡Qué tiempos

aquéllos!

AM 7-8 ¿Con qué frecuencia... ? According to the information below, indicate with what frequency Marta and Laura used to do the following activities when they were in high school.

| todos los veranos   con regularidad   a veces   normalmente   una vez a la semana |

Modelo: Marta / ir de compras tres veces al mes
A veces Marta iba de compras.

1. Laura / hacer ejercicio tres veces a la semana

_____

2. Marta y Laura / ir al cine los sábados

_____

3. Marta y Laura / tomar el autobús para ir a clase todos los días

_____

4. Laura / estar enferma y / no ir a la escuela dos o tres veces al año

_____

5. Marta y Laura / ver a sus primos durante los meses de julio y agosto

_____

AM 7-9 ¿Cuándo... ? Form sentences by combining the elements from the three columns in the most logical way. Don't forget to conjugate the verbs in the imperfect tense.

Todos los sábados por la tarde	la madre de Enrique	ir de campamento
Todos los veranos	sus padres	hacer un pastel para su cumpleaños
Los viernes por la noche	mi hermana y yo	tener partido
Todas las Navidades	el equipo	ir a la iglesia
Los domingos por la mañana	los familiares de Andrea	salir con unos amigos
Todos los años	Asunción	comer pavo

1. _____

2. _____

3. _____

4. _____

5. _____

6. _____

ENFOQUE ESTRUCTURAL

El uso básico del imperfecto

AM 7-10 ¿Qué tal la fiesta? Eloísa tells her friend Tamara about her roommate's surprise birthday party. Complete their conversation using the correct imperfect forms of the verbs in parentheses.

TAMARA: ¡Eloísa! ¡Cuéntame! ¿Qué tal la fiesta?

ELOÍSA: Muy divertida. (**1**) _____ (Haber) mucha gente, amigos de Carlota de la escuela secundaria, de la universidad, del trabajo... Todos (**2**) _____ (parecer) muy simpáticos.

TAMARA: ¿Cuántas personas (**3**) _____ (ser)?

ELOÍSA: En total, cincuenta y ocho. En el apartamento casi no se (**4**) _____ (entrar).

TAMARA: ¿Y Carlota? Ella no (**5**) _____ (saber) nada de la fiesta, ¿verdad?

ELOÍSA: No, ¡qué va! Carlota (**6**) _____ (estar) radiante; (**7**) _____ (sentirse) muy feliz.

TAMARA: ¡Qué bueno! Parece que todo salió de maravilla.

ELOÍSA: Sí, la verdad es que sí. (**8**) _____ (Tener, yo) miedo de olvidar algún detalle, pero al fin la fiesta fue un éxito.

AM 7-11 Las vacaciones de Rosa You are simply curious about your friend Rosa's childhood vacations. Complete the conversation you had with her by providing the missing questions.

Yo: **1.** _____

Rosa: Mi familia y yo pasábamos los veranos en la playa.

Yo: **2.** _____

Rosa: Sí, hacía mucho calor, pero era agradable.

Yo: **3.** _____

Rosa: Nos quedábamos en una casita cerca de la playa.

Yo: **4.** _____

Rosa: Sí, me sentía muy feliz en la playa, porque podía estar todo el día fuera de casa.

Yo: **5.** _____

Rosa: Sí, iba mucho a la playa, pero también hacía otras actividades.

Yo: **6.** _____

Rosa: A ver, montaba en bicicleta, iba a pescar con mi padre, paseaba por el pueblo con mi madre...

Yo: **7.** _____

Rosa: Sí, había muchos niños en el pueblo por el verano y todos jugábamos juntos.

Yo: **8.** _____

Rosa: No, nunca tenía ganas de volver a la ciudad después del verano. Me daba mucha pena.

AM 7-12 ¿Y tus veranos? Try to remember how your summers were as a child, and then answer the questions below.

1. ¿Adónde iban tu familia y tú?

_____

2. ¿Cómo era el lugar?

_____

3. ¿Qué tiempo hacía allí?

_____

4. ¿Qué hacían durante sus vacaciones?

_____

5. ¿Cómo te sentías entonces?

_____

SEGUNDA ETAPA

Para empezar: La música popular

AM 7-13 ¿Qué instrumentos toca? Your friend Juan is a very gifted musician. He plays about six different instruments. Look at the drawings below and identify the instruments he plays.

1. _____

4. _____

2. _____

5. _____

3. _____

6. _____

AM 7-14 ¿De cuerda, de viento o de percusión? Classify the instruments listed below according to the family in which they belong: **cuerda, viento,** or **percusión.**

la quena	el charango	la pandereta
las congas	la flauta	el acordeón
el bongó	el guitarrón	el arpa

Instrumentos de cuerda	Instrumentos de viento	Instrumentos de percusión

AM 7-15 ¡Qué ritmo! Identify which popular Hispanic dances correspond to the following definitions. Note that each word may be used only once.

el flamenco   el tango   el corrido   la salsa   la cumbia   el merengue

1. balada tradicional mexicana: _____

2. danza popular típica de la República Dominicana: _____

3. seductor baile argentino de pareja enlazada: _____

4. baile popular colombiano: _____

5. ritmos de guitarra y percusión, de profundo sentimiento, originales del sur de España:

_____

6. música popular bailable con influencias tropicales: _____

ENFOQUE ESTRUCTURAL

Más usos del imperfecto

AM 7-16 ¿Dónde estaban? Julio asks his mother about the day that Argentina won the World Cup Soccer Championship. Based on the drawings, write sentences that answer Julio's questions about that day.

Modelo: —Mamá, ¿dónde estabas ese día? ¿Qué hacías?
          —*Pues, estaba en la oficina. Escribía un informe.*

1. —¿Y papá?

_____

_____

2. —¿Y la tía Berta y el tío Ramón?

_____

_____

3. —¿Dónde estaba el tío Jorge?

_____

_____

4. —Pepe, ¿dónde estaba él? ¿Qué hacía?

_____

_____

5. —¿Y la prima Sandra?

_____

_____

AM 7-17 Mientras esperaba... Juan and his friend Pedro are going to a concert, but Juan is late. Complete the conversation between the two friends by conjugating the verbs in parentheses in the imperfect tense.

PEDRO: Juan, ¡qué tarde llegas! ¿No (**1**) _____ (saber) que el concierto

(**2**) _____ (ser) a las ocho y media?

JUAN: No. Creía que (**3**) _____ (empezar) a las nueve de la noche. Lo siento

muchísimo.

PEDRO: No te preocupes. Vamos adentro, anda. ¡Ah! Mientras te (**4**) _____

(esperar), vi a Vanessa.

JUAN: ¿Ah sí? Y ¿adónde (**5**) _____ (ir)?

PEDRO: A casa de Estela. Me dijo que ellas (**6**) _____ (celebrar) una fiesta esta

noche y que si queríamos ir después del concierto, (**7**) _____ (estar)

invitados.

JUAN: ¡Genial! Hace siglos que no veo a Estela. Mientras nosotros (**8**) _____

(tener) las mismas clases, nos (**9**) _____ (ver) todos los días, pero ahora

con la especialidad no coincidimos en ninguna clase.

PEDRO: ¡Qué temperatura más buena hay aquí dentro! Afuera (**10**) _____ (hacer)

un frío increíble. Casi me congelo mientras tú (**11**) _____ (llegar).

JUAN: Perdona, no (**12**) _____ (querer) hacerte esperar.

PEDRO: Está bien. Ahora vamos a disfrutar del concierto.

AM 7-18 ¡Qué furia! Last night Paco went out with his friends, but he did not invite his girlfriend, Esther, who gets upset when she is not invited to go along. Read the questions that Esther asks Paco and respond with the correct forms of the imperfect. Be creative!

1. ¿Dónde estabas cuando te llamé ayer?

   _____

2. ¿Qué hacías allí?

   _____

3. ¿Estabas solo?

   _____

4. ¿Por qué no me llamaste mientras estabas allí?

   _____

5. ¿Qué hora era cuando volviste?

   _____

ENFOQUE ESTRUCTURAL

Comparativos y superlativos

AM 7-19 ¿Más o menos? Read the following information and form sentences establishing comparisons based on the situation.

> **Modelo:** Octavio Paz es un escritor muy famoso. Mario Vargas Llosa es un escritor muy famoso también.
> *Octavio Paz es un escritor tan famoso como Mario Vargas Llosa.*

1. Nuestro grupo de música tocó en seis conciertos la pasada temporada. El grupo de música de mi hermano tocó en diez conciertos la pasada temporada.

   Nuestro grupo de música _____.

2. Mi cantante favorito grabó (recorded) dos discos el año pasado. Tu cantante favorito grabó un disco el año pasado.

   Mi cantante favorito _____.

3. Tito Puente era un artista muy bueno. Víctor Jara era un artista muy bueno también.

   Tito Puente _____.

4. Rosa sabe tocar tres instrumentos: la guitarra, la flauta y la pandereta. Su hermana Graciela sabe tocar un instrumento: el arpa.

   Graciela _____.

5. Me gusta la música chilena. No me gustan mucho los ritmos de salsa.

   Me gusta _____.

AM 7-20 ¡Qué diferencia! Establish your own comparisons between the terms that are mentioned below by using expressions such as **más… que, menos… que, tanto/s como, tanta/s como.**

1. tu habitación en la universidad / tu habitación en casa

   _____

2. tus clases de este semestre / tus clases del semestre pasado

   _____

3. tus compañeros de la universidad / tus compañeros de la escuela secundaria

   _____

AM 7-21 Superlativos Make sentences using the most appropriate superlative in each context.

   Modelo: the most moving song of Violeta Parra
   «Gracias a la vida» es la canción más conmovedora de Violeta Parra.

1. the most popular CD of the year

   _____

2. the best course in your school

   _____

3. the least demanding professor

   _____

4. the most fun festival in your town

   _____

5. the worst musician of the year

   _____

TERCERA ETAPA

Para empezar: Los festivales y los conciertos

AM 7-22 Asociaciones Link each word from the box below with its corresponding definition.

el homenaje	estar de gira	una banda	el afiche	los boletos

1. uno los compra para poder estar presente en un concierto: _____
2. un grupo de músicos: _____
3. el tributo que se le rinde a una persona famosa: _____
4. es lo que hacen los músicos cuando viajan para dar conciertos: _____
5. el cartel que anuncia un evento cultural: _____

AM 7-23 ¡Ven a Viña del Mar! The Viña del Mar music festival, which takes place every year in Chile, is one of the most emblematic events in the world of Latin music. Complete the following information about this festival using the most appropriate expression from the box below. Don't forget to conjugate the verbs in the present tense when necessary.

presentar   actuar   darse cita   concursar   tocar   celebrarse

El Festival Internacional de la Canción de Viña del Mar (**1**) _____ todos

los años en Chile y en él (**2**) _____ talentos no sólo latinos, sino también

procedentes de distintos lugares del mundo. Muchos artistas conocidos

(**3**) _____ sus nuevos discos en el festival. También grupos y cantantes

menos conocidos pueden (**4**) _____ en Viña del Mar y dar a conocer

(present) sus temas musicales ante millones de espectadores que (**5**) _____

en el anfiteatro Quinta Vergara, a 120 kilómetros de Santiago. El precio de las entradas varía en

función de la ubicación, pero hay mucho donde elegir. No te pierdas la oportunidad de ver

(**6**) _____ en vivo a tus artistas favoritos. ¡Ven a Viña del Mar!

ENFOQUE ESTRUCTURAL

Los pronombres demostrativos

AM 7-24 Éste no, ése... Read the following mini-dialogues and fill in the blanks with the specified demonstrative pronoun.

1. —¡Hola! ¿En qué puedo ayudarles?

—¡Hola! Queremos mirar las guitarras.

—Sí, claro. ¿Es para un niño o para un adulto?

—Es para un muchacho de dieciséis años.

—Miren, *(those)* _____ son guitarras españolas y *(those over there)*

_____ son guitarras eléctricas. ¿Cuáles prefieren?

—No sabemos con certeza. ¿Y la guitarra que tiene en el escaparate?

—¿Cuál? ¿*(This one)* _____?

—Sí, ¿podemos verla?

—Por supuesto. Aquí la tienen.

2. —Toni, ¡qué cantidad de instrumentos tienes!

   —Sí, es que los colecciono.

   —¿Qué es *(that)* _____?

   —Es un charango.

   —¿Y *(this)* _____?

   —Una quena. *(These)* _____ son los dos instrumentos andinos. ¿Quieres escuchar cómo suenan?

3. —Natalia, ¿me dejas un CD de Juan Luis Guerra?

   —¿Cuál quieres?

   —*(This one)* _____.

   —Pero si es el último. ¿No te conformas con *(that one over there)* _____?

   —Anda, por favor. Déjame el último. Todos *(those)* _____ ya los tengo.

   —Bueno, vale. Llévalo, pero no te olvides de devolvérmelo.

AM 7-25 El pueblo donde nací Óscar is showing Marilia around the town where he was born. During their tour, Óscar points out the different places where he spent his childhood. Complete the conversation between Óscar and Marilia with the appropriate demonstrative pronouns.

ÓSCAR: Mira, la casa donde nací.

MARILIA: ¿Cuál? ¿*(That one)* (**1**) _____?

ÓSCAR: No, *(that one over there)* (**2**) _____, la gris con ventanas blancas. Y ahí está el parque donde jugábamos, y detrás de los árboles, de *(those over there)* (**3**) _____, teníamos un escondite secreto *(hidden place)*. Todo está muy cambiado.

MARILIA: ¿Cuándo viniste la última vez?

ÓSCAR: Hace diez años. Y *(that)* (**4**) _____ fue en invierno. Había una niebla terrible y casí no se veía nada. Mira, *(that)* (**5**) _____ era la escuela y este edificio de aquí era la biblioteca. ¿Oyes las campanas de la iglesia? *(These)* (**6**) _____ siguen iguales.

ENFOQUE ESTRUCTURAL

Las expresiones para indicar tiempo transcurrido: *desde cuándo, desde (que), cuánto tiempo hace que, hace (… que)*

AM 7-26 ¿Cuánto tiempo hace que… ? By using the information that appears below, form exchanges according to the model.

Modelo: tocar con la banda (Andoni) / dos meses
   —*¿Cuánto tiempo hace que Andoni toca con la banda?*
   —*Hace dos meses que Andoni toca con la banda.*

1. componer música (tú) / siete años

   _____

   _____

2. no tocar la flauta (Mónica) / unos meses

_____

_____

3. celebrarse el concurso / veinte años

_____

_____

4. patrocinar festivales de música (ustedes) / dos veranos

_____

_____

5. vender las entradas (ellos) / dos días

_____

_____

AM 7-27 ¿Desde cuándo... ? By using the information that appears below, form exchanges according to the model.

> **Modelo:** tocar el piano (tú) / empezar en la escuela secundaria
> —*¿Desde cuándo tocas el piano?*
> —*Desde que empecé en la escuela secundaria.*

1. ser coreógrafa (usted) / terminar mis estudios en la universidad

_____

_____

2. gustar el merengue (tú) / ir a la República Dominicana

_____

_____

3. estudiar en el Conservatorio de Música (Armando) / tener doce años

_____

_____

4. escuchar música folklórica (tu hermano y tú) / ser niños

_____

_____

5. estar de gira (el grupo) / empezar el verano

_____

_____

Nombre _____ Fecha _____

AM 7-28 Entrevista con una estrella de rock Eliana is interviewing Álvaro, the drummer of a well-known rock group that is on tour promoting its new CD. Complete their dialogue with questions and the elapsed time structures that you think are most suitable for each context.

ELIANA: **1.** _____

ÁLVARO: Toco la batería desde que estaba en la escuela secundaria.

ELIANA: **2.** _____

ÁLVARO: Hace dos años que soy parte del grupo.

ELIANA: **3.** _____

ÁLVARO: Hace cuatro años que no actuaba en las universidades. Es bueno estar de vuelta.

ELIANA: **4.** _____

ÁLVARO: El nuevo disco salió hace dos meses. Ahora estamos presentándolo.

ELIANA: **5.** _____

ÁLVARO: Soñaba con tocar en un grupo desde que era muchacho.

INTEGRACIÓN

LECTURA: La Academia Latina de la Grabación

Antes de leer

> **Activating background knowledge: content**
> Articles about musical organizations and music awards, no matter in what language, generally include very predictable information. If you have seen articles about musical organizations and music awards in your native language, using your background knowledge you will be able to anticipate most of the information included in the same kind of articles written in a different language.

AM 7-29 Música latina, ¡presente! In this section you are going to read an article about the Academia Latina de la Grabación, a musical association founded in the United States to promote Latin music for the domestic market. Before you start reading the article, answer the following questions.

1. Do you listen to Spanish music? How many Latin music rhythms can you name?

_____

2. How many Latin artists do you know? Do you know if they have ever received any award?

_____

3. Who do you think are the members of a music organization like the Academia Latina de la Grabación?

_____

4. What do you think is/are the function/s of this type of organization?

_____

Después de leer

AM 7-30 El espíritu musical hispano Read the article about the founding and development of the **Academia Latina de la Grabación** and complete the information summary below in Spanish.

La Academia Latina de Artes y Ciencias de la Grabación
Año de establecimiento
Perfil de los miembros
Misión
Oficinas
Premio que concede
Impacto cultural

La Academia Latina de la Grabación®

Establecida en 1997 después de diez años de desarrollo, la Academia Latina de Artes y Ciencias de la Grabación (la Academia Latina de la Grabación) es la primera sociedad internacional creada por la Academia Nacional de Artes y Ciencias de la Grabación. Es una asociación compuesta por músicos, productores, ingenieros y otros profesionales técnicos y creativos de la grabación, dedicados a mejorar la calidad de vida y las condiciones culturales de la música latina y sus creadores. Con oficinas en Miami y Santa Mónica, los miembros de la Academia incluyen a profesionales de la música en comunidades de habla hispana y portuguesa alrededor del mundo.

La Academia Latina de la Grabación ofrece programas educacionales y culturales de alta calidad, oportunidades para establecer contactos y amparo en temas como la protección de los derechos de autor, los derechos de los artistas y la legislación que afecta la cultura y las artes. La organización se compromete a preservar la identidad y vitalidad de los centenares de formas regionales de la música latina en todo el mundo —estilos que son la fundación misma de la música latina.

El 13 de septiembre del año 2000, la Academia Latina de la Grabación celebró el espíritu creativo, la descollante diversidad y los muchos logros de la música latina con la Primera Entrega Anual del Premio GRAMMY Latino. La ceremonia fue el primer programa en la historia de la televisión estadounidense trasmitido primordialmente en español y portugués, y probablemente la más importante celebración de la cultura latina que se haya presentado en las pantallas de este país. El programa fue disfrutado por 7,5 millones de espectadores en los Estados Unidos, y millones más en todo el mundo, anunciando así la introducción de una nueva Academia y un premio dedicado a la importante influencia cultural de la música latina.

El Premio GRAMMY Latino reconoce los logros creativos y/o técnicos, no las cifras de ventas o posiciones en las listas de popularidad. Los ganadores son determinados por sus colegas —los socios votantes de la Academia Latina. El propósito principal del Premio GRAMMY Latino es reconocer la excelencia y dar a conocer la diversidad cultural y contribución de los artistas latinos, tanto en los Estados Unidos como internacionalmente.

Durante los últimos dos años, la Academia Latina de la Grabación ha presentado programas educacionales (incluyendo el «GRAMMY En Las Escuelas» y el «Foro Profesional del GRAMMY») a más de 4.000 participantes en México, Sudamérica y Puerto Rico. Organizado en colaboración con la Fundación GRAMMY, el programa de la Academia «GRAMMY En Las Escuelas» educa a los estudiantes de música sobre la industria de la grabación, permitiéndoles participar en paneles interactivos y talleres, haciendo preguntas sobre las practicalidades de trabajar en el negocio de la música y la posibilidad de tener éxito en este campo.

A través de numerosos viajes en el exterior y un esfuerzo para extenderse dentro de Norteamérica, la Academia Latina continúa gozando del apoyo de la comunidad musical latina. Su número de socios sigue creciendo a un ritmo saludable. Es sólo mediante un grupo de socios activos, comprometidos y representativos que la Academia Latina puede realizar su objetivo de crear un impacto positivo en la situación creativa, educacional y profesional de la música latina y sus creadores. Con su ayuda, podemos lograr un cambio.

Source: Courtesy the Latin Recording Academy.
© 2002 The Latin Recording Academy **www.grammy.com**

AM 7-31 El Grammy latino Now, respond in Spanish to the following questions related to the Latin Grammy with which the Academia awards Latin artists.

1. What was the impact of the First Latin Grammy Award?

   _____

2. Are the Grammys awarded according to the sales figures or chart positions?

   _____

3. What is the chief goal of the Latin Grammy Awards?

   _____

ESCRITURA

Vocabulary: Musical instruments; time expressions
Phrases: Talking about the present; talking about past events; comparing and contrasting
Grammar: Verbs: present; preterite; imperfect

Título: Una entrevista con...

Assume that last year you had the opportunity to interview one of your music idols. Tell your instructor all the details about this artist that you learned from the interview. In your composition, make sure to cover the following points:

- information about his/her musical field
- details about his/her professional career
- details about his/her personal life

A empezar

AM 7-32 Organización de las ideas Think about one of your music idols and make a list with information about where and when the artist was born, some of his/her hits, and other important details related to his/her personal life and professional career.

A escribir

AM 7-33 Preparación del borrador Using the facts that you pointed out in the **A empezar** section, write a brief biography about the artist using a chronological sequence of the events. Finish your **borrador** comparing your idol's talent with other musicians in his/her field of interest.

AM 7-34 Revisión del borrador Review your **borrador** by answering the following questions:

1. Have you provided information about all the points addressed in the **Título** section? Do you need to add more details about your idol's personal or professional life? Have you provided an accurate comparison between your idol's talent and that of other artists?
2. Are the facts about your idol stated in chronological order? Are the ideas presented clearly?
3. Have you used the vocabulary and grammatical structures that you learned in this chapter to provide information about music interests and experiences in the past?

AM 7-35 El producto final Based on the review of your draft, make the necessary adjustments and incorporate any new ideas that have occurred to you. Before you submit the biography of your music idol, read it and check for any misspelled words or phrases. Also, make sure that all your changes have been implemented.

COMPRENSIÓN AUDITIVA

CD2-11 **AM 7-36 Una fiesta muy especial** Alejandra is telling Rosario about a very special party that she is organizing for her daughter Anita. Listen to their conversation and complete the following sentences by selecting the most appropriate response.

1. Alejandra está organizando…
   a. la boda de su hija Anita.
   b. la graduación de su hija Anita.
   c. el bautizo de su hija Anita.
   d. la fiesta de quinceañera de Anita.

2. A la fiesta van a asistir…
   a. doscientos invitados.
   b. ciento setenta y cinco invitados.
   c. ciento sesenta y cinco invitados.
   d. ciento cincuenta y cinco invitados.

3. Ayer en el centro comercial Anita y su madre…
   a. compraron un vestido blanco para la fiesta.
   b. vieron vestidos muy bonitos en blanco y colores claros.
   c. compraron un vestido de noche.
   d. no vieron ningún vestido bonito.

4. Anita y su padre salieron a comprar…
   a. unas zapatillas de deporte.
   b. unas botas de montaña.
   c. unos zapatos de tacón alto.
   d. unas sandalias para la fiesta.

5. Para la fiesta, Alejandra…
   a. ya envió las invitaciones, pero no habló con la banda de músicos.
   b. tiene que enviar las invitaciones y hablar con la banda de músicos.
   c. tiene que escoger las flores y el pastel con Anita.
   d. ya escogió las flores y el pastel, pero no envió las invitaciones.

CD2-12 **AM 7-37 Tradiciones latinas** Listen to the conversation one more time and respond to the following questions in Spanish.

1. What tradition is mentioned in the conversation about the **quinceañera** celebration?

   _____

2. What are the memories that Alejandra has about her **quinceañera** celebration?

   _____

3. Is there a North American tradition similar to the **quinceañera** celebration?

   _____

CD2-13 **AM 7-38 Violeta Parra** You are going to listen to a biography about Violeta Parra, a famous Chilean singer and composer. As you listen to the narrative, indicate whether the following sentences are true **(verdaderas)** or false **(falsas).**

_____ 1. Violeta Parra no tuvo la oportunidad de practicar la música cuando era joven.

_____ 2. Violeta Parra empezó a cantar cuando estaba en la universidad.

_____ **3.** El deseo de Violeta era dar a conocer el folklore musical chileno.

_____ **4.** Violeta tuvo una relación muy difícil con un músico suizo.

_____ **5.** Los hijos de Violeta Parra rinden hoy tributo a su madre.

AM 7-39 Con más detalle Listen to the narrative one more time and try to complete the following sentences with more details about Violeta Parra's life.

1. El padre de Violeta tocaba el _____, el _____ y la

_____.

2. Violeta empezó a _____ en restaurantes con sus hermanos Roberto y Eduardo.

3. Violeta Parra fundó y dirigió el Museo de Arte Popular de Santiago y _____ un gran número de canciones.

4. La canción más famosa de Violeta Parra se titula _____.

5. Desde hace más de veinte años, los hijos de Violeta _____ y

_____ sus canciones por el mundo entero.

AM 7-40 ¡Qué espectáculo! Pablo is telling Marián about the summer trips that he and his roommates used to take to Viña del Mar, in the south of Chile, to attend the Festival Internacional de la Canción. As he narrates his memories, pick out the information you need to answer the following questions.

1. Who performed in the Viña del Mar festival?

_____

2. When did the festival take place?

_____

3. What does Pablo remember about the festival?

_____

4. What does Marián think about Víctor Jara?

_____

PRONUNCIACIÓN

Los sonidos consonánticos *d, b, g*

AM 7-41 El sonido *b* In Spanish, the sound of **b** can be spelled with the letter **b** or **v,** and is pronounced like the *b* of *Bill* when it is the first consonant of a word or follows **m** or **n.**

PRÁCTICA

Listen to and repeat the following words.

banda	violín	bueno	vestido	trombón
vela	boda	batería	invitado	butaca

When the consonant **b** is between vowels or after any consonant except **m** or **n,** it is pronounced with the lips coming together but not allowing the lips to stop the passage of air.

PRÁCTICA

Listen to and repeat the following words.

| tuba | movía | abuela | evento | aperitivo |
| clave | oboe | festival | Navidad | Nochebuena |

CD2-17 **AM 7-42 El sonido *d*** In Spanish, when **d** is the first consonant of a word or comes after **l** or **n,** it is produced by placing the tip of the tongue behind the back of the upper front teeth. In English, *d* is pronounced by placing the tip of the tongue on the gum ridge behind the upper front teeth. Pronounce the English name *Dee* and note where the tip of your tongue is. Now pronounce the Spanish word **di,** being careful to place the tip of the tongue on the back of the upper front teeth.

PRÁCTICA

Listen to and repeat the following words.

| da | día | dúo | brinde | domingo |
| de | dos | danza | disco | dulce |

The consonant **d** also has a sound that is similar to *th* in the English words *these, them, those, weather,* etc. When you say these words, note that the tip of the tongue touches the upper teeth. In Spanish, **d** is pronounced this way when it is between vowels or after any consonant except **l** or **n.**

PRÁCTICA

Listen to and repeat the following words.

| cada | Lidia | adulto | vídeo | aficionado |
| sede | todo | balada | medios | educado |

CD2-18 **AM 7-43 El sonido *g*** In Spanish, **g** is pronounced like the *g* in the English word *goal* when it is the first consonant of a word or follows **n.** The sound **g** is spelled with the letter **g** before the vowels **a, o, u,** as in **gato, gota, gusta,** or before the consonants **l** or **r** as in **globo, grupo,** and with the letters **gu** before the vowels **e, i,** as in **guerra, guitarra.**

PRÁCTICA

Listen to and repeat the following words.

| gaita | guía | gustos | merengue | bongó |
| gue | tango | ganador | guitarra | grupo |

When the consonant **g** (in the same combinations you have studied before) is between vowels or after any consonant except **n,** it is pronounced like the *g* in the English word *sugar* when it is said very quickly.

PRÁCTICA

Listen to and repeat the following words.

| haga | seguí | agua | ceguera | logotipo |
| pagué | mago | regalo | seguidor | agudo |

La salud física y mental

PRIMERA ETAPA

Para empezar: Partes del cuerpo

AM 8-1 Descubre la palabra The words below are jumbled! Try to sort out the mess and find the correct order of letters to spell the names of some body parts in Spanish.

Modelo: tenfre
frente

1. lliboto _____
2. gantagar _____
3. zacabe _____
4. lope _____

5. camuñe _____
6. matóesgo _____
7. dillaro _____
8. palesda _____

AM 8-2 ¿Problemas de anatomía? Victoria is helping her friend James study for the Spanish vocabulary test about body parts. Identify the different body parts Victoria is referring to.

1. La usas cuando sonríes *(you smile).*

   _____

2. Lo lavas, lo secas, lo peinas.

   _____

3. La usas cuando gritas *(you scream).*

   _____

4. Los usas cuando abrazas *(you hug)* a alguien.

   _____

5. La usas para disfrutar del aroma de una flor.

   _____

AM 8-3 Complementos (*Accessories*) With which body parts do you associate the following accessories?

1. el reloj   _____
2. los anillos   _____
3. los aretes   _____
4. un sombrero   _____
5. las gafas de sol _____

ENFOQUE LÉXICO

Hablando de accidentes y lesiones

AM 8-4 ¡Se lastimaron! Imagine that you are in the emergency room of the Hospital Virgen de la Luz with your friend Pedro who hurt himself playing soccer. While you are waiting, you see the following people come in. Describe what happened to each person using the verbs **cortarse, lastimarse, torcerse,** and **romperse** in combination with the part of the body that was hurt.

Modelo: *Jorge se rompió el brazo.*

1. Sonia

_____

2. Adolfo

_____

3. Alejandra

_____

4. Rosita

_____

5. Marcos

_____

6. Andrés

_____

AM 8-5 ¡Qué accidente! When was the last time that you hurt yourself? Write a brief narrative about your accident: how it happened and where you got hurt. Use the vocabulary related to the body parts and the past tenses. Be creative!

¡Qué accidente!

_____
_____
_____
_____
_____

ENFOQUE ESTRUCTURAL

Los pronombres de complemento indirecto

AM 8-6 Planeando la semana Eduardo is making a list of the commitments that he has this week. Complete his reflections with the appropriate indirect object pronoun.

Modelo: Mi amiga Carla me escribió la semana pasada. _Le_ voy a responder.

1. Sofía está en el hospital. _____ voy a mandar unas flores.

2. Hace mucho tiempo que no escribo a mis padres. Esta tarde _____ voy a enviar un correo electrónico.

3. Es el cumpleaños de Francisco el jueves. _____ tengo que comprar un regalo mañana.

4. Hoy por la tarde tengo que ir a la consulta del doctor. _____ va a cambiar la venda en la herida del codo.

5. Tengo que pasar por la oficina de la profesora Montoya. _____ quiero dar las gracias por la carta de recomendación que me escribió.

AM 8-7 Conversaciones In the following mini-conversations, some people are concerned about the health of the other person. Complete their exchanges with the appropriate indirect object pronoun.

—Ángel, ¿qué **(1)** _____ recetó el médico?

—**(2)** _____ recomendó descansar y librarme _(get rid of)_ de tanto estrés.

—Chicos, ¿ya **(3)** _____ curó la herida el doctor?

—Sí, y **(4)** _____ aconsejó tener más cuidado con las bicicletas.

—¿Cómo está César?

—Está mejor. La enfermera (**5**) _____ puso una inyección, y ahora duerme.

—¿Sabes que Patricia y Raquel tuvieron un accidente esquiando?

—Sí, ya vi que el médico (**6**) _____ enyesó una pierna y un brazo. ¡Qué mala suerte!

AM 8-8 Consejos Identify the indirect object in the elements below and make sentences by substituting the indirect object with the appropriate pronoun. Don't forget to put the verbs in the preterite.

   Modelo: el profesor / aconsejar / a los estudiantes / la lectura de periódicos en español
   *El profesor **les** aconsejó la lectura de periódicos en español.*

1. El médico / recomendar / a mi padre / descanso

_____

2. La enfermera / pedir / a mí / mis datos personales

_____

3. Los expertos / aconsejar / a la gente / el uso de la medicina natural

_____

4. Los doctores de la universidad / recomendar / a ti / una clínica muy buena en tu ciudad

_____

5. El médico / recetar / a nosotros / una nueva medicina

_____

ENFOQUE ESTRUCTURAL

El verbo *gustar* y otros verbos similares

AM 8-9 ¿Qué les duele? Imagine that you work as an assistant in a clinic and one of your tasks is to write down the patient's symptoms. Looking at the drawings below, describe their symptoms.

   Modelo: Elena
          A Elena le duele la cabeza.

1. Cristina

_____

2. Felipe

_____

3. Diana

_____

4. Víctor

_____

AM 8-10 Pero, ¿qué te pasó? Ángela runs into her cousin Luis, who tells her about the biking accident he had. Luis explains also that he is very concerned about missing work because of his accident. Complete their conversation using the present tense of the verbs from the box below. Note that each verb may be used only once and that it should be accompanied by the appropriate indirect object pronoun.

interesar	doler	importar	molestar	apetecer	importar	preocupar

ÁNGELA: Pero Luis, ¿qué te pasó?

LUIS: Pues nada, que me caí de la bicicleta y me torcí la muñeca.

ÁNGELA: Y ¿(**1**) _____ mucho?

LUIS: Un poco, pero el doctor dijo que no era grave.

ÁNGELA: ¿(**2**) _____ la venda?

LUIS: No, pero (**3**) _____ faltar al trabajo *(to miss work)*.

ÁNGELA: Ah, ¿no estás trabajando?

LUIS: No, no puedo con el brazo así.

ÁNGELA: ¿Y a tu jefe no (**4**) _____?

LUIS: Bueno, tenía unos días de vacaciones que estoy usando. (**5**) _____ mucho mi trabajo y no quiero perderlo.

ÁNGELA: Entiendo. Oye, ¿tienes planes para el fin de semana? ¿(**6**) _____ venir a mi fiesta de cumpleaños?

LUIS: Claro, gracias por invitarme.

AM 8-11 Por un mundo mejor... Nieves and her friends are members of an ecology organization and they are very concerned about the danger that pollution poses to our planet. You are interviewing them for the university newspaper. Read their answers and write down the questions that best fit in the context.

1. _____

Sí, me preocupa la conservación del medio ambiente; por eso reciclo.

2. _____

Sí, nos molesta vivir en una ciudad con demasiada contaminación *(pollution)*; por eso no conducimos a todas partes.

3. _____

Sí, me importan los problemas con la capa de ozono. Creo que son muy serios.

4. _____

Sí, nos interesan las acciones del gobierno en relación con el medio ambiente.

5. _____

Sí, me fascina participar en eventos para proteger el medio ambiente.

6. _____

Sí, a muchas personas les interesa saber más sobre ecología. Recibimos muchas consultas todos los días.

SEGUNDA ETAPA

Para empezar: Enfermedades y remedios

AM 8-12 Enfermedades, dolores y remedios... What do the following people do when they feel sick? What kind of remedy do they prefer to use? Respond to these questions by combining the elements from the three columns below in a logical manner.

Cuando me lloran los ojos	la enfermera	le compra un jarabe
Cuando a mi hermano le duele la cabeza	mi madre	les receta antibióticos
Cuando mi padre tiene alergias	el médico	le da una aspirina
Cuando mi amiga Carla tose mucho	su padre	le pone una inyección
Cuando mis abuelos tienen bronquitis		me receta unas gotas

1. _____

2. _____

3. _____

4. _____

5. _____

AM 8-13 ¿Qué hacer? Read the symptoms that the following people suffer from and think of the most appropriate remedy for each case.

1. Doctor, tengo una infección en la garganta.

Necesita un _____ para combatir la infección.

2. A Alejandro le duele mucho la cabeza.

Necesita unas _____.

3. A Javier y José María les lloran los ojos.

Necesitan unas _____.

4. Doctora, toso mucho de noches y no puedo dormir.

Necesitas un _____ para la tos.

5. Cuando llega la primavera estornudo a toda hora. ¡Estas alergias!

Necesitas un _____.

AM 8-14 ¡Pobre Anita! Elvira runs into her friend Violeta on her way to the pharmacy and tells her about her daughter Anita, who is sick with a throat infection. Complete their conversation with the vocabulary that appears in parentheses.

VIOLETA: ¡Hola, Elvira! ¿Adónde vas?

ELVIRA: Pues, tengo un poco de prisa porque voy a la farmacia.

VIOLETA: ¿A la farmacia? ¿Qué te pasa?

ELVIRA: No, a mí, nada. Anita está enferma. Tiene **(1)** _____ *(fever)* y

(2) _____ *(shivers)*.

VIOLETA: ¡Pobre Anita!

ELVIRA: Sí, la niña tiene una **(3)** _____ *(infection)* muy fuerte en la garganta, y el

médico me dio una **(4)** _____ *(prescription)* para comprar antibióticos.

VIOLETA: ¿Tiene Anita alguna **(5)** _____ *(allergy)*?

ELVIRA: No, pero todas las primaveras tiene **(6)** _____ *(cold)*. Ya no sé qué voy a

hacer. La pobrecita lo pasa muy mal.

VIOLETA: Bueno, Elvira, espero que Anita se mejore pronto.

ELVIRA: Gracias, Violeta. Hasta luego.

ENFOQUE LÉXICO

Las expresiones de tiempo pasado

AM 8-15 Una historia clínica Gerardo is not feeling well lately and he decided to go to the doctor for a checkup. The doctor needs his medical history so he asks him about his childhood. Complete their conversation with the most logical time expressions from the box. Note that each expression may be used only once.

mientras	todos los días	de repente	por lo general	siempre	una vez

DOCTOR: Cuando eras niño, ¿te enfermabas mucho?

GERARDO: **(1)** _____ no me enfermaba, pero **(2)** _____ tuve una

bronquitis muy fuerte.

DOCTOR: ¿Te cansabas con frecuencia?

GERARDO: **(3)** _____ hacía ejercicio y nunca me cansaba, pero

(4) _____ empecé a sentirme más débil y ahora casi no hago deporte.

Doctor: ¿Comías bien?

Gerardo: Sí, bueno, (5) _____ vivía en casa de mis padres comía muy bien, después en la universidad ya no comía bien.

Doctor: Debes llevar una vida un poco más activa. Te recomiendo que hagas un poco de ejercicio (6) _____ y que sigas una dieta equilibrada.

Gerardo: Gracias, doctor, voy a seguir sus consejos.

AM 8-16 ¡Qué susto! Guti tells us about the medical care that he and his brothers used to get when they were children. He also remembers how worried they were the time that little Sebastián got very sick. Complete his narrative with the verbs in parentheses in the imperfect or preterite tense. Pay attention to the time expression that appears in each sentence.

Mis hermanos y yo nos (1) _____ (hacer) una revisión médica todos los años. Mis padres pensaban que era necesario para prevenir enfermedades serias. Normalmente, no (2) _____ (ponerse) enfermos, pero todos los inviernos (3) _____ (enfermarse) de gripe. A mi madre siempre le (4) _____ (gustar) darnos remedios caseros, y todas las mañanas nos (5) _____ (preparar) jugos de naranja y por las noches nos (6) _____ (dar) té con miel antes de dormir. Pero un año mi hermano Sebastián (7) _____ (sufrir) un ataque de alergia y mis padres (8) _____ (tener) que llevarlo al hospital. ¡Qué susto! Aquel invierno los remedios caseros de mi madre no (9) _____ (servir) y el médico le (10) _____ (recetar) a mi hermano antibióticos.

AM 8-17 ¿Y tu salud? Try to remember how your health was when you were a child. Did you use to get sick often? What kind of symptoms did you have when you were sick? What kind of remedies cured you? Write a brief paragraph responding to these questions and using the time expressions that you learned in combination with the preterite and the imperfect tenses.

Mi salud

Cuando era niño/a, _____

_____

_____

_____

_____

_____

_____

_____

_____

_____

_____

ENFOQUE ESTRUCTURAL

La narración en el pasado: el pretérito y el imperfecto

AM 8-18 Todos los días... , pero ayer... Read the information below and establish the contrast between habitual actions and completed actions in the past.

> **Modelo:** todos los inviernos / Paula / enfermarse / pero el invierno pasado / no tener ningún catarro
>
> *Todos los inviernos Paula se enfermaba, pero el invierno pasado no tuvo ningún catarro.*

1. Normalmente / Raúl / pasar la Pascua con su familia / pero la primavera pasada / visitar a su novia

   _____

2. Todos los días / tú / levantarse temprano / pero ayer / dormir hasta las once

   _____

3. Por lo general en vacaciones de primavera / yo / ir de viaje con mis compañeros / pero en mi último año de universidad / tener muchas entrevistas y / no poder viajar

   _____

4. Todas las Navidades / mis padres / hacer una fiesta para la familia / pero el año pasado / llevar a toda la familia de viaje

   _____

5. En verano / mis amigas y yo / ir a todos los conciertos al aire libre / pero el verano pasado / no conseguir entradas para ninguno.

   _____

AM 8-19 ¿Qué hacías cuando... ? Rosa is asking her mother what she used to do when someone in the family was sick. Complete her mother's responses with the verbs in parentheses conjugated in the imperfect.

Rosa: ¿Qué hacías cuando te dolía la cabeza?

Mamá: (**1**) _____ (Tomar) una aspirina y (**2**) _____ (acostarse) un rato.

Rosa: ¿Qué hacías cuando a Luis le daba un ataque de alergia?

Mamá: (**3**) _____ (Ir) a la farmacia y le (**4**) _____ (comprar) un antihistamínico.

Rosa: ¿Qué hacías si Pachi tosía mucho por la noche?

Mamá: Le (**5**) _____ (preparar) una infusión caliente y le

(**6**) _____ (dar) un jarabe.

Rosa: ¿Qué hacían tú y papa cuando Pati se torcía un tobillo?

Mamá: La (**7**) _____ (llevar) al hospital y la enfermera le

(**8**) _____ (poner) una venda.

AM 8-20 ¡Qué aventura! Sofía tells us what happened to her last night while she was sleeping. Read the paragraph and then put the verbs in the preterite or the imperfect tense according to the context.

(1) _____ (Ser) de noche y (2) _____ (hacer) frío. De repente yo

(3) _____ (oír) ruidos y (4) _____ (levantarse). Todo

(5) _____ (estar) oscuro y en silencio. No (6) _____ (haber) nadie en

la casa. (7) _____ (Ver) una sombra *(shadow)* en el salón y (8) _____

(bajar) las escaleras. (9) _____ (Tener) mucho miedo y (10) _____

(sentirse) muy insegura. Inesperadamente (11) _____ (sentir) algo en mis pies y

(12) _____ (dar) un grito. Un bulto negro (13) _____ (salir)

corriendo y entonces (14) _____ (reconocer) al gato de mis vecinos. Siempre

(15) _____ (pasar) a mi casa por la ventana, pero por lo general no

(16) _____ (ser) tan ruidoso. (17) _____ (Reírse) de mi aventura

y (18) _____ (volver) a la cama.

ENFOQUE ESTRUCTURAL

El subjuntivo con expresiones de emoción

AM 8-21 Reacciones How do you express your feelings about a loved one's health? Read the comments that the following people make and complete the sentences with the verbs in parentheses conjugated in the present subjunctive.

1. María José ya está curada de sus alergias y fue a la oficina esta mañana.

   Me alegro de que _____ (poder) trabajar otra vez.

2. Gloria y Esteban tienen gripe y no pueden ir este sábado con nosotros a esquiar.

   Siento que no _____ (ir); son una pareja muy simpática.

3. Alberto parece un poco cansado y está pálido *(pale)*.

   Sí, es verdad. Temo que _____ (estar) enfermándose.

4. Paula está cada día más delgada. Esta chica no sé qué come.

   Sí, y me sorprende que todavía _____ (tener) tanta energía.

5. Vi a mamá hoy y parecía un poco enferma.

   ¡Qué mujer! Me molesta que no _____ (cuidarse) nada.

AM 8-22 Más reacciones After reviewing the following situations, think of how the people may react to the news that they receive. Complete the sentences with the most appropriate verb from the box below to express your emotion and putting the verb in parentheses in the present subjunctive. Note that each verb from the box may be used only once. Follow the **modelo.**

extrañar	sentir	gustar	alegrarse

Modelo: —No puedo ir al teatro esta noche. Me duele mucho la cabeza.
—¡Qué lástima! *Siento* que *estés* enferma.

1. —Javi, el próximo semestre me voy a estudiar a Caracas.

   —¿De veras? _____ de que _____ (ir) a conocer mi país.

2. —Acabo de enterarme *(find out)* que el profesor Narváez deja la universidad el próximo año.

   —¿En serio? _____ que no _____ (enseñar) más clases aquí. ¡Es un profesor fantástico!

3. —¡Elena! ¿Sabes que Antón y Paz se casan?

   —No, no lo sabía. Me _____ que Paz no me _____ (contar) nada de su relación con Antón. Somos amigas desde hace mucho tiempo.

4. —¿No crees que celebrar el día de la Hispanidad en la universidad es una buena idea?

   —Sí, me _____ que los estudiantes de los distintos países latinos

   _____ (reunirse) y _____ (celebrar) juntos el día de la Hispanidad.

AM 8-23 ¡Qué noticia! After your summer working in Colombia, you are back in school and your friends are filling you in. React to the information they share with you. Follow the **modelo.**

Modelo: Mis clases de este semestre son muy difíciles. (sentir)
Siento que tus clases de este semestre sean muy difíciles.

1. Tengo un trabajo de verano en la universidad. (alegrarse de)

   _____

2. No tenemos un cuarto tan bueno como el del año pasado. (molestar)

   _____

3. Ahora voy a clases de yoga todas las semanas. (sorprender)

   _____

4. Sandra y Amadeo ya no salen juntos. (sentir)

   _____

5. Nuestro equipo de fútbol juega las semifinales este año. (gustar)

   _____

TERCERA ETAPA

Para empezar: La personalidad y los estados de ánimo. ¿Cómo son? ¿Cómo están?

AM 8-24 ¡Qué diferentes son! We have asked Natalia, a young woman from Venezuela, about her friends, and these are the descriptions she provided us with. Read through them and think of the most appropriate adjectives to portray each person.

Descripción 1

Germán ama la naturaleza. Trabaja con una asociación sin ánimo de lucro (nonprofit) para la protección de las palmeras colombianas. Espera cambiar el mundo.

Germán es _____.

Descripción 2

Marta estudia arte y fotografía y le encanta viajar sola y conocer a nuevas personas.

Marta es _____.

Descripción 3

A Fermín le gusta escribir. Su poesía es muy intensa y critica la sociedad actual. Fermín vive en su propio mundo y no se relaciona mucho con otras personas de su edad.

Fermín es _____.

Descripción 4

Eva y Belén son las presidentas del club de español. Siempre están pensando en nuevas actividades para promover la lengua y la cultura españolas en el campus. Les encanta organizar festivales de música latina, recitales de poesía, tardes de cine, y además trabajan con la comunidad latina de la ciudad.

Eva y Belén son _____.

Descripción 5

Ernesto viene de una familia muy rica, pero él gasta el dinero sin pensar. No le preocupan los estudios; sólo le gusta salir y divertirse. Siempre llega tarde a sus clases y les dice a los profesores que estuvo muy enfermo la noche anterior. Y además nunca viene preparado a la clase. ¡Qué pena de chico!

Ernesto es _____.

AM 8-25 Madera de... *(Have the makings of . . .)* Sometimes some people seem to be born with a special talent for certain professions. Which characteristics do you think the following people should have in order to be successful in the professions listed below?

1. abogado/a: _____

2. diseñador/a: _____

3. maestro/a: _____

4. político/a: _____

5. jugador de béisbol profesional: _____

6. soldado: _____

Enfoque estructural

Ser y estar + adjetivos

AM 8-26 ¡Un día accidentado! How many bad things can happen in one day? Poor Carmela had a really awful day yesterday. Complete her narrative by choosing between **ser** and **estar** depending on the context.

El día de ayer (**1**) _____ (fue / estuvo) muy malo. Primero, mi despertador no

sonó y llegué tarde a trabajar. Por consiguiente, mi jefa (**2**) _____ (era / estaba)

enojada conmigo. Después, mis compañeros Paco y Miguel (**3**) _____ (eran / estaban)

enfermos y yo tenía muchísimas cosas que hacer en la oficina. Cuando salí de trabajo, decidí ir

al cine, pero la película que elegí (**4**) _____ (era / estaba) aburrida. De vuelta a

casa, tuve un pequeño accidente con mi carro, y el otro conductor me gritó y me dijo que yo no

(**5**) _____ (era / estaba) una persona responsable. La situación

(**6**) _____ (fue / estuvo) muy desagradable.

AM 8-27 Compañeros de cuarto Carlos and Paula run into each other at the cafeteria and they are chatting about their roommates. Complete their conversation with the appropriate form of **ser** or **estar** according to each context.

PAULA: ¡Carlos! ¡Cuánto tiempo! ¿Cómo estás?

CARLOS: Muy bien, Paula. ¿Y tú?

PAULA: Pues hoy no me siento muy bien. (**1**) _____ un poco enferma.

CARLOS: Lo siento. Espero que te mejores.

PAULA: Sí, yo también. Oye, ¿adónde vas?

CARLOS: Voy a encontrarme con Mateo. ¿Lo conoces?

PAULA: No, ¿quién es?

CARLOS: Mi nuevo compañero de cuarto. (**2**) _____ muy agradable. Él y yo

(**3**) _____ muy independientes, pero a veces hacemos actividades juntos.

PAULA: Es importante tener buenos compañeros de cuarto. Mis compañeras

(**4**) _____ muy simpáticas, pero les gusta estudiar por la noche en la

biblioteca, y cuando vuelven, yo nunca (**5**) _____ despierta, así que no

nos vemos mucho, y a veces (yo) (**6**) _____ aburrida.

CARLOS: Oye, ¿por qué no vas con Mateo y conmigo esta noche al cine?

PAULA: No, gracias, prefiero descansar, a ver si me curo esta gripe pronto.

CARLOS: Pues, bien… salimos otro día.

AM 8-28 ¿Cómo son? ¿Cómo están? Read the information that Marcos gives us and describe the people and the objects listed below by deciding which adjective from the box best fits the context. Don't forget to combine the adjectives with **ser** or **estar**.

> **listo   aburrido   malo**

1. A Julián no le gusta hacer nada. Por ejemplo, no le gusta salir y nunca quiere ir a bailar o de fiesta.

   Julián _____.

2. El disco compacto que me dejaste no me gustó nada. ¿Cómo pudiste comprarlo?

   El disco compacto _____.

3. Nuestro profesor tiene gripe. En clase hoy estornudó y tosió mucho.

   Nuestro profesor _____.

4. Marta estudia mucho, saca buenas notas y es la primera de su clase.

   Marta _____.

5. Ayer hablé con Juan. Dice que todavía no conoce a nadie en la ciudad y que no sabe muy bien adónde ir cuando quiere salir.

   Juan _____.

6. Estoy esperando a Alejandro. Vamos a llegar tarde al partido. Nunca está preparado cuando vengo a buscarle.

   Alejandro no _____.

ENFOQUE ESTRUCTURAL

Las acciones recíprocas

AM 8-29 Es recíproco... Put the elements below together to indicate what these people normally do. Don't forget to conjugate appropriately the verbs that express reciprocity. Follow the model.

Modelo: los buenos amigos / ayudarse y / respetarse
Los buenos amigos se ayudan y se respetan.

1. Mi familia y yo / abrazarse cuando / despedirse

   _____

2. Las personas en los países hispanos / besarse / cuando / verse por la calle

   _____

3. Mis amigos de la escuela secundaria y yo / no escribirse mucho / pero / llamarse por teléfono con frecuencia

   _____

4. Los hombres de negocios / darse la mano / cuando / saludarse

_____

5. Mi hermano y Rosana / quererse mucho / pero a veces también / pelearse

_____

AM 8-30 ¿Estás seguro? Rubén is talking to his brother Emilio about a very special friend that he wants to invite to his graduation party. Complete their conversation by putting the appropriate verbs from the box below in the present tense. Note that each verb may be used only once.

escribirse   quererse   verse   conocerse   llamarse   pelearse

RUBÉN: Estoy pensando invitar a mi amiga Merche a mi fiesta de graduación. Tú y Merche,

¿(1) _____?

EMILIO: Sí, la conocí el año pasado durante los Carnavales, pero hace tiempo que no

(2) _____.

RUBÉN: Merche es muy divertida. Ella y yo (3) _____ correos

electrónicos con frecuencia y me río mucho con sus mensajes. También a veces

(4) _____ por teléfono y pasamos mucho rato charlando. Es una

chica fantástica. Además nunca (5) _____.

EMILIO: Parece que tú y Merche (6) _____ mucho.

RUBÉN: Sí, pero sólo como amigos.

EMILIO: ¿Estás seguro?

AM 8-31 ¿Y ustedes? What do you normally do with your loved ones? Do you see each other often? Do you talk on the phone a lot? Do you fight sometimes? Select **one** of the two topics below to write a brief description about the relationship that you have with your loved ones. Don't forget to use the verbs you learned for expressing reciprocal actions.

Mi familia y yo
Mis amigos y yo

_____
_____
_____
_____
_____
_____
_____
_____
_____
_____

INTEGRACIÓN

LECTURA: La telemedicina

Antes de leer

> **Predicting content from the title**
> A title of a given reading can help you anticipate what the text is going to be about. Making content predictions from the title can enhance your reading comprehension in Spanish.

AM 8-32 Avances en medicina Before reading the article about a new alternative to the traditional medical system, glance at the title and answer the following questions.

1. What do you think the prefix **tele-** refers to? Make a list of at least three words that contain the prefix **tele-**.

   _____

   _____

2. What does the term **telemedicina** suggest to you?

   _____

3. What kind of services do you think that **la telemedicina** can offer?

   _____

   _____

Después de leer

> **Skimming**
> When you read a text for the first time, you need not understand every word. Try to get the gist of what the text is about without stopping at any specific word or sentence and focus on identifying the cognates.

AM 8-33 Cognados Read through the article and try to identify at least six cognates that appear in the text.

1. _____   4. _____
2. _____   5. _____
3. _____   6. _____

AM 8-34 Estudio de palabras The following words will help you get a better understanding of the article. Connect each word listed below with its appropriate definition.

_____ 1. el seguimiento médico

_____ 2. la teleformación

_____ 3. las áreas rurales

_____ 4. la consulta

_____ 5. la teleasistencia médica

a. el campo, los lugares lejos de la ciudad
b. atención médica a distancia
c. observación que el médico hace de un enfermo
d. atención que el médico le da a un paciente
e. educación a distancia

La telemedicina

La telemedicina consiste en el uso de las tecnologías de comunicación para proporcionar asistencia sanitaria a distancia. Las técnicas de la telemedicina representan una excelente alternativa a la medicina tradicional, dado que se puede obtener una consulta altamente especializada sin salir de casa.

Los servicios que ofrece la telemedicina son muy variados y se concentran en torno a dos áreas principales.

1. La **teleasistencia médica,** que incluye la atención al paciente y el diagnóstico de enfermedades a cualquier hora y desde cualquier lugar, el seguimiento médico y quirúrgico de los pacientes con menos visitas a casa y menos traslados al hospital, el apoyo familiar y social.

2. La **teleformación,** programas de formación en Internet, cursos en-línea, videoconferencias educativas, en los que pueden participar médicos, auxiliares de clínica, farmacéuticos y demás personal sanitario. Las telecomunicaciones favorecen también el intercambio científico entre especialistas de todo el mundo y el acceso a información médica de forma rápida y eficaz.

En la actualidad se están realizando numerosas investigaciones a escala mundial en el campo de la telemedicina y sus distintas aplicaciones. En Latinoamérica, países como Colombia, Costa Rica y México han iniciado proyectos en telemedicina con el objetivo de atender a las necesidades de los pacientes en áreas rurales, donde el desarrollo de los servicios de salud no es suficiente. La asistencia sanitaria es un servicio del que todo ciudadano debe disponer, y la aplicación de la telemedicina puede superar ciertas barreras económicas y sociales del pasado.

Scanning
Read the article a second time and now focus on the specific information required to answer the following questions.

AM 8-35 La medicina a distancia Now that you have read the article more carefully, answer the following questions in Spanish.

1. What is **la telemedicina?**

   _____

   _____

2. Name some of the services that **la telemedicina** provides.

   _____

   _____

3. What are some of the advantages of this new concept of medical assistance?

   _____

   _____

4. Who would benefit the most from **la telemedicina?**

   _____

   _____

5. What do you think of this new medical system? In your opinion, what are some of the advantages and some of the disadvantages?

   _____

   _____

Nombre _____ Fecha _____

ESCRITURA

Vocabulary: Body; medicine; personality
Phrases: Describing people; describing weather; talking about past events; writing about theme, plot, or scene
Grammar: Verbs: imperfect; preterite

Título: Un informe policial

Imagine that you are one of the main witnesses of an accident that occurred yesterday near the university campus and the police would like to know all of the details about the incident. You need to give them a detailed report of what you saw without forgetting anything. As you prepare your report, make sure to include the following information:

- the time when the accident occurred
- the weather conditions
- the people involved
- the injuries that people suffered

A empezar

AM 8-36 Organización de las ideas Think of the circumstances of the accident and make a list of all the events that you remember.

A escribir

AM 8-37 Preparación del borrador Put the events from the list that you prepared in the **A empezar** section in chronological order and describe how the accident happened and the injuries that the people involved suffered.

AM 8-38 Revisión del borrador Review your **borrador** by considering the following questions.

1. Have you included all the relevant information about the accident? Are there any important details that you forgot to mention?
2. Are the ideas presented clearly? Did you follow the chronological order of events?
3. Have you used the vocabulary and grammatical structures that you learned in this chapter to describe accidents and injuries and to provide detailed narrations in the past?

AM 8-39 El producto final Based on the review of your draft, make the necessary adjustments and incorporate any new ideas that have occurred to you. Before you submit your report, read it and check for any misspelled words or phrases. Also make sure that all of your changes have been implemented.

🔊 COMPRENSIÓN AUDITIVA

CD2-19 **AM 8-40 ¿Un accidente?** Listen to the narrative that Rosario gives to Graciela about Miguel's accident. After listening to the dialog, determine whether the following statements are true **(verdadero)** or false **(falso).**

_____ **1.** El accidente de Miguel no fue grave.

_____ **2.** El accidente ocurrió cuando Miguel iba a clase.

_____ **3.** Miguel se cayó de la bicicleta.

_____ **4.** Miguel se lastimó solamente el brazo.

_____ **5.** Miguel tuvo que pasar la noche en el hospital.

CD2-20 **AM 8-41 Hablando de salud** You are going to listen to a conversation between two friends, Catalina and Esteban. As you listen to the dialogue, take notes about the information that they provide about their health and respond to the following questions in Spanish.

1. ¿Cómo se siente Esteban? ¿Qué le duele?

_____

2. ¿Qué hace Catalina para estar en buena forma?

_____

3. ¿Qué le pasó a Pepa, la hermana de Catalina?

_____

CD2-21 **AM 8-42 ¡Pobre Francisco!** Francisco tells us about what happened during his trip last summer in Venezuela. As you listen to his narrative, complete the following sentences with the word or expressions that you hear in the recording.

1. Todos los veranos _____ a mi amigo Igor en Venezuela.

2. Siempre _____ mucho en mi viaje a Venezuela. Pero el año pasado,

_____ unas vacaciones horribles.

3. Con tal mal suerte me caí de la bicicleta, _____ una pierna y

_____ en el codo.

4. Allí la enfermera me _____ la pierna, y me _____ en el codo.

Listen to the story one more time and organize the following events in the order that they occurred according to Francisco's narrative. Use numbers **1–7** to do so.

_____ Francisco hizo una cita con el doctor.

_____ Igor y Francisco fueron de excursión a las montañas.

_____ A Francisco le picaban los ojos y estornudaba sin parar.

_____ La enfermera le recomendó descanso a Francisco.

_____ Francisco se sintió mejor después de tomar el antihistamínico.

_____ Francisco se cayó de la bicicleta y se rompió una pierna.

_____ En el hospital, la enfermera le enyesó la pierna a Francisco.

CD2-22 **AM 8-43 Enrique y Margarita** We asked Patricia to describe two students from her school that she knows pretty well. As you listen to the two descriptions, identify a minimum of four personality traits for each person and explain why you chose them.

1. Enrique es...

_____

_____

_____

Porque...

_____

_____

_____

_____

2. Margarita es...

_____

_____

_____

Porque...

_____

_____

_____

_____

CD2-23 ## PRONUNCIACIÓN

Las consonantes *j, s*

AM 8-44 El sonido de la *j* y de *ge, gi* The Spanish **j (jota)** is pronounced similarly to the *h* in the English word *hot*. When the letter **g** is followed by the vowels **e** and **i,** it has the same sound.

PRÁCTICA

Listen to and repeat the following words.

oreja	jarabe
viaje	generoso
fingir	imaginativa
ojo	consejo
julio	juventud

CD2-24 **AM 8-45 El sonido de la *s*** The sound of the Spanish s is spelled with the letters **z** or **s,** and also **c** when followed by the vowels **e** and **i.** Usually they are pronounced similarly to the *s* in the English word *say*. Note that **z** is never pronounced like the *z* in the English words *zoo, zebra,* and *zero*.

PRÁCTICA

Listen to and repeat the following words.

saludo	cabeza
serio	naúseas
sincero	paciente
peso	perezoso
sutil	consulta

Capítulo 9

Los estudios en el extranjero

PRIMERA ETAPA

Para empezar: Un programa de intercambio

AM 9-1 Viajar al extranjero Cuando viajamos a un país extranjero y pensamos permanecer allí por un largo tiempo, es necesario llevar los documentos requeridos por el gobierno del país adonde vamos. A continuación, aparecen una serie de actividades que normalmente hacemos antes de un viaje. Relaciona los verbos de la columna izquierda con los sustantivos de la columna derecha.

sacar	los documentos
hacerse	un formulario
llenar	dinero
tramitar	fotos
obtener	el pasaporte
cambiar	la visa

1. _____

2. _____

3. _____

4. _____

5. _____

6. _____

AM 9-2 ¡Hola, Arturo! Víctor acaba de enterarse *(to find out)* que ha sido admitido para estudiar en un programa en el extranjero, en Costa Rica, y quiere contarle las buenas noticias a su amigo Arturo. Completa el correo electrónico de Víctor con el vocabulario más adecuado en cada caso.

¡Hola, Arturo! Te escribo para contarte que el próximo semestre voy a estudiar en el extranjero. ¿No es fantástico? Sí, voy a pasar un semestre en Costa Rica. Estoy muy contento, pero también estoy muy ocupado. Hay muchas cosas que hacer antes del viaje. Primero, tengo que **(1)** _____ *(to get my passport)* y **(2)** _____ *(to get a visa)*. Además, necesito pedirles una carta de presentación a mis profesores y examinar con atención la descripción de las clases que ofrece la universidad y **(3)** _____ *(to register for classes)*. Además, necesito solicitar una copia de mi **(4)** _____ *(transcript)* y enviarlo a la universidad de Costa Rica.

Esta semana también tengo que ir al banco y **(5)** _____ *(to exchange money)* para llevar —no quiero llegar sin nada. Espero tener toda la documentación lista el mes próximo para poder concentrarme *(to focus)* en mis clases de este semestre. Y es que estoy tan emocionado que no puedo dejar de pensar lo mucho que voy a aprender con esta experiencia.

¡Hasta pronto!
Víctor

ENFOQUE LÉXICO

La hora oficial

AM 9-3 ¿A qué hora es tu vuelo? Jesús y Menchu están revisando los detalles sobre el viaje de Menchu a San José. Jesús va a llevarla al aeropuerto, y están decidiendo a qué hora van a verse. Completa su conversación, escribiendo las horas que se mencionan entre paréntesis.

JESÚS: ¿A qué hora es tu vuelo para San José?

MENCHU: A las (**1**) _____ (18:30), pero tengo que estar en el aeropuerto a las

(**2**) _____ (16:30).

JESÚS: ¿A qué hora quieres que venga a buscarte?

MENCHU: ¿Te parece bien a las (**3**) _____ (14:00)? Te invito a comer antes de ir

al aeropuerto.

JESÚS: ¡Gracias! Pero no puedo comer contigo mañana. Tengo una reunión y hasta las

(**4**) _____ (15:15) no va a terminar. ¿Te parece bien si vengo a

buscarte alrededor de las (**5**) _____ (15:45)?

MENCHU: Por supuesto. Podemos cenar a mi regreso.

JESÚS: Claro. ¿Cuándo regresas?

MENCHU: El vuelo tiene la llegada el domingo a las (**6**) _____ (19:50).

JESÚS: Muy bien. Voy a hacer una reserva en el Tropical para las (**7**) _____

(21:30).

MENCHU: ¡Estupendo! Ahora tengo que irme. Espero una llamada de un cliente a las

(**8**) _____ (9:15). ¡Hasta mañana!

JESÚS: ¡Chao!

AM 9-4 ¡Qué horario! Leticia es una estudiante de medicina y está muy ocupada con sus clases, sus prácticas y su trabajo comunitario. Construye oraciones con los siguientes elementos, especificando las horas que dedica a cada actividad.

Modelo: mirar la televisión / los viernes / 20:00–22:00
Leticia mira la televisión los viernes desde las ocho hasta las diez de la noche.

1. hacer ejercicio en el gimnasio / todos los días / 7:30–9:00

Leticia _____

2. tener clase / tres días a la semana / 9:30–1:15

Leticia _____

3. trabajar como voluntaria en un centro de salud / los lunes y los miércoles / 15:00–16:45

Leticia _____

4. tener prácticas en el hospital / los viernes / 14:00–18:00

Leticia _____

5. estudiar en la biblioteca / los sábados / 17:00–21:00

Leticia _____

6. asistir a la iglesia / los domingos / 12:00–13:00

Leticia _____

AM 9-5 ¿A qué hora nos vemos? Ayer por la noche, varios estudiantes del programa de Costa Rica llegaron muy tarde del Parque Volcán Poás. Ayúdales a escribir unos mensajes para sus compañeros, indicando dónde y a qué hora van a verse mañana. Sigue el modelo.

Modelo: Karen → Pat / 23:30 / mañana, 8:30, cafetería, desayunar / 9:00, biblioteca

> *Pat,*
>
> *Ayer llegué muy tarde, a las once y media. Nos vemos mañana a las ocho y media en la cafetería para desayunar, y a las nueve vamos a la biblioteca.*
>
> *Karen*

1. Mary → Jennifer / 1:30 / mañana, 16:15, clase de novela contemporánea / 19:00, cine

2. Joe y Frank → Elaine / 12:45 / mañana, 20:00, plaza / 21:00, concierto de jazz

3. Lori → Ben y Peter / 12:15 / mañana, 15:50, museo / 18:00, reunión con el decano

ENFOQUE ESTRUCTURAL

Un resumen de los usos del pretérito y del imperfecto

AM 9-6 No sé qué hacer… Rubén está pensando en estudiar un semestre en Latinoamérica, pero todavía no sabe adónde va a ir, a Costa Rica o a México. Completa la conversación que tienen Rubén y Mario con el pretérito o el imperfecto de los verbos entre paréntesis, según convenga.

MARIO: ¿(**1**) _____ (Estar, tú) alguna vez en Costa Rica?

RUBÉN: No, pero en la fiesta de anoche (**2**) _____ (conocer) a varios estudiantes que (**3**) _____ (pasar) allí un semestre.

MARIO: ¿Ah, sí? Mis padres (**4**) _____ (ir) el año pasado por trabajo y les (**5**) _____ (gustar) mucho el país. La gente (**6**) _____ (ser) muy amable y la naturaleza (**7**) _____ (parecer) ser uno de los atractivos principales.

RUBÉN: Estoy pensando en estudiar en San José. Pero no sé qué hacer. También me gusta mucho México. Yo (**8**) _____ (viajar) a Cuernavaca, cuando (**9**) _____ (tener) diecisiete años y (**10**) _____ (estar) en la escuela secundaria, y la verdad es que (**11**) _____ (disfrutar) mucho de la experiencia.

MARIO: Los dos lugares son sin duda muy interesantes. Tienes que ver qué programa te conviene más para tus estudios.

RUBÉN: Sí. Ya (**12**) _____ (pedir) información en centros de estudio de los dos países. Ahora tengo que ver con cuidado los cursos que ofrecen y después decidir.

AM 9-7 De viaje por Costa Rica Gustavo y sus amigos viajaron a Costa Rica en las vacaciones de primavera pasadas y nos cuentan algunas de sus experiencias. Completa la narración con la forma del pretérito o del imperfecto de los verbos entre paréntesis.

Mis amigos y yo (**1**) _____ (empezar) nuestro viaje por Costa Rica en la capital,

San José. (**2**) _____ (Llegar) a San José a las once de la mañana y, aunque

(**3**) _____ (estar) cansados, (**4**) _____ (salir) a dar una vuelta por la

ciudad. (**5**) _____ (Pasear) un rato por el barrio histórico de Otaya y después (yo)

(**6**) _____ (ir) al Museo del Jade, donde (**7**) _____ (ver) la colección

más grande del mundo de jade americano. Los otros (**8**) _____ (ir) a la Plaza de

Cultura donde (nosotros) (**9**) _____ (encontrarse) más tarde. Allí

(**10**) _____ (cenar) algo y (**11**) _____ (volver) al hotel. Al día

siguiente, un avión nos (**12**) _____ (llevar) al Parque Nacional Tortuguero. En ese

parque (**13**) _____ (haber) animales tan variados como tortugas, cocodrilos, jaguares,

monos, pájaros y mariposas. El tercer día de nuestro viaje (**14**) _____ (decidir) ir de

excursión al Volcán Arenal, que todavía (**15**) _____ (estar) activo. El volcán

(**16**) _____ (producir) erupciones cada hora; todos (**17**) _____ (estar)

impresionados al ver el volcán en actividad. El último día, antes de volver a casa,

(**18**) _____ (visitar) las plantaciones de café de Heredia. Un guía nos

(**19**) _____ (explicar) todos los detalles sobre el cultivo y la producción del café en la

plantación y nos (**20**) _____ (dar) una prueba. El café (**21**) _____

(estar) exquisito. Mis amigos y yo (**22**) _____ (divertirse) mucho en Costa Rica. Les

recomiendo que vayan; es un lugar maravilloso.

AM 9-8 ¿Y tú? ¿Recuerdas cuál fue el mejor viaje que hiciste? ¿Adónde fuiste? ¿Con quién fuiste? ¿Cuántos días duró tu viaje? ¿Conociste a muchas personas allí? ¿Cómo era la gente? ¿Y la comida? ¿Hiciste muchas visitas culturales o exploraste la naturaleza? Escribe una breve narración sobre el mejor viaje de tu vida combinando los tiempos del pretérito e imperfecto.

El mejor viaje de mi vida

_____

_____

_____

_____

_____

_____

_____

_____

_____

_____

ENFOQUE ESTRUCTURAL

Más sobre el subjuntivo con expresiones de emoción

AM 9-9 Preguntas frecuentes Kerri va a estudiar el próximo año en un programa de la Universidad de Costa Rica y tiene muchas preguntas que hacerle al coordinador de estudios en el extranjero de su universidad. Completa las indicaciones que el coordinador le da a Kerri con la forma correspondiente del presente de subjuntivo de los verbos entre paréntesis.

1. —¿Qué cursos voy a tomar allí?

    —Es necesario que _____ (seleccionar) las clases que te interesan antes de llegar a la universidad.

2. —¿Es mejor vivir con una familia o en un apartamento con otros estudiantes?

    —Es mejor que _____ (vivir) con una familia en lugar de vivir en un apartamento, así vas a conocer mejor el estilo de vida de las familias del país.

3. —¿Qué pasa si me pongo enferma?

    —Es necesario que _____ (tener) un seguro médico para viajes al extranjero.

4. —¿Voy a tener correo electrónico en la universidad?

    —Sí, pero es mejor que _____ (pedir) una dirección en los primeros días, así vas a tener acceso a tu correo electrónico más rápido.

5. —¿Adónde puedo ir si pierdo el pasaporte?

    —Es bueno que _____ (saber) dónde está el consulado en la ciudad. Ellos te pueden ayudar con ese tipo de problemas.

AM 9-10 Reacciona Lee con atención las noticias que reciben las siguientes personas y después decide qué expresión de emoción de las que aparecen en la caja resulta más adecuada en cada contexto. No olvides conjugar en la forma adecuada el verbo que aparece entre paréntesis.

¡Qué extraño! ¡Qué bueno! ¡Qué malo! ¡Qué pena!

—No puedo ir con ustedes a Costa Rica porque mi padre está enfermo y no quiero dejarlo solo.

—¡(**1**) _____ que no (**2**) _____ (poder) venir!

—Conozco a varias personas en San José que nos pueden enseñar la ciudad.

—¡(**3**) _____ que (**4**) _____ (conocer) a gente allí!

—Me llamó Pedro y me dijo que no venía a la reunión de orientación para estudiar en el extranjero la próxima primavera.

—¡(**5**) _____ que no (**6**) _____ (venir) a la reunión! Estaba muy interesado.

—Ahora no tengo dirección electrónica y no puedo escribirles a mis amigos.

—¡(**7**) _____ que no (**8**) _____ (tener) correo electrónico! Espero que te den una dirección electrónica pronto.

AM 9-11¿Qué opinas? ¿Cuál es tu opinión sobre la idea de estudiar en el extranjero? Reacciona ante las siguientes afirmaciones usando una expresión de la lista.

Modelo: los estudiantes de intercambio / no tener una buena experiencia en el extranjero
Es extraño que los estudiantes de intercambio no tengan una buena experiencia en el extranjero.

Es mejor	Es necesario	¡Qué bueno que... !
Es una lástima	Es extraño	¡Qué pena que... !
Es urgente	Es increíble	

1. ustedes / estudiar en el extranjero el próximo semestre

_____

2. yo / tramitar los documentos antes del viernes

_____

3. Enrique / no vivir con una familia en San José

_____

4. tú / matricularse en los cursos antes de llegar a la universidad extranjera

_____

5. los norteamericanos / obtener una visa para viajar a Brasil

_____

SEGUNDA ETAPA

Para empezar: Un par de días en un hotel

AM 9-12 Yo quisiera una habitación A continuación, te presentamos la conversación que el señor Clarín tiene con el recepcionista del Hotel Kekoldi. Lee el diálogo con atención y trata de ordenar las oraciones de forma lógica.

_____ **a.** —Muy bien, señor. Ahora sólo necesito su número de tarjeta de crédito para completar la reserva.

_____ **b.** —Para tres noches. Del 18 de febrero al 21 de febrero.

_____ **c.** —Sí, señor. Tenemos servicio de parqueo para nuestros huéspedes. Bueno, su reserva está completa. Muchas gracias y buenas tardes.

_____ **d.** —Para dos personas.

_____ **e.** —¿Una habitación doble o dos habitaciones sencillas?

_____ **f.** —Tres noches, muy bien. Y ¿para cuántas personas?

_____ **g.** —Una habitación doble, por favor.

_____ **h.** —Hotel Kekoldi, buenas tardes. ¿En qué puedo servirle?

_____ **i.** —Sí, un momento… Mi número de tarjeta es 9560 8894 789. ¡Ah! Otra cosa: el hotel tiene parqueo, ¿verdad?

_____ **j.** —¡Buenas tardes! Quisiera hacer una reservación.

_____ **k.** —Sí, señor. ¿Para cuántas noches?

_____ **l.** —Gracias a usted.

AM 9-13 Una opción más económica Javier nos habla de su experiencia en Costa Rica, cuando él y su hermano fueron al Parque Nacional Volcán Poás. Completa la narración que hace Javier sobre el lugar donde se hospedaron con la palabra o expresión más adecuada de la caja. Cada palabra o expresión se usa una sola vez.

parqueo	primer piso	el baño	la cama	hoteles	para cuatro noches	las duchas

El verano pasado mi hermano y yo hicimos un viaje a Costa Rica. No teníamos mucho dinero; por eso, no nos quedamos en (**1**) _____ caros; miramos algunas guías de hostales y finalmente, elegimos uno en el Parque Nacional Volcán Poás. Hicimos una reserva (**2**) _____ antes de viajar, porque esos lugares son muy populares entre los estudiantes. Fue muy divertido, porque allí conocimos a muchos jóvenes de distintas partes del mundo. No teníamos ningún lujo: nuestra habitación estaba en el (**3**) _____ y compartíamos (**4**) _____ y (**5**) _____ con otros ocho estudiantes, pero el sitio estaba muy limpio y no necesitábamos más. Pasábamos todo el día de excursión fuera, y cuando volvíamos, nos íbamos directamente a (**6**) _____. Eso sí, el albergue tenía (**7**) _____, donde dejábamos el carro que alquilamos en el aeropuerto. Fue una buena opción.

AM 9-14 En el hotel Colón Adriana Martín va a pasar el fin de semana en San José y se va a hospedar en el Hotel Centro Colón. Completa con las palabras más adecuadas la conversación que tiene Adriana con el recepcionista del hotel a su llegada.

RECEPCIONISTA: ¡Buenas tardes, señorita! ¿En qué puedo ayudarla?

ADRIANA: Buenas tardes. Tengo (**1**) _____ *(reservation)* a nombre de Adriana Martín.

RECEPCIONISTA: Sí, un momento. ¿Para cuántas noches era la reserva?

ADRIANA: (**2**) _____ *(For two nights)*, la noche del sábado y la noche del domingo.

RECEPCIONISTA: Aquí está. Una habitación (**3**) _____ *(single)* con (**4**) _____ *(bathroom)*, a nombre de la Srta. Martín.

ADRIANA: Muy bien. Perdone, ¿tiene (**5**) _____ *(parking)* el hotel?

RECEPCIONISTA: Sí, puede dejar las llaves de su carro aquí y nosotros lo aparcamos.

ADRIANA: Muchas gracias. La última cosa: voy a necesitar una llave para la

(**6**) _____ *(security deposit box).*

RECEPCIONISTA: Sí, señorita, ningún problema. Aquí la tiene.

ADRIANA: Gracias.

RECEPCIONISTA: ¡Que disfrute de su estancia!

ENFOQUE ESTRUCTURAL

Más sobre los verbos reflexivos: los verbos reflexivos y los no-reflexivos

AM 9-15 Ya no vivo en el campus Celia nos cuenta cómo es su vida ahora que comparte apartamento con otras dos chicas. Completa su narración escogiendo la forma reflexiva o la no-reflexiva del verbo entre paréntesis, según convenga.

Ahora ya no vivo en el campus. Vivo con otras dos chicas de mi universidad, Patricia y Susana. Nuestra

rutina es bastante diferente. Por ejemplo, Patricia (**1**) _____ (levanta / se levanta) muy

temprano y va a correr. Ella (**2**) _____ (divierte / se divierte) mucho haciendo

deporte. Cuando vuelve a casa (**3**) _____ (levanta / se levanta) a Susana, que siempre

(**4**) _____ (duerme / se duerme) por las mañanas y las dos conducen a la universidad.

Yo (**5**) _____ (quedo / me quedo) en casa por las mañanas, porque no tengo clase,

pero las tres (**6**) _____ (vemos / nos vemos) para comer en la cafetería. Los fines de

semana nos gusta salir a cenar y siempre (**7**) _____ (probamos / nos probamos)

nuevos tipos de comida. Me alegro de tener a mis compañeras. A veces (**8**) _____

(enojamos / nos enojamos), pero en general tenemos una buena relación.

AM 9-16 Combinaciones Construye oraciones usando los elementos de las tres columnas y escogiendo entre la forma reflexiva y la no-reflexiva del verbo de acuerdo con el contexto de los mensajes.

La llegada de las vacaciones	quedan	la televisión?
¿Prefieres que	preocupan	a los estudiantes.
¿Cuántos días	alegra	de las buenas notas de los estudiantes.
El profesor	ponga	triste.
No me gusta que	me quede	para el final del semestre?
¿Quieres que	te pongas	contigo mientras estás enferma?
	se alegra	

1. _____

2. _____

3. _____

4. _____

5. _____

6. _____

AM 9-17 ¿Qué me aconseja, doctor? Laura sufre problemas de insomnio y decide consultar a un especialista en medicina natural sobre su situación. Completa la narración de Laura escogiendo el verbo adecuado en la forma reflexiva o no-reflexiva del presente de indicativo.

levantar(se)   sentir(se)   dormir(se)   quedar(se)   despertar(se)   preocupar(se)

Doctor, no sé lo que me pasa, pero (**1**) _____ muy mal. No descanso bien y todas las

noches (**2**) _____ a mi esposo porque yo no puedo dormir. Por la mañana, cuando

(**3**) _____ a los niños, no tengo fuerza ni para hacerles el desayuno. Mi marido

lleva a los niños al colegio y yo (**4**) _____ en la cama un rato más, pero tampoco

(**5**) _____. No quiero tomar pastillas para dormir, pero no puedo seguir así. Mi

situación (**6**) _____ mucho a mi familia y está afectando mi vida. ¿Qué me aconseja?

ENFOQUE ESTRUCTURAL

El pronombre reflexivo se para expresar accidentes y acciones imprevistas

AM 9-18 ¡Pobre profesor! Hay días que es mejor no salir de casa. Fíjate lo que le pasó al profesor de Viki hoy: un desastre tras otro. Completa la narración que ella nos hace de estos incidentes utilizando los verbos entre paréntesis en el pretérito.

A nuestro profesor esta mañana le pasó de todo. Se le (**1**) _____ (olvidar) los libros

para la clase. Después se le (**2**) _____ (acabar) la tiza y tuvo que ir a buscar más.

Entonces, se le (**3**) _____ (caer) las gafas y se le (**4**) _____ (romper).

El pobre no veía nada y se le (**5**) _____ (perder) todas las notas que tenía preparadas.

Menos mal que se le (**6**) _____ (ocurrir) una buena idea: ponernos una película, que

además era muy interesante.

AM 9-19 Un viaje accidentado Lee con atención el relato que Fran nos hace de su accidentado viaje a San José con su amigo Miguel. Completa la narración con el verbo en el pretérito que creas más adecuado en el contexto de la historia. No te olvides que cada verbo se usa una sola vez.

romper   olvidar   perder   caer   quemar   acabar

¡Vaya viaje que tuvimos! El primer día de nuestra estancia en San José a Miguel se le

(**1**) _____ el pasaporte. Fuimos inmediatamente al consulado para sacar otro, pero se

nos (**2**) _____ las fotos y no pudimos hacer el papeleo ese día. Cuando volvíamos al

hotel, a mí se me (**3**) _____ la cartera en el taxi y tuve que llamar esa tarde y cancelar

todas las tarjetas de crédito. No terminaron ahí nuestros problemas. En la habitación se nos

(**4**) _____ el aire acondicionado y en el hotel se les (**5**) _____ los

ventiladores. Casi nos morimos de calor por la noche. Al día siguiente, después de sacar el pasaporte de Miguel, decidimos descansar en la piscina del hotel. Nos dormimos al sol y se nos

(6) _____ la espalda y las piernas. ¡Qué dolor! Tuvimos que ir a la farmacia para comprar una crema para las quemaduras *(sunburns)*.

AM 9-20 Un día horrible Todos tenemos días de ésos, ¿verdad? ¿Por qué no nos cuentas uno de tus días desastrosos? Háblanos de dos incidentes que te ocurrieron a ti y de otros dos que les ocurrieron a unos/as amigos/as tuyos/as ese día. Usa las estructuras con **se** que estudiaste en esta sección. ¡Sé creativo/a!

¡Qué día!

1. (A mí) _____

2. _____

3. (A mis amigos/as) _____

4. _____

TERCERA ETAPA

Para empezar: ¿Buscas un apartamento?

AM 9-21 Ya encontré apartamento... Encontrar un buen apartamento no siempre es fácil. Tino está muy contento porque, después de mucho buscar, encontró un apartamento que le gusta mucho. Ahora le está contando a su amigo Marcos cómo es el apartamento que va a alquilar. Completa la conversación de los dos amigos con las palabras más adecuadas de la caja.

contrato	garaje	portero	amueblado	teléfono	terraza

TINO: ¡Marcos! Por fin, encontré apartamento.

MARCOS: ¿De verdad? ¡Enhorabuena! Pero, cuéntame, ¿cómo es?

TINO: Bueno, pues, es un apartamento (**1**) _____, con dos dormitorios y también tiene (**2**) _____.

MARCOS: ¡Estupendo! Así podremos hacer nuestras barbacoas allí los fines de semana.

TINO: Claro que sí. A ver, ¿qué más? Ah, sí, también tiene (**3**) _____, televisión por cable y lavadora.

MARCOS: ¿En qué zona está?

TINO: Está por el centro. Es un barrio seguro. Además el edificio tiene (**4**) _____. Oye, ahora iba a firmar el (**5**) _____. ¿Por qué no vienes conmigo y así lo ves?

MARCOS: Sí, claro. ¿Manejamos hasta allí?

TINO: Sí. Podemos aparcar en el (**6**) _____ del edificio.

MARCOS: ¿También tienes estacionamiento? Chico, ¡qué suerte!

AM 9-22 En la agencia inmobiliaria Graciela y dos compañeras de la universidad están buscando apartamento. Después de mirar los anuncios del periódico, deciden visitar personalmente a un agente y explicarle cómo debe ser el apartamento que buscan. Completa su conversación con las palabras más apropiadas del vocabulario relacionado con el alquiler de un apartamento.

AGENTE: ¡Buenas tardes! ¿En qué puedo ayudarlas?

GRACIELA: ¡Buenas tardes! Estamos buscando apartamento.

AGENTE: ¿Qué tipo de apartamento quieren?

GRACIELA: Bueno, somos tres compañeras, así que necesitamos un apartamento con tres

(1) _____, por la zona de la universidad.

AGENTE: Vamos a ver qué tengo. ¿Necesitan (2) _____ también?

GRACIELA: No, no tenemos carro.

AGENTE: Bien. ¿Lo quieren amueblado o (3) _____?

GRACIELA: Mejor amueblado.

AGENTE: Aquí tengo una buena opción para ustedes. No es un apartamento; es una casa pequeña, pero tiene tres dormitorios, como ustedes querían, está cerca de la universidad y tiene un

(4) _____ muy bonito detrás *(in the back)* con flores.

GRACIELA: No sé, una casa…

AGENTE: El precio del (5) _____ no es mucho más alto y el

(6) _____ es muy flexible. Pueden alquilarla por seis meses y si no están contentas, cambiarse a un apartamento.

GRACIELA: Bien, vamos a pensarlo. ¡Gracias!

AGENTE: ¡Gracias a ustedes!

AM 9-23 Alquilo apartamento Tu amigo Chris se va un año a Costa Rica para estudiar y quiere alquilar su apartamento. Cree que sería una buena idea poner el anuncio también en español y te pide ayuda con la traducción. Lee con atención la descripción del apartamento que Chris preparó en inglés e intenta escribir el anuncio en español.

> **APARTMENT FOR RENT**
> One-year lease. Two-bedroom apartment near university. Furnished. Cable, Internet, and TV. Laundry in the building. Parking available. Utilities included. Call Chris: 440-5716.

Alquilo apartamento

_____
_____
_____
_____
_____
_____

ENFOQUE ESTRUCTURAL

Los pronombres de complemento directo e indirecto

AM 9-24 Preguntas y respuestas Lee con atención las preguntas y las respuestas que aparecen a continuación en las dos columnas y trata de relacionar cada respuesta con su pregunta correspondiente, prestando especial atención a los pronombres correctos de complemento directo e indirecto.

_____ **1.** ¿Enviaste el correo electrónico a la directora del programa en San José?

_____ **2.** ¿Te envió Juan Carlos las flores?

_____ **3.** ¿Quién les envió la información sobre los cursos de verano en Costa Rica?

_____ **4.** ¿Enviaste los documentos de viaje necesarios a la secretaria en el consulado?

_____ **5.** ¿Les envió la decana la carta de recomendación?

a. Sí, se los envié la semana pasada. Mañana tengo que recoger mi visa.

b. Nos la envió el profesor Miguélez. Él enseña allí durante los veranos.

c. No, me las envió Andrés por ayudarle con el formulario de los cursos en el extranjero.

d. No, no nos la envió a nosotros. Se la envió directamente a la universidad en San José.

e. Sí, se lo envié ayer, pero todavía no ha respondido.

AM 9-25 No repitas Examina con atención las siguientes preguntas y localiza el complemento directo y el complemento indirecto en la oración. Después responde a las preguntas sustituyendo esos complementos por el pronombre adecuado en cada caso y conjugando el verbo en la forma que resulte más apropiada en el contexto.

Modelo: —¿Te dijo el agente el precio del alquiler?
—Sí, *me lo dijo* por teléfono.

1. —¿Enviaste el contrato firmado al agente?

Sí, _____ esta mañana.

2. —¿Les mostró la agente las nuevas casas?

Sí, _____. Son fantásticas.

3. —¿Me enseñas tu nuevo apartamento?

Claro que _____. ¿Cuándo puedes venir?

4. —¿Te devolvió el agente el dinero de la fianza?

Sí, _____ cuando me fui del apartamento.

5. —¿Pidieron la llave al portero?

Sí, _____ y entramos en el apartamento.

AM 9-26 Tu ingreso en la universidad ¿Recuerdas cómo fue tu ingreso en la universidad? ¿Por qué escogiste esta institución? ¿Quién te aconsejó venir aquí? Responde a las siguientes preguntas basándote en tu experiencia personal y sustituyendo en tus respuestas los complementos directos e indirectos por los pronombres correspondientes.

1. ¿Te aconsejó alguien esta universidad? ¿Quién?

_____

2. ¿Te ofrecieron una visita guiada por las instalaciones del campus?

_____

3. ¿Te enviaron un catálogo de las clases antes de empezar el curso?

_____

4. ¿Dieron a los estudiantes una fecha límite *(deadline)* para matricularse en las clases?

_____

5. ¿Presentaron a los estudiantes un calendario de actividades extracurriculares?

_____

ENFOQUE ESTRUCTURAL

Los pronombres del complemento directo e indirecto con el infinitivo y los tiempos progresivos

AM 9-27 Los preparativos del viaje Clara quiere pasar un año trabajando en una escuela para niños discapacitados *(with learning disabilities)* en San José con un programa que organiza la Facultad *(Department)* de Educación de su universidad. Su amiga Luisa se está interesando en los preparativos del viaje. Contesta las preguntas que Luisa le hace a Clara utilizando los pronombres de complemento directo e indirecto que sean necesarios y conjugando el verbo según convenga.

LUISA: ¿Cuándo les vas a dar la noticia a tus padres?

CLARA: **(1)** _____ pronto. Pero no sé cómo empezar.

LUISA: ¿Cuándo necesitas enviarle el formulario a la directora de la escuela en San José?

CLARA: **(2)** _____ la semana próxima. La fecha límite es el viernes 25 de marzo.

LUISA: ¿Piensas escribirles un correo electrónico a los otros estudiantes que participan en el programa?

CLARA: Sí, **(3)** _____. Creo que es importante que los conozca antes del viaje.

LUISA: ¿Tienes que presentarle informes de tu experiencia en la escuela allá al director de nuestra Facultad de Educación?

CLARA: Sí, **(4)** _____ cuando regrese de Costa Rica a finales de año.

LUISA: Vas a mandarme muchas postales desde allí, ¿verdad?

CLARA: Claro que **(5)** _____. Y además te voy a echar mucho de menos.

AM 9-28 ¿Quién está haciendo qué? Lee con atención las preguntas que aparecen a continuación y relaciona la actividad con el sujeto más adecuado en cada caso. Después, escribe respuestas sustituyendo los complementos directos e indirectos de la pregunta por los pronombres correspondientes y usando la forma verbal correcta.

el profesor   sus padres   el agente   el estudiante   mis amigos

1. ¿Quién te está preparando un viaje para tu graduación?

   _____

2. ¿Quién le está solicitando una visa al secretario en el consulado?

   _____

3. ¿Quién te está escribiendo las cartas de recomendación?

   _____

4. ¿Quién le está pagando la matrícula a Andrea?

   _____

5. ¿Quién les está enseñando los apartamentos?

   _____

INTEGRACIÓN

LECTURA: Interlengua, nuevos horizontes culturales

Antes de leer

Anticipating content
Reflecting on the topic of the reading can help you reach a better understanding of the text. In preparation for this reading, you will be asked to think about general aspects related to the study-abroad experience.

AM 9-29 Una experiencia inolvidable Antes de iniciar la lectura sobre Interlengua, un programa de español en Costa Rica, reflexiona sobre las siguientes preguntas.

1. Does your university offer study-abroad programs? If so, where?

   _____

   _____

2. In which Spanish-speaking countries do the students usually prefer to study or to spend a vacation?

   _____

   _____

3. Why is it important to study abroad?

   _____

   _____

INTERLENGUA, nuevos horizontes culturales

¿Alguna vez has pensado en combinar el estudio del español con tareas de voluntariado? Interlengua te ofrece la posibilidad de ampliar tus horizontes lingüísticos y culturales y al mismo tiempo prestarle servicios a la comunidad. El componente lingüístico del programa consiste en una oferta muy variada de clases de lengua, desde niveles para principiantes hasta niveles avanzados, en la línea de la metodología comunicativa; también se ofrecen cursos más especializados de literatura, lingüística u otros más específicos orientados a los negocios, la medicina...

Entre las actividades extracurriculares que forman parte del programa se encuentran las famosas clases de baile al son de ritmos latinos, excursiones para explorar la belleza de las tierras costarricenses, intercambios conversacionales con jóvenes ticos que desean practicar inglés y relacionarse con estudiantes internacionales, así como también tareas muy diversas de voluntariado. ¿Tienes un talento especial con los niños? ¿Por qué no convertirte en maestro de inglés o en entrenador deportivo en orfanatos? Si lo que te gusta es la naturaleza, disfruta patrullando por las playas o por los parques e incluso participando en los equipos de mantenimiento en las áreas de protección de tortugas. ¿Amante de los animales? Cuida de aquéllos que no tienen dueño y ofréceles tu atención en los refugios locales. Si estás más interesado en el campo de la medicina, también hay trabajo para ti: la Cruz Roja necesita personal para primeros auxilios, paramédicos e incluso para tareas administrativas.

Haz de tus estudios en el extranjero una experiencia inolvidable. Con Interlengua llegarás más lejos.

Después de leer

AM 9-30 ¡Estudia en Heredia! Te presentamos arriba un folleto informativo sobre un programa de estudios de español en Heredia, Costa Rica. Lee con atención las características del programa y responde a las preguntas de comprensión que aparecen a continuación.

1. Según el folleto, si no tienes conocimientos de español, ¿puedes participar en el programa Interlengua?

_____
_____

2. ¿Qué tipo de recursos (resources) crees que utiliza el método comunicativo en la enseñanza de lenguas extranjeras?

_____
_____

3. ¿Cuáles son los cursos especializados que ofrece el programa Interlengua?

_____
_____

4. ¿Qué actividades extracurriculares se mencionan en el artículo? ¿En cuál de ellas estarías más interesado/a?

_____
_____

5. ¿Qué áreas cubren los servicios comunitarios que ofrece Interlengua?

_____
_____

6. ¿Qué opinas de esta alternativa a los estudios en el extranjero tradicionales?

_____

_____

ESCRITURA

Vocabulary: studies; traveling; university
Phrases: Writing an essay
Grammar: Verbs: present; subjunctive with expressions of emotion

Título: Estudiar en el extranjero

Tu profesor/a de español te ha pedido que escribas una composición expresando tu opinión sobre la idea de estudiar en el extranjero. Imagina que la Oficina de Estudios en el extranjero de tu universidad *(study abroad office)* está haciendo un sondeo *(survey)* sobre los lugares y el tipo de programas preferidos por los estudiantes para pasar un semestre o un año en el extranjero y tu opinión es muy importante. Asegúrate de incluir en tu composición la siguiente información:

- el lugar o lugares que más te atraen para estudiar en el extranjero y por qué
- las características necesarias de un buen programa de estudios en el extranjero
- las expectativas *(expectations)* de tu experiencia en el extranjero

A empezar

AM 9-31 Organización de las ideas Piensa en el destino o destinos que más te interesan para pasar un semestre o un verano estudiando en el extranjero. Después, haz una lista de las características necesarias que un buen programa de estudios en el extranjero debe tener con relación a los aspectos académicos, culturales y de ocio.

A escribir

AM 9-32 Preparación del borrador Indica el destino o destinos que te interesan para estudiar en el extranjero y explica por qué te atraen esos lugares en particular. A continuación, utiliza la lista que preparaste en la sección **A empezar** con las características necesarias de un buen programa de estudios en el extranjero y prepara el primer borrador de tu composición. Concluye tu borrador con un párrafo expresando qué esperas de tu experiencia en el extranjero.

AM 9-33 Revisión del borrador Revisa tu borrador teniendo en cuenta las siguientes consideraciones.

1. ¿Incluye tu composición la información esencial sobre tu programa ideal para estudiar en el extranjero? ¿Has olvidado algún detalle?

2. ¿Está bien organizada la descripción que hiciste del programa y de tus expectativas sobre la experiencia de estudiar en el extranjero? ¿Hay alguna idea poco clara?

3. ¿Incorporaste el vocabulario de este capítulo relacionado con los programas de estudio en el extranjero? ¿Utilizaste las estructuras gramaticales apropiadas para expresar necesidad y otro tipo de emociones?

AM 9-34 El producto final Haz los cambios necesarios de acuerdo con la revisión de tu borrador e incluye las ideas nuevas que se te hayan ocurrido. Antes de entregarle la composición a tu profesor, léela una vez más y asegúrate que no haya errores ortográficos y que todos los cambios hayan sido incorporados.

COMPRENSIÓN AUDITIVA

CD2-25 **AM 9-35 ¡Bienvenida a los Estados Unidos!** Eliana López, una estudiante costarricense, acaba de llegar a los Estados Unidos para asistir a una universidad americana. No habla inglés muy bien, así que tú vas a ayudarla a completar un formulario con su información. Escucha lo que dice Eliana y completa el siguiente impreso.

Biographical Data Form

Last name _____

First name _____

Address _____

Telephone _____

Birthdate _____

Father's first name _____

Mother's first name _____

Number of brothers _____   Sisters _____

Languages studied _____

_____

Photo

Reasons for coming to the United States

   1. _____

   2. _____

Additional information _____

_____

_____

_____

CD2-26 **AM 9-36 Semestre de otoño en San José** Escucha con atención las reflexiones de Paul, un estudiante norteamericano, después de pasar un semestre estudiando en la Universidad de San José, Costa Rica. Indica si las siguientes afirmaciones son verdaderas (**V**) o falsas (**F**).

_____ **1.** Paul hablaba muy bien español, pero quería tomar clases avanzadas de literatura en la Universidad de San José; por eso fue a Costa Rica.

_____ **2.** Paul cree que es una lástima que algunos estudiantes quieran vivir en un apartamento en lugar de vivir con una familia del país adonde van a estudiar.

_____ **3.** En la Universidad de San José es necesario que los estudiantes extranjeros tomen cinco horas de clases de gramática española a la semana.

_____ **4.** Paul se matriculó en cursos adicionales de economía y arte que ofrecía la Universidad de San José.

_____ **5.** Paul espera volver a Costa Rica después de licenciarse y obtener su especialidad de español en la Universidad de San José.

Escucha de nuevo el testimonio de Paul y trata de responder a las preguntas que aparecen a continuación.

6. ¿Cuáles eran las expectativas de Paul cuando fue a Costa Rica?

_____

_____

7. ¿Cómo fue la experiencia de Paul con su familia costarricense?

_____

_____

8. ¿En qué cursos adicionales se matriculó Paul en la Universidad de San José? ¿Qué nos dice de las clases que tomó allá?

_____

_____

9. ¿Cómo influyó en Paul la experiencia en Costa Rica?

_____

_____

CD2-27 **AM 9-37 Dos hoteles** Laura y Vicente están hablando de dos hoteles en San José, Costa Rica. Escucha con atención su conversación y responde a las siguientes preguntas.

1. ¿Cuál de los dos hoteles está más cerca del aeropuerto? ¿A qué distancia está del aeropuerto?

_____

_____

2. ¿Cuál de los dos hoteles es mejor para el turista que va a San José?

_____

_____

3. ¿Cuántas habitaciones tiene el Hotel del Rey?

_____

_____

4. ¿Cuál de los dos hoteles tiene lavandería y secado?

_____

_____

5. ¿Cómo se llama el restaurante del Hotel del Rey?

_____

_____

6. ¿A qué tipo de viajero le conviene más el Hotel Rosa del Paseo?

_____

_____

CD2-28 **AM 9-38 Agencia Cabanillas** Escucha con atención el siguiente anuncio radiofónico sobre una agencia inmobiliaria especializada en el alquiler de apartamentos para estudiantes universitarios y trata de completar el anuncio con la información que escuches.

¿Están cansados de vivir en el campus? ¿Buscan más independencia? Vengan a vernos a la agencia Cabanillas. Tenemos lo que necesitan: **(1)** _____ con dos, tres y cuatro dormitorios; amueblados y **(2)** _____. Con cocina, **(3)** _____ y frigorífico. Todos en muy buenas condiciones y muy cerca del campus universitario. ¿Que prefieren manejar a sus clases? Nuestros apartamentos tienen **(4)** _____ reservado, sin coste adicional.

No necesitan pagar **(5)** _____, y **(6)** _____ están incluidos en el precio del alquiler.

Nuestros **(7)** _____ esperan sus llamadas. Visiten nuestra agencia hoy mismo y firmen **(8)** _____ mañana.

Agencia Cabanillas, líderes en alquiler de apartamentos.

CD2-29 ## PRONUNCIACIÓN

Las consonantes *m, n, ñ*

AM 9-39 Las consonantes *m, n* When the Spanish consonants **m** and **n** are the first letters of a word or a syllable, they are pronounced like *m* and *n* in English.

PRÁCTICA

Escucha con atención y repite las palabras que oigas.

matrícula	nacionalidad
documento	necesario
admisión	abanico
molesta	noche
amueblar	anuncio

CD2-30 **AM 9-40 La consonante *ñ*** The Spanish consonant **ñ** is pronounced similarly to the *ni* combination in the English word *onion*.

PRÁCTICA

Escucha con atención y repite las palabras que oigas.

mañana	compañero
extraña	baño
enseñe	tamaño

Capítulo 10

Hoy, ayer y mañana

PRIMERA ETAPA

Para empezar: ¿Cómo es tu semana típica?

AM 10-1 Los domingos y feriados Álvaro describe lo que hace los domingos y feriados durante el semestre universitario. Después de leer la información que Álvaro ofrece, explica lo que haces tú en las mismas circunstancias.

ÁLVARO: Al principio del semestre, siempre tengo tiempo de salir con mis amigos. Los domingos por la mañana jugamos al béisbol y a veces miramos un partido en la televisión.

TÚ: _____

_____

ÁLVARO: Casi nunca desayunamos. Generalmente alrededor de las doce, almorzamos en la cafetería. Por la tarde, casi siempre tengo que ir a la biblioteca y si no, regreso a mi cuarto para estudiar.

TÚ: _____

_____

ÁLVARO: A menudo voy a mi casa durante el fin de semana y alguna vez, cuando tengo tres días libres, voy a visitar a otros amigos en otras universidades.

TÚ: _____

_____

AM 10-2 Querido Gustavo Imagínate que tu familia y tú van a recibir a un estudiante salvadoreño de intercambio llamado Gustavo durante el verano. Él te ha pedido que le escribas una carta explicándole la rutina que tu familia y tú tienen durante el verano. Puedes utilizar en tu carta los siguientes verbos: **levantarse, ducharse, desayunar, salir, volver, acostarse, gustar, ir, hacer ejercicio, viajar, visitar.**

Querido Gustavo:

_____

_____

_____

_____

_____

_____

Hasta pronto,

_____

AM 10-3 La rutina de un político Imagínate lo ocupada que es la vida de un político. Piensa en las actividades que pueden formar parte de su rutina diaria y haz una lista indicando también los diferentes momentos del día en que realiza esas actividades.

1. Por la mañana _____

_____

_____

2. Por la tarde _____

_____

_____

3. Por la noche _____

_____

_____

4. Los fines de semana _____

_____

_____

ENFOQUE ESTRUCTURAL

Repaso: el presente de indicativo y el presente de subjuntivo

AM 10-4 Los mayas Ernesto está tomando una clase sobre las civilizaciones indígenas de América Latina y está fascinado con el material que el profesor les está presentando. Fíjate en la opinión que tiene sobre el tema y complétala con el presente de indicativo de los verbos que aparecen entre paréntesis.

(1) _____ (Estar, yo) realmente interesado en explorar los orígenes de la cultura maya y su influencia en la gente que (2) _____ (vivir) hoy en el antiguo territorio maya. Nuestro profesor nos ha dicho que aunque sus orígenes son un misterio, los logros de la civilización maya (3) _____ (ser) bien conocidos. Los mayas (4) _____ (poderse) considerar como los más grandes astrónomos y matemáticos de la América precolombina. Entre sus logros (5) _____ (destacar) el desarrollo de un sistema de escritura jeroglífica y el establecimiento de un sistema de calendario muy sofisticado.

También hemos estudiado que en la actualidad (6) _____ (haber) en Centroamérica unos seis millones de mayas que (7) _____ (estar) divididos en 31 grupos diferentes. Cada grupo (8) _____ (conservar) su identidad, su lengua y sus costumbres mayas.

Nombre _____ Fecha _____

AM 10-5 Una excavación El interés de Ernesto por la civilización maya es tan grande que ahora quiere participar en una excavación arqueológica en Guatemala. Decide contarle sus planes a Amanda, una amiga muy especial, con la esperanza de que ésta le acompañe en su viaje. Completa la conversación entre los dos amigos con la forma de presente de indicativo o de subjuntivo de los verbos entre paréntesis.

ERNESTO: ¿Sabes, Amanda? (**1**) _____ (Querer) ir a Guatemala el próximo verano.

AMANDA: ¿A Guatemala? Y ¿qué (**2**) _____ (ir) a hacer allí?

ERNESTO: Pues, (**3**) _____ (estar) pensando en participar en una excavación.

AMANDA: ¿Una excavación? ¿Te (**4**) _____ (interesar) la arqueología?

ERNESTO: Antes no, pero desde que (**5**) _____ (asistir) a la clase de civilizaciones

indígenas, (**6**) _____ (desear) saber más sobre el pasado de los mayas.

AMANDA: ¡Qué bueno que no (**7**) _____ (tener) miedo a lo desconocido *(unknown)*!

ERNESTO: ¿Quieres que (**8**) _____ (conocer) el país juntos?

AMANDA: ¿Es una invitación?

ERNESTO: ¡Claro que sí! Y espero que (**9**) _____ (aceptar) y

(**10**) _____ (ir) conmigo a Guatemala.

AMANDA: Bueno, voy a pensarlo.

AM 10-6 El palacio perdido de los mayas Ernesto decidió participar finalmente en la excavación arqueológica que la Universidad de Vanderbilt está llevando a cabo en la selva guatemalteca de Petén, donde se encontraron recientemente las ruinas de un espectacular palacio maya, en el sitio de la antigua ciudad de Cancuén. Desde allí, le escribe una carta a su querida amiga Amanda que no pudo acompañarlo. Completa la carta con el presente de indicativo o de subjuntivo de los verbos entre paréntesis.

Querida Amanda:

*Hace una semana que estoy aquí en Petén y ya (**1**) _____ (conocer) a*

*muchos chicos de otras universidades que también (**2**) _____ (colaborar) en*

*este proyecto. No (**3**) _____ (imaginarse, tú) lo maravilloso que es estar aquí.*

*Todos los días (**4**) _____ (tener) que levantarme muy temprano, pero no me*

*importa, porque (**5**) _____ (dar) un paseo antes de desayunar y*

*(**6**) _____ (ver) amanecer en la selva. Durante el día, el equipo de expertos*

*(**7**) _____ (trabajar) cuidadosamente en la excavación del palacio de*

Cancuén, que, según piensan, data del siglo VIII. A nosotros nos piden que

*(**8**) _____ (transportar) y (**9**) _____ (recoger) el material,*

*que (**10**) _____ (colocar) las escaleras para bajar a las excavaciones y cosas*

*así. La experiencia no (**11**) _____ (poder) ser mejor. Al final del día de*

*trabajo, cada uno (**12**) _____ (volver) a su tienda para descansar y después*

*todos (**13**) _____ (cenar) juntos.*

*Espero que tú también (**14**) _____ (estar) disfrutando del verano y quiero*

*que (**15**) _____ (saber) que te extraño mucho y que pienso mucho en ti.*

Hasta pronto,
Ernesto

Nombre _____ Fecha _____

ENFOQUE ESTRUCTURAL

Expresiones adverbiales para hablar de una secuencia de acciones

AM 10-7 ¿Qué sueles hacer? Piensa en la rutina que sigues durante la época de clases. Cuéntanos qué sueles hacer en los siguientes momentos del día.

1. Antes de clase, _____

_____

_____

2. Después de comer, _____

_____

_____

3. Los viernes por la noche, _____

_____

_____

4. Antes de ir a dormir, _____

_____

_____

5. Al salir del cuarto o del apartamento _____

_____

_____

AM 10-8 ¿Cuándo? Y ¿con qué frecuencia? Una periodista del periódico local está haciéndoles encuestas *(surveys)* a los estudiantes en el campus para escribir un artículo sobre los hábitos de los jóvenes universitarios, y te pide que le digas **cuándo** y **con qué frecuencia** realizas las siguientes actividades. Contesta las siguientes preguntas con oraciones completas y con muchos detalles.

1. ¿Haces ejercicio?

_____

2. ¿Te gusta viajar?

_____

3. ¿Sales a comer a los restaurantes de la ciudad?

_____

4. ¿Visitas a tu familia?

_____

5. ¿Asistes a espectáculos o a eventos deportivos?

_____

SEGUNDA ETAPA

Para empezar: ¿Qué hiciste el verano pasado?

AM 10-9 ¡Qué viaje! Valeria y Pablo acaban de regresar de su último viaje por Honduras. Ahora le están contando a su amigo Arturo qué hicieron durante sus días de vacaciones. Fíjate en las viñetas y ayúdales a relatar los detalles de su viaje. No olvides usar los verbos en pasado.

1. _____

   _____

   _____

2. _____

   _____

   _____

3. _____

   _____

   _____

4. _____

   _____

   _____

5. _____

   _____

   _____

6. _____
_____
_____

7. _____
_____
_____

8. _____
_____
_____

AM 10-10 Una experiencia inolvidable El verano, los viajes, conocer nuevos lugares, nuevas personas… Todos hemos tenido alguna experiencia inolvidable, ¿verdad? Seguro que tú también. Háblanos de esa experiencia especial durante aquel verano. ¿Qué pasó? ¿Qué recuerdos conservas de aquella experiencia? Combina en tu narración verbos en los tiempos pretérito e imperfecto.

Una experiencia inolvidable

_____
_____
_____
_____
_____
_____
_____
_____
_____
_____
_____
_____
_____
_____

ENFOQUE ESTRUCTURAL

Repaso de los tiempos del pasado

AM 10-11 La ciudad más antigua de las Américas Noelia acaba de regresar de su viaje a Nicaragua y les está hablando a sus padres de la visita a la ciudad de Granada, la parte favorita de su viaje. Completa la narración de Noelia con el pretérito de los verbos entre paréntesis.

Uno de los sitios que más me (**1**) _____ (gustar) durante mi viaje a Nicaragua

(**2**) _____ (ser) la ciudad de Granada. Este lugar (**3**) _____

(fundarse) en 1524 y se considera una de las ciudades más antiguas de las Américas. Desde Granada

(**4**) _____ (hacer) una excursión en barco al archipiélago de las Isletas, que

(**5**) _____ (originarse) en una explosión del volcán Mombacho hace mucho tiempo.

El barco me (**6**) _____ (llevar) a una de las islas; allí (**7**) _____

(sentarse) en uno de los pequeños restaurantes a disfrutar de la naturaleza y de la tranquilidad del

lugar. Desde la isla también (**8**) _____ (poder) ver el volcán Mombacho. ¡Qué

experiencia!

AM 10-12 Semillas del aprendizaje Marlene desea pasar el verano en Centroamérica y participar como voluntaria en uno de los programas de ayuda humanitaria que operan en esa región. Ha encontrado información sobre una organización llamada *Seeds of Learning* y le está hablando a su novio Amador de la labor tan maravillosa que esta organización realizó y sigue realizando en Nicaragua y El Salvador. Completa su narración con el pretérito de los verbos que aparecen entre paréntesis.

Semillas del aprendizaje *(Seeds of Learning)* es una organización sin ánimo de lucro *(nonprofit)* que

(**1**) _____ (ser) fundada en 1999 en Sonoma, California, con el deseo de mejorar las

oportunidades educativas en las partes rurales de Latinoamérica. Desde sus comienzos en 1999, la

organización (**2**) _____ (construir) diez escuelas rurales en Nicaragua y cinco en

El Salvador, (**3**) _____ (colaborar) en programas de alfabetización en más de

veinte comunidades rurales, (**4**) _____ (introducir) clases de obras manuales y

música para niños y adultos, (**5**) _____ (intervenir) en las tareas de reconstrucción

de las aldeas nicaragüenses tras la tragedia del huracán Mitch y (**6**) _____ (recoger)

y (**7**) _____ (distribuir) fondos para aliviar las pérdidas producidas por las

catástrofes naturales en El Salvador. En el año 2001, los voluntarios de Semillas del aprendizaje

(**8**) _____ (dedicar) 8.800 horas a construir escuelas en Centroamérica.

AM 10-13 ¡Voluntarios! Gabriel nos habla de su experiencia como «hermano mayor» *(Big Brother)* durante sus años de universidad. Nos cuenta las actividades que él y Justin, su «hermano menor», solían hacer y cuánto se divertían juntos. Completa su narración con el pretérito o el imperfecto de los verbos entre paréntesis.

Cuando (**1**) _____ (estar, yo) en la universidad, (**2**) _____

(participar) como voluntario en el programa del Hermano mayor. Todas las semanas

(**3**) _____ (llevar) a Justin, mi «hermano menor», a la biblioteca infantil, al cine, al museo de niños, al zoológico… A Justin también le (**4**) _____ (gustar) ir a la

universidad y pasar un rato con mis compañeros. Algunos domingos (**5**) _____ (ir)

juntos a los partidos de baloncesto y (**6**) _____ (divertirse) mucho. Justin

(**7**) _____ (ser) un niño muy activo y curioso, y no le (**8**) _____

(ir) mal en sus estudios. Recuerdo el día que (**9**) _____ (visitar) su clase. Justin

(**10**) _____ (ponerse) muy contento, me (**11**) _____ (presentar)

a su maestra y a sus compañeros, y aquella tarde me (**12**) _____ (quedar) con la

clase y juntos (**13**) _____ (hacer) una sesión de lectura con unos cuentos infantiles

que yo (**14**) _____ (traer). Creo que mi experiencia como «hermano mayor»

(**15**) _____ (ser) una de las mejores de mi vida.

AM 10-14 Un viaje bien desagradable Los viajes no siempre resultan ser experiencias agradables.
¿Cuál fue un viaje bien desagradable? ¿Adónde fuiste? ¿Con quién? ¿Por qué fue una experiencia tan
desagradable? ¡Sé creativo/a!

Un viaje bien desagradable

_____

_____

_____

_____

_____

ENFOQUE LÉXICO

Las expresiones para organizar una secuencia de acciones en el pasado

AM 10-15 Una visita muy agradable Ángela recibió el fin de semana pasado la visita de dos amigas suyas de la escuela secundaria, Carla y Lola. Lee con atención su narración sobre el fin de semana
que pasaron juntas y complétala con la expresión de tiempo más adecuada en el contexto.

por la tarde   ese mismo día   luego   el último día   primero de todo   por último
el fin de semana pasado   al día siguiente   al final del día   más tarde

(**1**) _____ mis amigas Carla y Lola vinieron de San Salvador a visitarme. Las recogí

por la mañana en la estación de autobuses y (**2**) _____ pasamos por mi apartamento

a dejar sus cosas. (**3**) _____ nos encontramos con mi novio, Roque, para almorzar y

(**4**) _____ fuimos al cine a ver una película. (**5**) _____ asistimos

a un concierto en la universidad y volvimos a mi apartamento de madrugada.

(**6**) _____ nos levantamos a las once, comimos algo y, (**7**) _____,

a las cuatro, fuimos a un partido de fútbol. (**8**) _____ estábamos cansadas y volvi-

mos a casa temprano.

(9) _____ mis amigas y yo desayunamos en la cafetería de la universidad y pasamos la mañana de compras. **(10)** _____ llevé a mis amigas a la estación y regresé a la universidad. Fue una visita muy agradable. Me gustaría *(I would like)* que me visitaran más a menudo.

AM 10-16 ¿Qué hiciste? ¿Qué hacías? Organiza las actividades que realizaste en los períodos de tiempo que se indican abajo, prestando especial atención al uso del pretérito o del imperfecto.

1. Ayer por la mañana, primero de todo (yo) _____.

   Más tarde _____,

   y al final del día _____.

2. Todos los veranos (yo) _____.

   Por las mañanas _____,

   y por las tardes _____.

3. El sábado pasado por la mañana (yo) _____.

   Después, ese mismo día, _____,

   esa noche _____.

ENFOQUE ESTRUCTURAL

Otro tiempo pasado: el pretérito perfecto

AM 10-17 ¿Qué ha pasado con Jorge? Gloria está muy preocupada porque no sabe nada de su novio Jorge desde que éste se fue a México solo a pasar sus vacaciones de primavera. En su conversación con Olga, su compañera de cuarto, Gloria le cuenta todo lo que ha pasado. Completa el diálogo con la forma correspondiente del pretérito perfecto del verbo entre paréntesis.

OLGA: Gloria, ¿qué te pasa? Pareces muy triste.

GLORIA: Sí, verás, **(1)** _____ (llamar) a Jorge esta mañana, y su compañero

me **(2)** _____ (decir) que aún no **(3)** _____

(volver) de su viaje a México.

OLGA: Pero si las vacaciones de primavera ya **(4)** _____ (terminarse)…

GLORIA: Ése es el problema. Le **(5)** _____ (escribir) un correo electrónico,

pero dudo que me conteste. Está muy raro últimamente.

LEO: ¿**(6)** _____ (Hablar) con él desde que se fue a México?

GLORIA: Lo **(7)** _____ (intentar), pero no **(8)** _____

(poder) encontrarlo en su hotel.

OLGA: ¿Crees que le **(9)** _____ (pasar) algo malo?

GLORIA: No, seguro que **(10)** _____ (resolver) quedarse en México sin pen-

sar ni en sus clases, ni en nadie…

OLGA: Lo siento, Gloria, de veras que Jorge no merece *(doesn't deserve)* que te preocupes

tanto por él.

AM 10-18 Los preparativos del viaje Norma está muy ilusionada con el viaje que va a hacer a Guatemala y, como tiene miedo de olvidarse de algo importante, hace una lista para repasar todos los detalles. Completa las siguientes oraciones con el pretérito perfecto del verbo de la caja que resulte más adecuado en el contexto. No te olvides que cada verbo se usa una sola vez.

decir	poner	comprar	llamar	hacer	ver

- Ya (**1**) _____ las reservas en el hotel para las cuatro noches que voy a estar en Guatemala.

- Ya (**2**) _____ al aeropuerto para confirmar la hora de mi vuelo.

- Aún no (**3**) _____ la guía turística que incluye mapas de la ciudad, lugares de interés y restaurantes.

- Ya les (**4**) _____ a mis padres que voy a regresar el domingo a las siete de la tarde.

- Todavía no (**5**) _____ mi ropa en la maleta. Tengo que hacerlo esta misma tarde.

- Ya (**6**) _____ las noticias y la información del tiempo en Guatemala. Me espera un clima delicioso.

AM 10-19 ¿Qué has hecho últimamente? ¿Cuál es la actividad más emocionante *(exciting)* que has hecho últimamente? ¿Y la más aburrida *(boring)*? ¿Por qué han sido emocionantes y aburridas esas actividades? Escribe una breve descripción de cinco actividades incorporando verbos en el pretérito perfecto.

1. _____

2. _____

3. _____

4. _____

5. _____

Nombre _____ Fecha _____

Para empezar: ¿Qué vas a hacer?

AM 10-20 Mi ciudad favorita Imagínate que tú y tus amigos/as han decidido pasar el próximo fin de semana de tres días en tu ciudad favorita. Elabora un plan para las actividades que van a hacer el fin de semana, indicando el orden en que van a realizarlas. ¡Sé creativo/a!

Un fin de semana en mi ciudad favorita

_____

_____

_____

_____

_____

AM 10-21 ¿Conoces tu ciudad? Piensa en el interés turístico que tiene la ciudad donde estudias o la ciudad más cercana a tu universidad y aconséjale a un turista sobre los lugares que puede visitar. Responde a las siguientes preguntas basándote en tus conocimientos de la ciudad.

1. ¿Qué lugares puede visitar un turista que esté interesado en el arte?

_____

_____

2. ¿Adónde va a ir un turista si quiere disfrutar de la naturaleza?

_____

_____

3. ¿Qué va a hacer un turista para encontrar información sobre los eventos musicales de la ciudad?

_____

_____

4. ¿Adónde va a ir un turista si quiere comprar algunos regalos para sus amigos y su familia?

_____

_____

5. ¿A qué lugares crees que puede ir un turista para tomar un trago?

_____

_____

ENFOQUE ESTRUCTURAL

Las expresiones verbales para hablar del futuro

AM 10-22 La semana de exámenes finales Se acerca la semana de los exámenes finales y este semestre has decidido organizarte al máximo. Tienes demasiadas cosas en la cabeza y es importante que escribas en tu calendario las cosas que **quieres, piensas, tienes que hacer** o **vas a hacer,** relacionadas con tus clases y tu trabajo.

> **Modelo:** El lunes por la mañana *quiero terminar mi proyecto para la clase de sociología.*

1. El lunes por la tarde _____

_____ .

2. El martes por la mañana _____

_____ .

3. El martes por la tarde _____

_____ .

4. El miércoles por la mañana _____

_____ .

5. El miércolcs por la tarde _____

_____ .

6. El jueves por la mañana _____

_____ .

7. El jueves por la tarde _____

_____ .

8. El viernes por la mañana _____

_____ .

9. El viernes por la tarde _____

_____ .

10. El viernes por la noche _____

_____ .

AM 10-23 Deja una nota Parece que no estás teniendo mucha suerte hoy con tus visitas. No has podido encontrar a ninguna de las personas que buscas. ¿Por qué no le dejas una nota a cada persona indicando el objeto de tu visita?

1. Hoy fuiste a ver a un amigo, pero no estaba en casa. Es importante que tu amigo sepa dónde vas a estar y qué vas a hacer en las próximas horas. Escríbele una nota indicando:

   - *the time you stopped by*
   - *where you are going to be later on*
   - *what you are going to do in the next couple of hours*

2. Fuiste a la oficina de uno de tus profesores, pero no lo encontraste. Escribe un mensaje indicando:

   - *the time you stopped by*
   - *that you are not going to be in class next Monday and explain why*
   - *that you plan to come back on Tuesday afternoon*

3. Hoy fuiste a ver a una compañera de clase, pero no estaba en casa. En tu nota:

   - *tell her that there is a movie you want to see*
   - *ask her if she feels like going tonight or tomorrow evening*
   - *tell her that if she wants to call you, you are going to be home all day*

AM 10-24 Antes de graduarme Los años de universidad nos dan la oportunidad de realizar activi-dades que, muchas veces, nunca más vamos a poder hacer. Cuéntanos qué piensas hacer antes de graduarte, qué metas *(goals)* quieres cumplir antes de terminar tus años en la universidad. Utiliza en tu narración las **estructuras para hablar del futuro** que te presentamos en este enfoque estructural.

Antes de graduarme, _____

_____

_____

_____

_____

ENFOQUE LÉXICO

Las expresiones para hablar de una secuencia de acciones en el futuro

AM 10-25 Quiero invitar a Marta Es el final del semestre de primavera y Rogelio quiere invitar a Marta a cenar antes de que ella se vaya para El Salvador. Ahora está contándole sus planes a Luis, su compañero de cuarto. Mira el calendario de Rogelio y luego completa su conversación con las expre-siones de tiempo que aparecen a continuación, según corresponda en el contexto.

MAYO

lunes	martes	miércoles	jueves	viernes	sábado	domingo
	1	2	3	4	5	6
7	8	9	10 invitar a Marta	11 cenar con Marta	12 Marta regresa a la casa de sus padres	13
14	15 volver a mi casa	16	17	18	19	20
21	22	23	24	25	26	27
28	29	30	31	JUNIO Marta se va para El Salvador		

> **el fin de semana que viene   el mes que viene   esta tarde   pasado mañana**
> **el martes por la tarde   mañana por la noche**

ROGELIO: Creo que voy a invitar a Marta a cenar (**1**) _____.

LUIS: ¿En serio? ¿Y eso?

ROGELIO: Pues, (**2**) _____ se va a trabajar en El Salvador y

(**3**) _____ regresa a casa de sus padres antes de salir para

Centroamérica.

LUIS: ¡Qué buena idea! ¿Cuándo vas decírselo?

ROGELIO: Voy a pasar (**4**) _____ por su apartamento. Espero que esté en casa.

LUIS: ¡Buena suerte! Oye, (**5**) _____ tú todavía vas a estar aquí, ¿verdad?

ROGELIO: Sí, vuelvo a casa (**6**) _____.

LUIS: Nos vemos entonces.

ROGELIO: Chao.

AM 10-26 ¡Adiós, amigas! Amalia, Sonia y Rosario son compañeras en la universidad desde su primer año y tienen una buena amistad. Pero el año que viene parece que sus caminos se separan. Construye oraciones con los elementos que aparecen a continuación indicando los planes futuros de las tres muchachas.

Amalia

1. el curso que viene / Amalia / pensar cambiar su especialidad

_____

2. este verano / Amalia / ir a trabajar en la universidad como guía para los nuevos estudiantes

_____

Sonia

3. el año que viene / Sonia / querer estudiar en Latinoamérica durante un semestre

_____

4. este verano / Sonia / pensar pasar los meses de vacaciones en la playa

_____

Rosario

5. el mes que viene / Rosario / tener que enviar su solicitud de traslado a otra universidad

_____

6. este verano / Rosario / ir a visitar a sus padres

_____

Ahora, responde a la siguiente pregunta:

7. Según la información anterior, ¿van a estar juntas las tres compañeras el curso que viene?

_____

ENFOQUE ESTRUCTURAL

El tiempo futuro

AM 10-27 ¡Qué año me espera! Quique nos cuenta los planes que tiene para su último año en la universidad, y parece que no va a tener ni un momento libre. Completa su narración con el futuro de los verbos que aparecen entre paréntesis.

El curso que viene (**1**) _____ (ser) mi último año en la universidad y

(**2**) _____ (estar, yo) muy ocupado. Durante el semestre de otoño

(**3**) _____ (tener) que tomar varios cursos que necesito para completar mi

especialidad y también (**4**) _____ (querer) seguir colaborando con el grupo de

teatro infantil en el colegio Lope de Vega. Les (**5**) _____ (decir) a mis padres

que durante las vacaciones de Navidad (**6**) _____ (quedarse) en la ciudad

preparando solicitudes (*applications*) para distintos trabajos. Durante el semestre de primavera

(**7**) _____ (saber) más sobre mi trabajo futuro. Imagino que ya

(**8**) _____ (poder) empezar a tener entrevistas y decidir dónde puedo trabajar.

¡Qué año me espera!

AM 10-28 La adivina Tina Raquel siente una gran curiosidad por saber cómo va a ser su futuro y decide consultar a una adivina sobre el trabajo, la salud y el amor en su vida en el futuro. Fíjate en las respuestas que le da la adivina Tina y piensa en las preguntas más adecuadas utilizando la forma del futuro de los verbos que correspondan. Sigue el modelo.

> **Modelo:** —¿*Me dirás la verdad?*
> —Claro que <u>voy a decirte</u> la verdad.

1. — _____

   —Sí, <u>vas a encontrar</u> un trabajo bueno.

2. — _____

   —Sí, <u>vas a viajar</u> por razones de trabajo.

3. — _____

   —No, tus amigas Ana y Mónica no <u>van a vivir</u> en la misma ciudad que tú.

4. — _____

   —Sí, tus padres <u>van a estar</u> cerca de ti.

5. — _____

   —Sí, <u>vas a usar</u> el español en tu profesión.

6. — _____

   —No, no <u>vas a sufrir</u> de grandes problemas de salud.

7. — _____

   —<u>Vas a conocer</u> al hombre de tu vida en el último año de la universidad.

8. — _____

—No, no se <u>van a casar</u>.

9. — _____

—Sí, te <u>vas a casar</u> con otra persona algún día.

AM 10-29 ¿Qué pasará con nuestro mundo? ¿Cuáles son los grandes interrogantes que nos planteamos sobre el futuro de nuestra sociedad? ¿Se producirán grandes cambios en nuestro planeta? Escribe seis preguntas sobre los temas que más te preocupan sobre el porvenir *(future)* utilizando el tiempo futuro. No uses el mismo verbo más de una vez.

Modelo: *¿Habrá trabajo para todos?*

1. _____

2. _____

3. _____

4. _____

5. _____

6. _____

INTEGRACIÓN

LECTURA: Las profesiones del futuro

Antes de leer

> **Anticipating content and making predictions: The title**
> When you read a text in a foreign language, the more previous knowledge you have about its content, the easier it will be for you to understand unfamiliar words and structures. Very often the title of a text or an article in this case can help you anticipate the information you will read in it. Take a minute to read the title in the following article and keep in mind the theme of technology and work. Then, do the activities.

AM 10-30 Pasado, presente y futuro laboral En esta sección vas a leer un artículo que habla de las profesiones que existirán en el futuro. Antes de pasar a su lectura, reflexiona sobre las siguientes preguntas relacionadas con el tema.

1. ¿Qué profesiones actuales crees que serán las más populares en el futuro? ¿Por qué?

_____

2. ¿Qué profesiones crees que desaparecerán? ¿Por qué?

_____

3. ¿Qué tipo de profesiones nuevas se crearán? ¿Por qué?

_____

AM 10-31 El título Según el título de esta lectura, ¿qué palabras esperas encontrar en el texto? ¿Qué estructuras gramaticales? Escanea el texto y cita algunos ejemplos de las estructuras gramaticales que has mencionado.

_____

_____

_____

AM 10-32 Relaciones léxicas Relaciona cada una de las siguientes palabras que aparecen en el artículo con la definición que le corresponda.

_____ **1.** el oficio

_____ **2.** la cibernética

_____ **3.** la informática

_____ **4.** el reciclaje

_____ **5.** la predicción

_____ **6.** gestionar

_____ **7.** lúdico

_____ **8.** obsoleto

a. el anuncio de que algo va a ocurrir

b. antiguo, anticuado

c. el trabajo, la profesión

d. ciencia que estudia los sistemas de comunicación de los seres vivos y los compara con sistemas electrónicos y mecánicos semejantes

e. relacionado con el juego

f. organizar un asunto *(business affair)*

g. conjunto de técnicas para el tratamiento de la información por medio de computadoras (ordenadores)

h. técnica que consiste en volver a usar materiales o sustancias ya procesadas

Después de leer

AM 10-33 Las profesiones del futuro Lee con atención el artículo que te presentamos más adelante y responde después a las preguntas de comprensión y ampliación de la lectura.

1. Indica los errores que aparecen en las siguientes afirmaciones relacionadas con el contenido del artículo y luego justifica tus correcciones.
   a. Con la robotización tendremos menos tiempo libre.
   b. Los educadores perderán su importancia en el mercado laboral del futuro.
   c. Los empleados de banco seguirán teniendo un papel muy importante dentro de quince o veinte años.
   d. A las generaciones futuras no les preocupará el asunto de la identidad.

2. ¿Qué consecuencias traerá la «robotización», según el artículo? ¿Qué otros efectos de este fenómeno puedes señalar?

_____

_____

_____

3. Según las predicciones, ¿qué profesiones sobrevivirán al avance del tiempo? ¿Por qué crees que estos oficios no perderán su importancia?

_____

_____

_____

4. Cita algunas de las nuevas profesiones que se mencionan en el artículo.

_____

5. ¿Cuáles crees que pueden ser las actividades que realizará un «ludicador»?

_____

6. ¿Qué opinas de los avances tecnológicos? Enumera las consecuencias positivas y negativas de estos cambios en nuestra sociedad usando la tabla que aparece a continuación.

LOS AVANCES TECNOLÓGICOS	
Consecuencias positivas	1. _____ 2. _____ 3. _____ 4. _____
Consecuencias negativas	1. _____ 2. _____ 3. _____ 4. _____

Las profesiones del futuro
Por Juan Fernando Merino

De acuerdo con estudios recientes, dentro de veinte años al menos una cuarta parte de la población mundial estará empleada en oficios que todavía no existen. Florecerán profesiones como la de acuicultor, ludicador, plasturgista, ingeniero mecatrónico y otros términos que casi nadie conoce y que ni siquiera han sido incorporados en los diccionarios.

Y según connotados futurólogos, la tendencia irá en aumento y al llegar a mediados de siglo, habrán desaparecido la mayoría de los 5.000 oficios y profesiones que existen hoy en día.

Pero no hay que alarmarse demasiado. Todavía no. Porque con la velocidad que avanza el mundo, en particular el mundo industrializado, 50 años es un futuro distante, muy distante.

En cuanto al futuro inmediato, es decir los próximos cinco, diez o veinte años, también hay predicciones sorprendentes. Todo parece indicar que de continuar las tendencias actuales, para el año 2005 cerca del 80% de las personas en los países industrializados trabajarán en las industrias de servicios y en la cibernética. Sólo un 20% en las llamadas industrias productivas: agricultura, textiles, industria pesada, etc.

Los expertos resaltan también que cada vez más, el dominio de idiomas, los conocimientos de informática y tecnología, así como la capacidad de coordinar y gestionar, serán claves para conseguir empleo en la nueva economía. Una nueva economía en la que predominará lo que podríamos llamar el sector del conocimiento: ingenieros, científicos, educadores, técnicos, programadores de computadoras, consultores...

Pero a medida que avance el siglo, la automatización y la «robotización» impondrán cambios importantes. Dentro de 15 o 20 años, por ejemplo, prácticamente desaparecerán los operadores telefónicos, los electricistas, los carpinteros y los empleados de bancos, pues todas las operaciones se efectuarán automáticamente. También resultarán obsoletos los expertos en programación de computadoras, pues éstas se programarán a sí mismas.

Por esas mismas fechas estarán en pleno auge profesiones apenas nacientes en la actualidad: «Biogenética, masajista fisioterapeuta, ingeniero biomédico o experto en reciclaje de residuos sólidos urbanos», según un estudio de la Universidad de Alicante en España. Y empezarán a florecer las profesiones nuevas que mencionábamos antes: los acuicultores (granjeros del mar), ludicadores (inventores de programas de juego), ingenieros mecatrónicos (mezcla de electrónica, mecánica e hidráulica).

Sin embargo, algunos «antiguos oficios humanos» no perderán su importancia e incluso con el avance del tiempo tendrán mucho mayor auge del que gozan actualmente: los médicos, paramédicos, enfermeros, los chefs de cocina, los expertos en marketing turístico y en especial los educadores: en un mercado laboral altamente especializado y competitivo, resultará imprescindible seguir capacitándose permanentemente.

Según las predicciones de la futuróloga Rocío Sofer, a medida que los robots se ocupen de más labores, en los países industrializados quedará mucho más tiempo para el ocio y como en la antigua Grecia volverán a prosperar la filosofía y la espiritualidad. Los niños que nacen hoy en el mundo rico harán la prosperidad de filósofos, sicólogos y asesores espirituales pues tendrán una vida holgada y con mucho tiempo libre, quizás por ello les será más difícil resolver de dónde vienen, quiénes son, qué quieren... el asunto de la identidad.

¿Plasturgista, ingeniero mecatrónico o asesor lúdico? Elija usted...

Source: www.parlo.com

ESCRITURA

 Vocabulary: Clothing; food; house; leisure; means of transportation; media; office; sports; university
Grammar: Verbs: future; future with *ir*

Título: *Mirando hacia el futuro: un nuevo estilo de vida*

Acabas de leer un artículo sobre las predicciones sobre el futuro laboral y los cambios que la tecnología traerá en el campo del trabajo. Escribe ahora una reflexión sobre cómo será la vida diaria de las personas dentro de unos treinta años. Asegúrate de incluir en tu composición la siguiente información:

- las distintas áreas de la vida que sufrirán cambios
- las predicciones de cambio positivas
- las predicciones de cambio negativas

A empezar

AM 10-34 Organización de las ideas Piensa en cómo cambiarán las áreas de la educación, el deporte, la medicina, las compras, la vivienda, las comunicaciones, y haz una lista de los cambios que se te ocurran organizándolos por categorías.

A escribir

AM 10-35 Preparación del borrador Utiliza tus apuntes de la sección **A empezar** y escribe el primer borrador de tu composición, explicando las predicciones de cambio, tanto positivas como negativas en las distintas áreas de la vida mencionadas anteriormente.

AM 10-36 Revisión del borrador Revisa tu borrador teniendo en cuenta las siguientes consideraciones.

1. ¿Incluye tu composición los cambios positivos y negativos que, según tus predicciones, se producirán en las distintas áreas de la vida que se han mencionado? ¿Has olvidado hablar de alguna área en particular?
2. ¿Has organizado la información de una manera lógica, por categorías? ¿Hay alguna idea que no esté clara?
3. ¿Incorporaste las estructuras gramaticales de este capítulo que sean adecuadas para hablar del futuro?

AM 10-37 El producto final Haz los cambios necesarios de acuerdo con la revisión de tu borrador e incluye las ideas nuevas que se te hayan ocurrido. Antes de entregarle el ensayo a tu profesor/a, léelo una vez más y asegúrate que no haya errores ortográficos y que todos los cambios hayan sido incorporados.

COMPRENSIÓN AUDITIVA

CD2-31 **AM 10-38 El día de Alicia** Alicia le está contando a su amiga su rutina diaria. De acuerdo con la información que escuches, indica si las siguientes afirmaciones son verdaderas (**V**) o falsas (**F**).

_____ 1. Alicia se levanta a las siete de la mañana y sale inmediatamente del apartamento.

_____ 2. Le gusta revisar el material para sus clases por la mañana.

_____ 3. Generalmente, desayuna en la cafetería de la universidad.

_____ 4. Prefiere manejar a sus clases.

_____ 5. Si no hay mucho tráfico, tarda media hora en llegar a la universidad.

_____ 6. Alicia va a la universidad sólo los lunes, miércoles y viernes.

_____ 7. De vez en cuando, Alicia y sus amigos almuerzan en algún bar cerca de la universidad.

CD2-32 **AM 10-39 Una mañana típica** Escucha cómo es una mañana típica de Rodrigo en su apartamento y completa la descripción con la información que escuches.

Mis compañeros de apartamento (**1**) _____ primero todos los días. Yo, por lo general, (**2**) _____ más tarde, a las ocho. Me gusta (**3**) _____ en la cama un rato. Después, (**4**) _____ rápidamente, (**5**) _____ y voy a la cocina para desayunar. Normalmente mis compañeros y yo, no (**6**) _____ mucho por la mañana. Los fines de semana es un poco diferente: todo el mundo (**7**) _____ tarde, y (**8**) _____ en casa; nadie tiene prisa.

CD2-33 **AM 10-40 Recuerdos** Rodolfo está recordando sus años en la escuela secundaria. Escucha la descripción que les hace a sus amigos de aquella época y escoge la respuesta que mejor complete cada oración.

1. Durante la semana, Rodolfo solía llegar a casa normalmente a las...
   a. 5:00.
   b. 6:00.
   c. 7:00.

2. Cuando llegaba a casa, inmediatamente...
   a. paseaba a su perro.
   b. se duchaba y cenaba.
   c. hacía sus tareas.

3. Una de las tareas de su padre era...
   a. quitar la mesa.
   b. lavar los platos.
   c. sacar la basura.

4. Antes de irse a la cama, Rodolfo solía...
   a. escuchar música.
   b. hablar con sus amigos por teléfono.
   c. mirar la televisión.

5. Durante la semana, no tenía tiempo para...
   a. hacer deporte.
   b. mirar la televisión.
   c. ver a sus amigos.

6. Una de las actividades que solía hacer los sábados era...
   a. ir a los partidos de fútbol.
   b. ir al cine.
   c. ir a la iglesia con su familia.

CD2-34 **AM 10-41 Un viaje de negocios** Marcial Morales y otros dos profesores de la Facultad de Lenguas Modernas han hecho un viaje a la Universidad de Guatemala para observar el programa de estudios hispanos allí y establecer contacto entre su universidad y la Universidad de Guatemala. A su regreso, Marcial se encuentra con Victoria de la Fuente, una compañera de la facultad, que le pregunta sobre los detalles de su viaje. Escucha con atención su conversación y completa el siguiente cuadro con la información que escuches.

	Actividades que realizaron durante el viaje
1. El día que llegaron...	
2. Ese mismo día, más tarde...	
3. Al final de la noche...	
4. Al día siguiente, por la mañana...	
5. Al mediodía...	
6. Su último día en Guatemala...	

CD2-35 **AM 10-42 Cuando me gradúe...** Rosa nos cuenta los planes que tiene después de graduarse. Escucha con atención su narración y trata de responder a las preguntas de comprensión que aparecen a continuación.

1. ¿Qué quiere hacer Rosa cuando se gradúe?

_____

2. ¿Qué tipo de profesión va a buscar?

_____

3. ¿Por qué no quiere trabajar como maestra o profesora?

_____

4. ¿Dónde piensa vivir después de su viaje al extranjero?

_____

AM 10-43 Hablando del futuro Lee los siguientes comentarios que Rosa hace durante su narración y cambia la expresión que aparece subrayada *(underlined)* a la forma verbal correspondiente del tiempo futuro.

1. El año que viene <u>voy a graduarme</u> y <u>pienso viajar</u> durante seis meses antes de empezar a trabajar.

_____

2. Cuando empiece a trabajar, no <u>voy a tener</u> mucho tiempo libre para viajar.

_____

3. Después de mi viaje, <u>voy a buscar</u> una profesión relacionada con las lenguas.

_____

4. <u>Pienso quedarme</u> aquí en Nueva York a vivir y <u>voy a compartir</u> apartamento con algunos de mis compañeros de la universidad.

_____

_____

5. Estoy emocionada con los cambios que el futuro <u>va a traer</u> a mi vida.

_____

CD2-36 ## PRONUNCIACIÓN

Las consonantes *ch, y, ll*

AM 10-44 La consonante *ch* The consonant **ch** in Spanish is similar to the sound of the *ch* in the English word *church*.

PRÁCTICA

Escucha y repite las siguientes palabras.

chao	cuchara
noche	ceviche
chico	cuchillo
hecho	chocolate
Menchú	chuleta

AM 10-45 Las consonantes *y, ll* The Spanish consonants **ll** and **y** represent a sound that is similar to the *y* in the English word *yes,* but pronounced with more tension.

PRÁCTICA

Escucha y repite las siguientes palabras.

maya	llamar
ayer	calle
leyó	gallina
yo	pasillo
yuca	lluvia

Capítulo 11

La comida en el mundo hispano

PRIMERA ETAPA

Para empezar: En un restaurante

AM 11-1 ¿Qué hay en la mesa? Las ilustraciones que aparecen a continuación representan los distintos artículos *(items)* que con frecuencia se encuentran en la mesa. Mira con atención los dibujos e identifica cada uno de ellos.

1. _____   8. _____

2. _____   9. _____

3. _____   10. _____

4. _____   11. _____

5. _____   12. _____

6. _____   13. _____

7. _____   14. _____

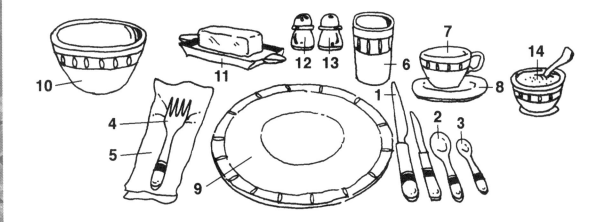

AM 11-2 Mesa de fiesta Anabel está ayudando a su madre a poner la mesa para la cena de Nochebuena. Van a venir muchas personas invitadas y la mamá quiere que todo esté perfecto. Completa la conversación entre las dos con las palabras del cuadro según convenga.

| la mantequilla   la sal   las tazas   los platillos   las servilletas |
| los platos hondos   el mantel   la pimienta |

MAMÁ: Anabel, vamos a sacar (**1**) _____ blanco para la cena de esta noche.

ANABEL: Sí, es perfecto para la ocasión. Mamá, ¿dónde pongo (**2**) _____?

MAMÁ: Ponlas a la izquierda de los platos, debajo de los tenedores.

ANABEL: ¡Ah, es verdad! Nunca lo recuerdo. ¿Traigo (**3**) _____ para la ensalada?

MAMÁ: No, voy a servir la ensalada en la cocina. Pero sí puedes poner (**4**) _____

y (**5**) _____ en la mesa para aliñar *(to dress)* la ensalada.

ANABEL: Muy bien. ¿Pongo también (**6**) _____?

MAMÁ: No, vamos a dejarla en la nevera hasta la hora de la cena, si no es posible que se derrita.

¿Puedes traer (**7**) _____ para el café?

ANABEL: Claro, ¿están en la cocina?

MAMÁ: Sí. ¡Ah! Y no te olvides de (**8**) _____.

ANABEL: La mesa está quedando muy linda, mamá.

AM 11-3 Pistas Adrián está jugando con su hermanito a adivinar el nombre de los distintos utensilios que hay en la mesa. Lee con atención las pistas *(clues)* que Adrián da y escribe en cada caso el sustantivo apropiado.

• Para comer un flan o un helado necesitas una (**1**) _____.

• Cuando quieres tomar vino en un restaurante, te lo sirven en una (**2**) _____.

• Para comer un bistec *(steak)*, usas el (**3**) _____ y el

(**4**) _____.

• Para aliñar la ensalada, necesitas la (**5**) _____ y la

(**6**) _____.

• Cuando te sirven pan en los restaurantes, generalmente te ponen (**7**) _____.

• Si te gusta el café dulce, le pones (**8**) _____.

ENFOQUE LÉXICO

Las expresiones que se usan en un restaurante

AM 11-4 De primero... Los señores Valdés salen a cenar el sábado por la noche a una parrilla *(grill)* nueva que acaban de abrir en su barrio. Fíjate en la conversación que tiene el señor Valdés con el mesero del restaurante y ordena las oraciones de forma lógica.

_____ **a.** Para beber, vamos a pedir vino tinto.

_____ **b.** Muy bien, señor. ¿Van a pedir sopa?

_____ **c.** Quisiéramos una mesa para dos personas, por favor.

_____ **d.** No, sólo las gambas.

_____ **e.** Muy bien. Ahora mismo les traigo el vino.

_____ **f.** Para no fumadores, gracias.

_____ **g.** La señora va a pedir carne de ternera y yo el cordero.

_____ **h.** Y ¿qué van a beber?

_____ **i.** Sí, como aperitivo queremos unas gambas al ajillo.

_____ **j.** ¿Para fumadores o no fumadores?

_____ **k.** ¿Quieren pedir?

_____ **l.** ¿Y de segundo plato?

AM 11-5 Respuestas lógicas Las siguientes son expresiones que los hablantes nativos usan en un restaurante. Relaciona las respuestas de la columna de la derecha con las preguntas correspondientes de la columna de la izquierda.

_____ **1.** ¿Va a tomar sopa la señorita?

_____ **2.** ¿Qué van a beber?

_____ **3.** Quisiéramos una mesa para cuatro personas.

_____ **4.** ¿Quiere algo de aperitivo?

_____ **5.** ¿Van a pedir postre?

_____ **6.** ¿Está todo bien?

a. ¿Para fumadores o no?
b. Sí, una tapa de jamón serrano, por favor.
c. Sí, todo perfecto, gracias.
d. Sí, ¿tienen flan?
e. Sí, de marisco, por favor.
f. Agua mineral y un refresco de cola.

AM 11-6 ¿Quiere pedir? Estás pasando unos días en Puerto Rico, y durante tu visita a la capital decides probar uno de los restaurantes del viejo San Juan. Imagínate tu conversación con el mesero del restaurante, describiendo lo que quieres pedir para comer, para beber… ¡Sé creativo/a!

MESERO: Buenas tardes. ¿Quiere pedir?

TÚ: _____

MESERO: ¿Va a pedir algo de aperitivo?

TÚ: _____

MESERO: ¿Qué va a beber?

TÚ: _____

MESERO: Tenemos una gran selección de postres. ¿Va a pedir postre?

TÚ: _____

MESERO: ¿Necesita algo más?

TÚ: _____

ENFOQUE ESTRUCTURAL

Un repaso de los verbos como *gustar*

AM 11-7 ¡Qué buena la sangría! Estás en un restaurante con unos compañeros de clase y están hablando de lo que van a pedir, lo que falta en la mesa… Con la información que te presentamos a continuación, construye preguntas y respuestas de acuerdo con el modelo.

> **Modelo:** parecer buena / la sangría (Sergio)
> —*¿A quién le parece buena la sangría?*
> —*A Sergio le parece buena la sangría.*

1. apetecer / la sopa del día (Carmen)

_____

_____

2. faltar / los cafés (Elena y Pablo)

_____

_____

3. encantar / el pollo al ajillo (Justo y Adelina)

_____

_____

4. tocar pedir / las bebidas (yo)

_____

_____

5. hacer falta / dinero para pagar la cuenta (tú)

_____

_____

AM 11-8 ¿Qué te apetece comer? Eva invita a su amiga Lorena a un restaurante muy bueno al que ella va con frecuencia. Lee con atención la conversación de las dos chicas mientras deciden qué van a pedir y después completa el diálogo con el verbo más apropiado en el contexto comunicativo.

apetecer	encantar	faltar	gustar	parecer	tocar

LORENA: ¡Qué restaurante tan bonito! ¿Vienes aquí mucho?

EVA: Sí, la comida es excelente y los precios son muy buenos. Por cierto, hoy me

(**1**) _____ a mí pagar.

LORENA: Bueno, vale. Oye, el menú me (**2**) _____ muy variado. ¿Te apetecen las

gambas?

EVA: Sí, (**3**) me _____ mucho. Podemos pedirlas como aperitivo.

LORENA: Muy bien. Y de segundo plato, ¿qué tal la paella?

Eva: La verdad es que no me (**4**) _____ la paella.

Lorena: ¿En serio? No sabía que no te gustaba la paella. Bueno, ¿prefieres el pescado frito?

Eva: ¡Ah, sí! Me (**5**) _____ el pescado.

Lorena: Ahora nos (**6**) _____ las bebidas.

Eva: Sí, yo voy a tomar agua mineral.

Lorena: Y yo un té helado. Muy bien. ¡Mesero, por favor!

AM 11-9 ¿Qué decir? ¿Cuál es la expresión más apropiada en las siguientes situaciones? Lee con atención los contextos comunicativos que aparecen a continuación y construye un mensaje coherente con lo que quieres comunicar, utilizando las estructuras verbales similares a **gustar** que aparecieron en esta etapa.

1. Necesitas una servilleta.

_____

2. Crees que los postres son muy buenos.

_____

3. Te gusta muchísimo la sopa de mariscos de este restaurante.

_____

4. Después de la comida quieres tomar café.

_____

5. Quieres saber quién tiene que pagar la cuenta hoy.

_____

ENFOQUE ESTRUCTURAL

El verbo *estar* + adjetivos para expresar una condición resultante

AM 11-10 ¿Dónde están mamá y papá? Alfredo y Jorge deciden darles una sorpresa a sus padres y vuelven a casa el fin de semana sin anunciarles su llegada. Desafortunadamente *(Unfortunately)* cuando llegan a casa sus padres parecen haber desaparecido *(missing)*. Completa la conversación entre los dos hermanos con el participio del cuadro que mejor describa las distintas situaciones. Presta especial atención a la concordancia entre el participio y el sustantivo al que determine.

| sorprendido | puesto | abierto | preocupado | preparado | cansado |

Alfredo: ¡Hola! ¿Hay alguien en casa? ¡Mamá! ¡Papá! Somos nosotros.

Jorge: Vamos a entrar. La puerta está (**1**) _____.

Alfredo: Mira, la mesa está (**2**) _____. Tal vez esperan a invitados y nosotros nos presentamos aquí de sorpresa.

Jorge: No te preocupes. Papá y mamá van a estar muy contentos y muy

(**3**) _____ de vernos.

ALFREDO: Sí, es verdad. ¿Dónde crees que están?

JORGE: No pueden estar lejos. La cena está (**4**) _____ en la cocina.

ALFREDO: Estoy un poco (**5**) _____. No es normal que papá y mamá salgan sin cerrar la puerta, sin apagar la luz de cocina.

JORGE: ¿Sabes lo que voy a hacer? Voy a ir a casa de la abuela. Es posible que estén allí. Tú, es mejor que te quedes aquí. Estás muy (**6**) _____ del viaje. No te preocupes por nada.

AM 11-11 En conversación
Lee con atención los siguientes minidiálogos y llena los espacios en blanco con la forma correspondiente del verbo **estar** y el participio que aparece entre paréntesis.

Minidiálogo 1

—César, ¿qué te apetece ir al restaurante Varadero esta noche?

—Me parece que este restaurante (**1**) _____ *(closed)* los jueves por la noche.

—¡Ah! ¿Es verdad?

—Además, he tenido mucho trabajo hoy y (**2**) _____ *(tired)*.

—Pues, vamos a casa.

Minidiálogo 2

—Me he pasado toda la tarde en la lavandería. Ahora toda la ropa (**3**) _____

(*washed*) y seca, excepto este suéter que todavía (**4**) _____ *(wet)*.

—¿Por qué no lavaste la ropa en tu apartamento?

—Ay, porque la lavadora (**5**) _____ *(broken)*.

Minidiálogo 3

—Señorita López, ¿puedo hablar con usted?

—Lo siento, en este momento (**6**) _____ *(busy)*. ¿Puede venir más tarde?

—Sí, claro.

—Gracias, Antonio.

AM 11-12 ¿Qué tal ese ánimo?
Elige el adjetivo que mejor describa el estado de ánimo de las siguientes personas y construye oraciones completas, usando el verbo **estar** en tus descripciones.

> **Modelo:** Cuando Marta volvía de la universidad, empezó a llover y ella no tenía paraguas.
> *Marta está mojada.*

1. No estudiaste ayer y tienes un examen mañana.

Yo _____.

2. Tus compañeros no durmieron mucho anoche.

Mis compañeros _____.

3. Julio quiere salir con sus amigos pero tiene que trabajar.

Julio _____.

4. Estás solo/a en tu apartamento y no sabes qué hacer.

Yo _____.

5. Isabel no preparó la lectura para la clase de filosofía. Ahora cuando el profesor le hace una pregunta no sabe qué decir.

Isabel _____.

S E G U N D A   E T A P A

Para empezar: Algunas recetas de Puerto Rico y Cuba

AM 11-13 Más recetas con arroz El arroz es uno de los ingredientes más utilizados en la cocina hispana y ofrece posibilidades muy variadas para su preparación. Examina con atención los ingredientes que aparecen en la siguiente receta y trata de decidir si se trata de un plato dulce o salado; busca las palabras que apoyen *(support)* tu respuesta.

> 1 taza de arroz
> 1 astilla *(stick)* de canela
> 3 pedazos de cáscara de limón
> 1 grano de vainilla
> 1 lata de leche en polvo
> 1 lata de leche condensada
> 1 estrellita de anís
> 1/2 taza de pasas
> 1 o 2 cucharadas de azúcar, o al gusto

Es un plato _____

con ingredientes como _____.

AM 11-14 ¿Y cómo se prepara? Fíjate ahora en las instrucciones para preparar la receta de arroz con leche y trata de poner en orden los pasos a seguir.

_____ **a.** Después, agréguele el arroz a los otros ingredientes.

_____ **b.** Sírvase templado o frío.

_____ **c.** Hierva dos tazas de agua, la canela, la cáscara de limón, la estrellita de anís y el grano de vainilla.

_____ **d.** Revuelva el arroz con los otros ingredientes con frecuencia.

_____ **e.** Primero, lave el arroz.

_____ **f.** Revuelva la leche y el arroz y agregue el azúcar y la leche condensada.

_____ **g.** Cuando el arroz esté cocido, saque la astilla de canela, las cáscaras de limón, el grano de vainilla y la estrellita de anís y agregue la leche en polvo, junto con una taza de agua.

AM 11-15 Mi plato favorito Piensa ahora en uno de tus platos favoritos y explícanos cómo se prepara. Utiliza las recetas de platos cubanos y puertorriqueños que aparecen en el libro de texto como modelo.

Nombre del plato: _____

Ingredientes: _____

_____

Preparación

1. _____
2. _____
3. _____
4. _____
5. _____
6. _____

ENFOQUE ESTRUCTURAL

Los mandatos con los pronombres de complemento directo e indirecto

AM 11-16 Pásamelo, por favor Esta noche Leandro tiene invitados a cenar y, como buen anfitrión, quiere que todo el mundo esté a gusto. Durante la cena, está muy atento a lo que sus amigos puedan necesitar. Fíjate en las preguntas que Leandro les hace y escribe respuestas siguiendo el modelo.

Modelo: —¿Quieres agua? (pasar)
—*Sí, pásamela, por favor.*

1. ¿Necesitas sal? (traer)

   Sí, _____, por favor.

2. ¿Quieres pan? (dar)

   Sí, _____. Gracias.

3. ¿Quieren vino? (traer)

   Sí, _____, por favor.

4. ¿Necesitan servilletas? (pasar)

   Sí, _____. Gracias.

5. ¿Quieres café? (servir)

   Sí, gracias. _____, por favor.

6. ¿Necesitas leche? (pasar)

   Sí, _____, por favor.

AM 11-17 No, no me lo des Ahora imagínate que los invitados de Leandro no necesitan nada. Contesta las preguntas del ejercicio anterior de forma negativa.

> **Modelo:** —¿Quieres agua? / pasar
> —*No, no me la pases.*

1. ¿Necesitas sal? (traer)

No, no _____.

2. ¿Quieres pan? (dar)

No, no _____.

3. ¿Quieren vino? (traer)

No, no _____.

4. ¿Necesitan servilletas? (pasar)

No, no _____.

5. ¿Quieres café? (servir)

No, no _____.

6. ¿Necesitas leche? (pasar)

No, no _____.

AM 11-18 Las preguntas del mesero Estás comiendo con tu jefe en un restaurante y durante el almuerzo el mesero se acerca varias veces a la mesa a ver si ustedes necesitan algo. Contesta sus preguntas utilizando las formas verbales adecuadas y los pronombres referentes correspondientes. No olvides que tienes que usar los mandatos formales con el mesero.

> MESERO: ¿Les traigo el menú?
>
> TÚ: Sí, (**1**) _____, por favor.
>
> MESERO: Señor, ¿le sirvo el vino?
>
> JEFE: No, gracias, no (**2**) _____.
>
> MESERO: ¿Les muestro los postres?
>
> TÚ: Sí, (**3**) _____, por favor.
>
> MESERO: ¿Les sirvo un café?
>
> JEFE: No, gracias, no (**4**) _____.
>
> MESERO: Entonces, ¿le traigo la cuenta?
>
> JEFE: Sí, (**5**) _____, gracias.

ENFOQUE ESTRUCTURAL

Expresiones negativas y afirmativas

AM 11-19 ¡Qué aburrido! Fran, el primo de Dina, es un chico muy solitario y no le gusta mucho salir y relacionarse con la gente de su edad. Lee la descripción que hace Dina de su primo y completa las oraciones con la expresión más adecuada del cuadro.

ninguna	siempre	nunca	alguien	tampoco	algunas	ni... ni

Mi primo Fran es un aburrido. (**1**) _____ quiere salir con nosotros a cenar a un

restaurante ni (**2**) _____ le gusta ir a bailar a las discotecas.

(**3**) _____ veces iba con nosotros de excursión a la playa o a la montaña pero

(**4**) _____ lo pasaba mal. Es un chico un poco extraño, (**5**) _____

le interesan las actividades sociales _____ las actividades al aire libre. Pasa mucho

tiempo frente a su computadora y si (**6**) _____ le interrumpe, se molesta mucho.

Esta noche viene a cenar a casa con su madre, y de verdad que no tengo (**7**) _____

gana de verlo.

AM 11-20 ¡Cuántas negaciones! Lee con atención las siguientes preguntas y responde con oraciones completas en las que incluyas las expresiones negativas que estudiaste en esta etapa.

> **Modelo:** —¿Saben tus hermanas *algo* de cocina?
> —No, *no saben nada.*

1. —¿Sabes preparar *algún* plato típico de Puerto Rico?

    —No, _____.

2. —¿Estuvieron *alguna* vez en La Habana?

    —No, _____.

3. —¿Viaja *alguien* contigo a San Juan?

    —No, _____.

4. —¿A Pedro *o* a Elvira les gusta la ropa vieja?

    —No, _____.

5. —¿Quieres comer *algo*?

    —No, gracias, _____.

AM 11-21 Y viceversa... Te presentamos ahora las respuestas para varias preguntas que debes adivinar *(guess)*, prestando especial atención a las expresiones negativas que aparecen en las oraciones.

Modelo: —*¿Estuvieron en Puerto Rico alguna vez?*
—No, no estuvimos en Puerto Rico nunca.

1. — _____

—No, no hay ningún club de jazz cubano en el puerto.

2. — _____

—No, gracias, no voy a tomar nada.

3. — _____

—No, no tengo ninguna compañera de clase puertorriqueña.

4. — _____

—No, no conocemos a nadie en la clase de cocina.

5. — _____

—Ni a mis padres ni a mis hermanos les gustan los frijoles.

TERCERA ETAPA

Para empezar: La comida Tex-Mex

AM 11-22 ¿Quieren comida Tex-Mex? Julián va a salir para hacer unos mandados y se ofrece a traerles comida a sus compañeros de piso que están preparándose para un examen. A todos les apetece comida Tex-Mex, así que Julián toma nota de sus pedidos antes de irse. Completa la conversación con la palabra del cuadro que mejor encaje en el contexto.

| salsa picante | chile con carne | burrito | nachos | enchiladas | tacos |

JULIÁN: Voy a salir para la biblioteca y a hacer unos mandados. ¿Quieren que les compre comida Tex-Mex?

OSWALDO: Sí, ¡qué buena idea!

JULIÁN: A ver. Santos, ¿quieres unos (**1**) _____ para comer?

SANTOS: Sí, de pollo, por favor.

JULIÁN: Y a ti Oswaldo, ¿te apetecen unas (**2**) _____?

OSWALDO: Claro, bien picantes.

JULIÁN: Elena, para ti, un (**3**) _____, ¿verdad?

ELENA: Sí, pero que el cocinero no me lo sirva con (**4**) _____.

JULIÁN: Muy bien, y para mí, el (**5**) _____. ¿Les parece bien si les traigo unos

(**6**) _____ gigantes también?

SANTOS: Sí, tráelos con mucho queso.

JULIÁN: Bárbaro. Pronto vuelvo con todo.

AM 11-23 ¡Tus gustos! Imagínate que estás en un restaurante Tex-Mex. Nombra dos platos que te gustaría pedir y explica por qué seleccionaste estos platos.

Platos:

1. _____

2. _____

¿Por qué? _____

_____

_____

ENFOQUE ESTRUCTURAL

El se impersonal

AM 11-24 Por curiosidad Te acaban de presentar a Carlos, un chico mexicano que está viajando por los Estados Unidos y los dos empiezan a charlar sobre las cantinas allá en México y los restaurantes americanos. Utiliza la información que aparece a continuación para preguntarle a Carlos algunos detalles sobre los restaurantes en su país. Utiliza la estructura verbal con el **se** impersonal.

> **Modelo:** salir mucho a cenar / en México
> *¿Se sale mucho a cenar en México?*

1. comer bien / en México

_____

2. qué / tomar habitualmente / en las cantinas mexicanas

_____

3. bailar / en los bares después de cenar

_____

4. cuánta propina / dejar / en los restaurantes mexicanos

_____

5. poder / pagar con tarjeta de crédito normalmente

_____

AM 11-25 La influencia de la cultura hispana Estás escribiendo un artículo sobre la presencia de lo hispano en Norteamérica y has encontrado la siguiente información. Pero, para lograr una mayor objetividad, vas a cambiar estas oraciones a la forma impersonal.

> **Modelo:** Hacen una visita en español en muchos museos.
> *Se hace una visita en español en muchos museos.*

1. Hablan español en aeropuertos, hospitales y bancos.

_____

2. Venden comida hispana en la mayoría de los supermercados.

_____

3. Escuchan música latina en muchas discotecas.

_____

4. Estudian español en las escuelas, en los institutos y en las universidades.

_____

AM 11-26 La vida estudiantil ¿Por qué no nos cuentas cómo es la vida estudiantil? ¿Cómo se vive? ¿Qué se hace? ¿Adónde se va para salir a divertirse? Construye cinco oraciones expresando en forma impersonal los hábitos más extendidos entre los estudiantes.

1. _____

2. _____

3. _____

4. _____

5. _____

ENFOQUE ESTRUCTURAL

Los pronombres relativos

AM 11-27 Combinaciones Intenta combinar los elementos que aparecen en las cuatro columnas a ver qué tipo de mensajes resultan. No olvides que en algunos casos, tendrás que incluir una preposición delante del pronombre relativo.

los tacos	que	hablé la otra noche	son los jalapeños
la chica	quien	más me gustan	son deliciosos
el burrito	quienes	te hablé	estaba muy picante
los estudiantes		preparan en el restaurante El Farolito	estuvieron estudiando en México un semestre
los chiles			
	me trajiste		es la cocinera de la Cantina Mexicana

1. _____

2. _____

3. _____

4. _____

5. _____

AM 11-28 ¡Qué picante! Lee con atención la siguiente información sobre el cultivo de los chiles y las distintas variedades. Completa las oraciones con el pronombre relativo más adecuado en cada caso.

1. El pueblo azteca, de _____ los mexicanos conservan muchas tradiciones, cultivaba muchas variedades de chiles.

2. El habanero _____ se cultiva en Yucatán, es el chile más picante de todos los chiles cultivados en América Latina.

3. La palabra **chile** viene de la lengua _____ hablaban los aztecas cuando llegaron los españoles en 1519.

4. En 1800, en Álamo, Texas, nació el famoso «chile con carne», _____ es el plato oficial de la cocina tejana.

5. Las chicas con _____ comparto el apartamento son tejanas y preparan muy buena comida Tex-Mex.

AM 11-29 Mi experiencia Después de regresar de tu viaje a México, donde estuviste estudiando durante el verano, tu profesora de español te ha pedido que le cuentes a la clase cómo fue tu experiencia. Completa las siguientes oraciones que te pueden ayudar a ordenar tu narración. ¡Sé creativo/a!

1. El semestre que _____
_____.

2. Los profesores que _____
_____.

3. Las clases que _____
_____.

4. Los estudiantes con quienes _____
_____.

5. La familia con quien _____
_____.

INTEGRACIÓN

LECTURA: La etiqueta del taco

Antes de leer

> **Anticipating from context and format**
> Approaching a text with some expectations can make your reading experience a little easier. The linguistic context and the layout of the format of a text can help you understand what you are reading.

AM 11-30 Todo un arte Antes de iniciar la lectura que te presentamos en esta sección, fíjate en los títulos y en los dibujos que aparecen en el artículo. ¿Qué podemos anticipar sobre su contenido?

_____

_____

_____

AM 11-31 Comida regional Basándote en lo que estudiaste en este capítulo sobre la comida en el mundo hispano, ¿qué tipo de comida regional representan los tacos? ¿Qué ingredientes forman generalmente el relleno de los tacos? Nombra otros ingredientes y platos típicos de la comida Tex-Mex.

1. **Ingredientes que forman el relleno de los tacos:** _____

_____

_____

2. **Otros ingredientes y platos típicos de la comida Tex-Mex:** _____

_____

_____

AM 11-32 Sinónimos Conocer de antemano el significado de algunas palabras clave de una lectura puede facilitar nuestra comprensión del texto. Trata de relacionar cada verbo de la columna de la izquierda con el sinónimo correspondiente de la columna de la derecha.

_____ **1.** desarmarse   **a.** dar un bocado

_____ **2.** distribuir   **b.** echarse hacia adelante

_____ **3.** extender   **c.** repartir

_____ **4.** inclinarse   **d.** separarse

_____ **5.** mancharse   **e.** ensuciarse

_____ **6.** morder   **f.** estirar

Después de leer

AM 11-33 En orden Ahora que sabes en qué consiste la etiqueta del taco, ordena de forma lógica las instrucciones para comer tacos.

_____ **a.** Levante un poco el taco antes de darle un bocado.

_____ **b.** Doble primero el borde derecho y luego el izquierdo.

_____ **c.** Échese hacia adelante para comer el taco.

_____ **d.** Coloque la tortilla estirada en la mano izquierda.

_____ **e.** Reparta bien el pollo, la carne o el pescado sobre la tortilla.

AM 11-34 Estudio de palabras Busca en la lectura tres ejemplos de la estructura **mandato formal afirmativo + pronombre de objeto directo o indirecto,** y cámbialos a la forma negativa. Después, indica los sustantivos a los que se refieren los pronombres en cada caso.

Mandato formal afirmativo	Mandato formal negativo	Referente pronominal
añádale	no le añada	le → la tortilla

AM 11-35 Consejos prácticos Piensa ahora en otro plato que sea difícil de comer y preparar, siguiendo el modelo del artículo, varios consejos sobre la mejor manera de comerlo.

La etiqueta de _____

1. _____

2. _____

3. _____

4. _____

5. _____

S A B O R

La etiqueta del taco

El arte de comer tacos es tan importante como el de hacerlos. Evite que se desarmen, y que las manchas le arruinen esta deliciosa experiencia

por Regina Córdova

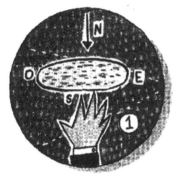

Extienda bien la tortilla sobre la mano izquierda

Distribuya bien el relleno con la mano derecha, sin llenarla demasiado

Doble primero el borde derecho por el medio y sobrepóngale el izquierdo

Hay una etiqueta correcta para comerse un taco? Claro que sí. De otra forma, ¿cómo es que los miles de comensales que visitan las taquerías diariamente pueden comer tacos sin mancharse el vestido?

¿Cuál es el criterio para la taco-etiqueta? Primero, hay que asegurarse de que el taco está hecho correctamente, con el lado más delgado de la tortilla para arriba. Extienda la tortilla en la mano izquierda y añádale el relleno con

la derecha. Doble el borde derecho de la tortilla por el medio y sobrepóngale el borde opuesto.

Es muy importante la forma de tomar el taco. Tómelo cuidadosamente entre el pulgar y los primeros dos dedos de la mano derecha—si usted es zurdo, la izquierda—con el lado doblado para arriba. Ponga el tercer dedo debajo del taco para elevarlo, e incline el taco para que no se le salga el relleno.

Al prepararse para comer el taco, inclínese hacia adelante, extendiendo la

mano más allá de los hombros. Así los jugos del relleno caerán al plato—o al piso, si está comiendo de pie.

Antes de la primera mordida, incline la cabeza. Y disfrútelo. Cuatro o cinco mordiscos es todo lo que se necesita. Si lo hace con rapidez y destreza, no perderá ni una gota de jugo o de salsa. Como en toda actividad, la práctica es esencial para que usted no tenga que agregar el costo de limpiar su vestido, camisa o corbata, al precio de un suculento y delicioso taco.

Asegúrese de que el lado más delgado de la tortilla está para arriba

Tome el taco entre los dedos y elévelo un poco para que no se salga la salsa

Inclínese hacia adelante, extendiendo la mano más allá de los hombros

Source: *Más* magazine, 1999

ESCRITURA

Vocabulary: food
Phrases: Writing an essay
Grammar: Verbs: present; subjunctive with expressions of emotion

Título: Una crítica culinaria

El editor de la revista *La buena mesa,* para la que trabajas como crítico culinario, te pide que visites un restaurante de comida hispana en la ciudad y que escribas una crítica sobre él. Asegúrate de incluir en tu crítica información sobre:

- el tipo de comida que se sirve en el restaurante
- las especialidades del menú
- la calidad del servicio
- el ambiente del restaurante
- los precios

A empezar

AM 11-36 Organización de las ideas Prepara una ficha *(note card)* para cada uno de los aspectos que vas a evaluar del restaurante: el menú (comidas y bebidas), el servicio, el ambiente y los precios. Escribe en cada ficha la información relacionada con el tema concreto.

A escribir

AM 11-37 Preparación del borrador Utiliza la información que organizaste en tus fichas de la sección **A empezar** y escribe el primer borrador de tu crítica. Piensa también en un título para la crítica e incluye algunos consejos finales sobre el restaurante destinados *(addressed)* a futuros clientes.

AM 11-38 Revisión del borrador Revisa tu borrador, teniendo en cuenta las siguientes consideraciones.

1. ¿Has incluido en tu crítica toda la información pertinente? ¿Es atractivo el título de la crítica?
2. ¿Has organizado la crítica atendiendo a los aspectos evaluados del restaurante? ¿Has incluido tus recomendaciones al final?
3. ¿Incorporaste el vocabulario para hablar de comida que aparece en este capítulo? ¿Utilizaste las estructuras gramaticales apropiadas para expresar gustos y opiniones y para dar consejos?

AM 11-39 El producto final Haz los cambios necesarios de acuerdo con la revisión de tu borrador e incluye las ideas nuevas que se te hayan ocurrido. Antes de entregar la crítica a tu profesor, léela una vez más y asegúrate que no haya errores ortográficos y que todos los cambios hayan sido incorporados.

Nombre _____ Fecha _____

 ## COMPRENSIÓN AUDITIVA

CD3-2 **AM 11-40 Alma de Cuba** Angélica, Vicente y Carmen están en un restaurante y están hablando de la comida que van a pedir. Escucha su conversación y escribe los platos y las bebidas que elige cada uno de ellos.

ALMA DE CUBA	De aperitivo...	De segundo plato...	De beber...	De postre...
Angélica				
Vicente				
Carmen				

CD3-3 **AM 11-41 El pollo al chilindrón** Quieres aprender cómo se prepara este plato y le pides a una amiga que te envíe la receta. Tu amiga decide enviarte una cinta en la que un cocinero explica cómo se prepara el pollo al chilindrón. Escucha la conversación y escribe cinco de los ingredientes que se necesitan para preparar la receta. Después numera en el orden correcto los pasos necesarios para la preparación del plato.

Ingredientes

1. _____
2. _____
3. _____
4. _____
5. _____

Preparación del plato

a. _____

b. _____

c. _____

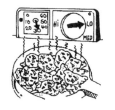

d. _____

e. _____

f. _____

AM 11-42 El ceviche de Marielita Marielita es muy buena cocinera. Una de las cosas que más le gusta es preparar platos de diferentes países. Hoy ha invitado a una amiga a probar una receta nueva. Escucha con atención la conversación entre las dos muchachas y escoge la respuesta más apropiada para completar cada una de las siguientes oraciones.

1. El ceviche es un plato típico…
   a. de El Salvador.
   b. de España.
   c. de Texas.
   d. del Ecuador y del Perú.

2. El ceviche es un plato que…
   a. se come caliente.
   b. se come frío.
   c. no tiene mucho sabor.
   d. es dulce.

3. El ceviche se prepara con…
   a. pescados y mariscos frescos.
   b. carne de ternera.
   c. verduras frescas.
   d. carne de cerdo.

4. El ceviche…
   a. se fríe en la sartén *(pan)*.
   b. se cuece en el horno.
   c. se come crudo.
   d. se hierve en una olla *(pot)*.

AM 11-43 Con más detalle Escucha de nuevo la conversación entre Marielita y Julia y trata de completar los pasos a seguir en la preparación del ceviche con las estructuras verbales que escuches.

Primero, **(1)** _____ muy bien los camarones, y **(2)** _____ mucho limón y, si quieres, también naranja.

   Después, **(3)** _____ en el refrigerador por varias horas. Más tarde

(4) _____ y, entonces, **(5)** _____ pimienta y sal, antes de

servirlos. A veces, también **(6)** _____ ají al ceviche, y entonces queda *(becomes)*

muy, muy picante.

AM 11-44 El Fénix, un restaurante de tradición Escucha con atención el anuncio que un locutor de radio está presentando sobre el restaurante El Fénix y trata de responder a las preguntas de comprensión que aparecen a continuación.

1. ¿Qué tipo de comida se sirve en el restaurante El Fénix?

_____

2. ¿Es El Fénix un restaurante nuevo? ¿Qué tiene de especial este restaurante?

_____

3. ¿Cuál es la clave del éxito del restaurante?

_____

4. ¿Cuáles son algunas de las especialidades del restaurante?

_____

5. ¿En qué consiste el menú de los miércoles?

_____

6. ¿Cuál es el precio del menú de los miércoles?

_____

CD3-7 **PRONUNCIACIÓN**

Las consonantes *l, r, rr*

AM 11-45 La consonante *l* The Spanish consonant **l** is pronounced liked the *l* in the English word *leak.*

PRÁCTICA

Escucha y repite las siguientes palabras.

lata	lavado
chiles	frijoles
limón	aliño
melón	solomillo
luna	molusco

CD3-8 **AM 11-46 Las consonantes *r, rr*** The Spanish single **r** between vowels is pronounced similarly to the *dd* in the English word *ladder,* that is, with a single tap of the tip of the tongue against the gum ridge behind the upper front teeth.

PRÁCTICA

Escucha y repite las siguientes palabras.

dorar	cuchara
querer	fumadores
marisco	aperitivo
pero	mesero

When the consonant **r** is the first letter of a word, it has the same sound as the double **rr** between vowels. The sound is pronounced with a flapping or a trilling of the tongue against the gum ridge behind the upper front teeth.

PRÁCTICA

Escucha y repite las siguientes palabras.

rama	cerrado
receta	terreno
rico	burritos
roto	arroz
ruido	arrullo

Capítulo 12

De viaje

PRIMERA ETAPA

Para empezar: Los trenes en España

AM 12-1 Recomendaciones Gabriel le está dando a Vivian, su compañera de apartamento ameri-cana, algunas recomendaciones para viajar en tren. Completa las siguientes oraciones con el vocabu-lario más apropiado del cuadro que aparece a continuación.

> **la sección de fumadores   reservar una plaza   retrasados**
> **un boleto de ida y vuelta   el coche-cama   andén**

1. *Si sabes las fechas específicas de tu viaje, siempre es más económico que*

   compres _____.

2. *Si piensas viajar en el tren de alta velocidad, es conveniente*

   _____ con tiempo. ¡Viaja mucha gente en esos trenes!

3. *Si prefieres viajar de noche y dormir en el tren, es mejor que reserves una*

   plaza en _____.

4. *Si quieres fumar en los trenes de largo recorrido, tienes la opción de*

   escoger una plaza en _____.

5. *Cuando llegues a la estación, debes prestar mucha atención al*

   _____ de donde sale el tren.

6. *Normalmente los trenes no vienen _____, pero siempre*
   se puede ocurrir algún incidente.

AM 12-2 Una reserva complicada Iñaki, Andoni y Marta van a viajar en tren desde San Sebastián, en el norte de España, a distintos lugares del país. Andoni llama a una agencia de viajes para hacer las reservas. Examina con atención su itinerario y después compon diálogos, siguiendo el modelo de conversación entre la agente de viajes y Andoni.

Modelo: Iñaki, Andoni y Marta / San Sebastián-Madrid / ida y vuelta / primera clase
ANDONI: *Quisiera reservar tres plazas de San Sebastián a Madrid, por favor.*
AGENTE: *¿De ida y vuelta?*
ANDONI: *Sí, gracias.*
AGENTE: *¿Primera o segunda clase?*
ANDONI: *Primera clase, por favor.*

1. Andoni y Marta / Madrid-Sevilla / ida / clase preferente

ANDONI: _____

AGENTE: _____

ANDONI: _____

AGENTE: _____

ANDONI: _____

2. Iñaki / Madrid-Barcelona / ida y vuelta / segunda clase

IÑAKI: _____

AGENTE: _____

IÑAKI: _____

AGENTE: _____

IÑAKI: _____

3. Andoni y Marta / Sevilla-Córdoba / ida / clase turista

ANDONI: _____

AGENTE: _____

ANDONI: _____

AGENTE: _____

ANDONI: _____

4. Andoni y Marta / Córdoba-Madrid / ida / clase preferente

ANDONI: _____

AGENTE: _____

ANDONI: _____

AGENTE: _____

ANDONI: _____

AM 12-3 ¿A qué hora llegaremos? Lee con atención los siguientes minidiálogos y escribe las horas a las que las siguientes personas esperan llegar a sus destinos, siguiendo el mismo formato de hora con que se indica la salida del tren.

Minidiálogo 1

—Tenemos cuatro horas y media de viaje hasta Barcelona.

—Sí. El tren salió a tiempo, a las doce y cincuenta, así que llegaremos a Barcelona a las

_____.

Minidiálogo 2

—¿A qué hora llega Merche a Valencia?

—Pues, salía de Madrid a las quince y treinta y el viaje dura seis horas. Si el tren no va retrasado,

me imagino que llegará a Valencia a las _____.

Minidiálogo 3

—¿A qué hora llegaron tus padres anoche?

—¡Vaya viaje que tuvieron los pobres! Salieron de Cádiz a las ocho quince y el viaje duraba
nueve horas, pero el tren llegó con dos horas de retraso, así que llegaron aquí a las

_____.

Minidiálogo 4

—¿Cuánto tiempo nos queda de viaje?

—Nos quedan treinta minutos para llegar a Salamanca. Parece que vamos a llegar a tiempo.
Dos horas y cuarto de viaje no está nada mal. Salimos de Madrid a las dieciséis y cuarenta y

llegaremos a Salamanca a las _____, muy buena hora para comer unas tapas.

ENFOQUE ESTRUCTURAL

Usos especiales del futuro

AM 12-4 ¿Barcelona? Olga y Bernardo piensan ir de vacaciones unos días a Barcelona y su amiga
Marieta les hace muchas preguntas sobre el viaje. Ellos no saben muchos de los detalles en los que su
amiga está interesada, así que le responden con una conjetura *(speculation)*. Completa su conversación
con el verbo que aparece entre paréntesis usando el tiempo futuro.

MARIETA: ¿Cómo es el clima en Barcelona en octubre?

BERNARDO: No estoy seguro. Pero siendo otoño, imagino que **(1)** _____ (hacer)

fresco.

MARIETA: ¿Van a quedarse los cinco días en la ciudad?

BERNARDO: No lo sé. Pero, **(2)** _____ (nosotros, hacer) la reserva para las cinco

noches, por si acaso *(just in case)*.

MARIETA: ¿Piensan asistir a un concierto en el Liceo?

OLGA: Nos encantaría *(We would love it)*, pero me pregunto si **(3)** _____

(haber) algún espectáculo los días de nuestra visita.

Marieta: ¿Es cara la vida en Barcelona?

Bernardo: La verdad es que no lo sé, pero, siendo una ciudad tan importante, imagino que la vida no

(4) _____ (ser) barata.

Marieta: ¿Saben si van a ir en tren o en avión?

Bernardo: No lo sabemos aún. Si es posible, (5) _____ (nosotros, tomar) el tren;

nos gusta disfrutar del paisaje.

AM 12-5 Una viajera impaciente Wendy hará un viaje por el norte de España y está tan ansiosa con su viaje que va a la agencia a primera hora de la mañana. Mientras espera a que se abra la agencia, está pensando en todos estos detalles de su viaje. Convierte sus reflexiones en preguntas que expresen conjetura usando el tiempo futuro.

Modelo: No sé a qué hora abre la agencia.
¿A qué hora abrirá la agencia?

1. No sé por qué la agencia de viajes no está abierta todavía.

_____

2. Me pregunto si es mejor viajar en tren o en autobús.

_____

3. No sé si muchos estudiantes viajan en tren.

_____

4. No sé cuánto cuesta el billete de tren.

_____

5. Me pregunto si puedo obtener un descuento especial de estudiante.

_____

6. No sé si hay paquetes *(vacation packages)* de viaje más alojamiento.

_____

AM 12-6 Iremos a Sevilla si… Juan y Maricarmen van a hacer un viaje en tren a Sevilla y Juan le está explicando las posibles circunstancias que se pueden presentar. Completa las oraciones siguientes con la condición que creas más adecuada en el contexto.

1. Haré la reserva para el viaje si _____.

2. Iremos a Sevilla en el AVE si _____.

3. Llegaremos a Sevilla al mediodía si _____.

4. Viajaremos en el coche-cama si _____.

5. Ernesto nos llevará a la estación si _____.

AM 12-7 Si viajas en tren… Estás conversando con tu profesor de español sobre los viajes al extranjero y él te está dando algunos consejos sobre lo que debes hacer si piensas hacer un viaje. Completa las siguientes oraciones usando la forma adecuada del futuro.

1. Si estudias español, _____ .

2. Si viajas a otro país, _____ .

3. Si compras los boletos con tiempo, _____ .

4. Si planeas tu viaje con cuidado, _____ .

5. Si viajas en tren, _____ .

ENFOQUE ESTRUCTURAL

Las preposiciones de lugar

AM 12-8 Un estudiante muy ocupado Jesús lleva una vida bastante ocupada. Durante el día estudia turismo en la Universidad Complutense de Madrid y por las tardes hace prácticas en una agencia de viajes de la capital. Completa la descripción que nos hace de un día normal en su vida con la preposición que resulte más adecuada en cada caso.

*Normalmente voy a la universidad **(1)** _____ (a / en) metro. Es la forma más rápida, porque no hay atascos. El campus de la Complutense no está muy* **(2)** _____ *(lejos / más allá) del centro, aproximadamente a media hora de mi casa. Mi familia vive en el barrio de Salamanca,* **(3)** _____ *(entre / más allá de) la plaza de Colón. Todas las mañanas salgo* **(4)** _____ *(para / en) la universidad alrededor de las siete y media, y* **(5)** _____ *(en / de) la universidad voy a la agencia, donde trabajo,* **(6)** _____ *(hasta / hacia) las ocho de la noche. Cuando llego* **(7)** _____ *(en / a) casa por la noche, es casi la hora de cenar y entonces paso un poco de tiempo con mi familia.*

AM 12-9 ¡Qué buena experiencia! Jesús está teniendo una experiencia muy buena trabajando en la agencia. Le encanta el trato con los clientes y está aprendiendo mucho sobre su futura profesión. Fíjate en la conversación que Jesús tiene con una pareja que quiere hacer un viaje por el sur de España y completa el diálogo con la preposición más adecuada del cuadro siguiente.

hasta	entre	de	en	a	cerca

JESÚS: ¡Buenas tardes, señores! ¿En qué puedo ayudarles?

CLIENTE: Quisiéramos hacer un viaje **(1)** _____ la región sur de España.

JESÚS: Muy bien. ¿Saben cuántos días quieren pasar allí?

CLIENTE: Diez días.

JESÚS: Prefieren un hotel **(2)** _____ el centro, ¿verdad?

CLIENTE: Sí, claro, porque no tendremos coche.

JESÚS: Bien, tenemos varias opciones: pueden viajar **(3)** _____ Sevilla en tren o pueden ir en avión. ¿Qué prefieren?

CLIENTE: Preferimos el tren.

JESÚS: Muy bien. **(4)** _____ Sevilla y Córdoba también pueden tomar un tren. Las dos ciudades están bastante **(5)** _____.

CLIENTE: Nos parece muy bien el itinerario. Sólo una cosa: preferimos salir **(6)** _____ la estación de Atocha. Está muy cerca de nuestra casa.

JESÚS: Ningún problema. Vamos a concretar fechas entonces.

AM 12-10 Un recorrido por España Saro y Abel, dos estudiantes chilenos, nos hablan de los planes que tienen de viajar por España y de las ciudades que van a conocer. Fíjate en su itinerario y complétalo con las preposiciones que estudiaste en esta sección y que resulten más apropiadas en el contexto.

*La semana próxima salimos de viaje **(1)** _____ España. ¡Estamos tan ilusionados de poder viajar **(2)** _____ este país! Tomaremos el avión **(3)** _____ Santiago de Chile **(4)** _____ Madrid, y después viajaremos **(5)** _____ tren por toda España. Estaremos una semana **(6)** _____ Madrid. Nuestro hotel está **(7)** _____ la plaza de la Ópera y el Palacio Real, muy céntrico. De Madrid, iremos **(8)** _____ el norte, y pasaremos tres días **(9)** _____ San Sebastián, **(10)** _____ de la playa. Después saldremos **(11)** _____ Barcelona, donde nos quedaremos una semana. ¡Qué maravilla!*

SEGUNDA ETAPA

Para empezar: Un viaje por carretera

AM 12-11 Las partes más importantes del carro El carro es un medio ideal para viajar adonde y cuando se quiera. Por eso uno debe mantenerlo bien y repararlo cuando sea necesario. Es necesario por eso poder identificar las partes del carro. Identifica en los dibujos siguientes estas partes.

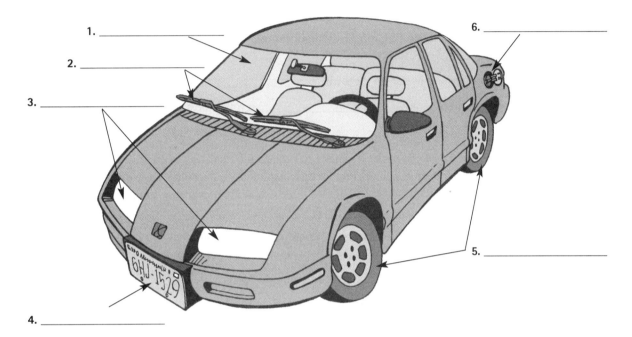

1. _____

2. _____

3. _____

4. _____

5. _____

6. _____

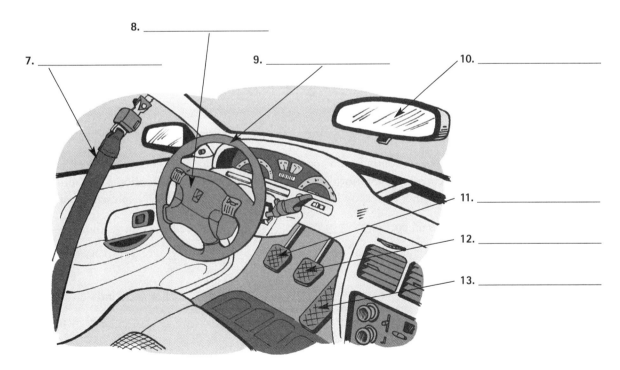

7. _____

8. _____

9. _____

10. _____

11. _____

12. _____

13. _____

AM 12-12 Es importante que... Anita y Pili están preparándose para sacar el permiso de conducir y ahora están repasando juntas algunos de los contenidos teóricos que han estudiado. Completa las siguientes afirmaciones con el vocabulario adecuado del siguiente cuadro.

las llantas   los limpiaparabrisas   la matrícula   la bocina   las luces

1. Cuando está lloviendo mucho o hay niebla, aunque sea de día, debemos encender

   _____ para mejorar la visibilidad *(vision)*.

2. _____ debe estar iluminada, para que los números puedan identificarse bien.

3. _____ deben tener la presión adecuada, para que las ruedas se agarren *(hold)*
   bien al pavimento.

4. No debemos desarrollar el mal hábito de tocar _____ sin razón aparente.

5. Es importante que mantengamos _____ en buen estado, para que limpien bien
   los cristales en caso de lluvia intensa.

AM 12-13 ¿Qué pasará si... ? El padre de César le está dando algunas indicaciones a su hijo sobre lo que puede pasar en la carretera en determinadas circunstancias. Completa de forma adecuada las siguientes indicaciones con el tiempo presente de los verbos que aparecen en el siguiente cuadro.

quedarse   abrocharse   manejar   sacar   pinchar

1. Si _____ con cuidado, no tendrás un accidente.

2. Si no _____ el cinturón de seguridad, te pueden poner una multa *(ticket)*.

3. Si se te _____ una llanta, tendrás que cambiar la rueda.

4. Si _____ sin gasolina, tendrás que llamar a la grúa.

5. Si _____ el permiso de conducir, podrás manejar a la universidad.

ENFOQUE ESTRUCTURAL

El pluscuamperfecto

AM 12-14 Problemas técnicos A continuación aparece una serie de mensajes que explican las conse-cuencias de una acción que ocurrió con anterioridad a otra y que le sirve de justificación a esta última. Completa las oraciones con la forma correspondiente del verbo entre paréntesis en el pluscuamperfecto.

Llegué tarde al trabajo, porque mi coche (**1**) _____ (quedarse) sin gasolina.

El accidente del muchacho no fue muy grave, porque (**2**) _____ (abrocharse) el cinturón de seguridad.

Tenían miedo de manejar solos, porque (**3**) _____ (tener) muchos accidentes en su vida.

No sabía qué problema podía tener el coche. Esta mañana (**4**) _____ (arrancar) perfectamente.

El espejo retrovisor cayó al suelo, porque el carro (**5**) _____ (chocar) contra la puerta.

Se oyó un ruido muy fuerte, porque el conductor (**6**) _____ (frenar) bruscamente.

AM 12-15 Sí, ya había estado allí Fíjate en la sucesión temporal de las siguientes acciones y construye oraciones, siguiendo el modelo.

Modelo: Julita / aprender a manejar / antes de sacar la licencia
Julita había aprendido a manejar antes de sacar la licencia.

1. Rubén / visitar otros países de Sudamérica / antes de ir a Argentina

_____

2. Penélope y Cristina / pasar un semestre en España / antes de estudiar en Costa Rica

_____

3. Yo / trabajar en varios talleres / antes de tener mi propio negocio de coches

_____

4. Tú / no tener ningún otro accidente / antes de chocar con el árbol

_____

5. Mi familia y yo / no probar el ceviche / antes de viajar a Perú

_____

AM 12-16 ¡Qué mala suerte! ¡Hay fines de semana cuando es mejor no salir de casa! Todos los planes que Adrián tenía para el fin de semana se estropearon. Lee con atención lo que pasó y completa las oraciones con el pluscuamperfecto del verbo más adecuado en el contexto comunicativo.

reservar hacer quedar llover acabarse

Primero pensaba ir al partido de fútbol con Nacho el próximo domingo, pero cuando fui a la

taquilla ya (**1**) _____ todas las entradas. Después, iba a hacer una fiesta

el viernes por la noche en el club español, pero cuando llamé para concretar la hora, alguien

(**2**) _____ ya el salón para esa misma noche… Quería jugar al golf con Marcos el

domingo por la mañana, pero (**3**) _____ la noche anterior y el campo estaba

muy mojado… Quería invitar a Rosita al baile del sábado, pero cuando la llamé me dijo que ya

(**4**) _____ con Sabino. Salí a comer con mis compañeros de cuarto el domingo,

pero (nosotros) no (**5**) _____ una reserva en el restaurante y tuvimos que

esperar dos horas para comer.

ENFOQUE ESTRUCTURAL

Las preposiciones *por* y *para*

AM 12-17 Un agente de confianza Valeria, una estudiante de la escuela de turismo de Valencia, le está haciendo una entrevista al director de Viajes Barceló, una conocida cadena española de agencias de viajes. Lee con atención su conversación y utiliza las preposiciones **por** o **para** según convenga.

VALERIA: Y ¿cómo es su trabajo? ¿Viaja mucho?

DIRECTOR: Sí, viajo mucho (**1**) _____ razones de trabajo. El ser director de una

agencia de viajes me obliga a viajar (**2**) _____ todas partes. Muchas

personas eligen esta profesión (**3**) _____ poder conocer lugares

diferentes.

VALERIA: (**4**) _____ lo menos, tiene esa ventaja.

DIRECTOR: Sí, en realidad, tiene muchas ventajas, además de viajar. Cuando preparo itinerarios

(**5**) _____ los clientes, siento que soy una parte importante en su vida.

VALERIA: Sí, claro, (**6**) _____ los viajeros es muy importante tener una agencia de

viajes de confianza.

DIRECTOR: Ése es nuestro objetivo: trabajar (**7**) _____ satisfacer a nuestros

clientes.

VALERIA: ¡Qué gusto charlar con usted! Muchas gracias (**8**) _____ su tiempo.

DIRECTOR: De nada, ha sido un placer.

AM 12-18 Por favor Además de los usos generales que tiene la preposición **por** en español, también forma parte de expresiones invariables, que tienen un significado concreto, independiente de los valores de **por.** Lee con atención las siguientes oraciones y utiliza una de las siguientes expresiones para completar el sentido del mensaje.

| por todas partes | por lo menos | por ejemplo | por ciento | por fin | por última vez |

1. ¡_____ les pido que presten atención! ¿Qué les pasa hoy que están tan nerviosos?

2. Podemos viajar a un país del Caribe, _____, a Cuba. ¿Qué te parece?

3. _____ arreglaron mi coche; no podía estar un día más sin él.

4. Si viajas en coche por los Estados Unidos, encontrarás moteles de carretera

_____; no tendrás problemas de alojamiento.

5. Cuando haces la reserva a través de una agencia de viajes, la agencia se queda con un cinco

_____ del precio que tú pagas. ¿No lo sabías?

6. Yo prefiero viajar en tren, pero si vamos en coche _____ podremos parar cuando queramos. Nuestro viaje será más flexible.

AM 12-19 ¡Qué lío de preposiciones! Justin está estudiando español este verano en Granada y está disfrutando mucho de las clases, pero tiene una gran dificultad con las preposiciones españolas, especialmente con **por** y **para.** Fíjate en su composición y corrige los errores que aparezcan, explicando el porqué de los errores.

Mi fin de semana

El viernes salí *por* Sevilla a las nueve en la mañana. Fui *para* visitar a una amiga de Chicago, Melanie, que está estudiando en la Universidad de Sevilla. En la estación compré flores *por* ella y desayuné. Estuve en el tren *para* dos horas y llegué a Sevilla a las once, Melanie me llevó *por* toda la ciudad. Estaba muy contento *para* ver a Melanie. Somos amigos buenos.

Corrección del error   **Explicación**

1. _____   _____

2. _____   _____

3. _____   _____

4. _____   _____

TERCERA ETAPA

Para empezar: Volando voy

AM 12-20 ¡Señores pasajeros! Lee con atención los siguientes mensajes y completa las oraciones con el vocabulario del cuadro más adecuado en cada contexto.

---

pasillo	internacionales	pasar la aduana	los vuelos	despegar
terminal	la sala de recogida de equipaje			

---

1. ¡El vuelo de Quique ya ha llegado! Seguro que está recogiendo sus maletas en

   _____.

2. Señorita, ¿a qué _____ va? ¿A la de vuelos domésticos o

   _____?

3. ¡Hola, Tere! Sí, el avión acaba de aterrizar. Dentro de unos minutos voy a

   _____, en una hora aproximadamente espero estar en casa.

4. ¡Buenos días, señor! ¿Su pasaporte, por favor? ¿Prefiere ventana o _____?

5. ¡Señores pasajeros! Siento anunciarles que a causa del temporal de nieve, todos

   _____ quedan temporalmente suspendidos.

6. ¡Señores y señoras! Abróchense el cinturón. Nos estamos preparando para

   _____.

AM 12-21 En el aeropuerto Fíjate en los siguientes dibujos que muestran imágenes típicas de la rutina de un aeropuerto y explica con el vocabulario que has aprendido en esta sección lo que *está ocurriendo* en cada situación.

1. El vuelo 2969 con destino a Santo Domingo

_____ en este instante.

2. Marisol _____ en la puerta de embarque.

3. Esther y Gonzalo acaban de llegar al aeropuerto y ahora

_____.

4. El Sr. Nadal _____ y después va a tomar un taxi para ir a su hotel.

5. El vuelo 4300 procedente de La Paz _____ en estos momentos.

AM 12-22 Para su información Lee con atención los siguientes mensajes de distintos auxiliares de vuelo y personal de tierra y complétalos con el vocabulario más adecuado en cada contexto.

Mensaje 1

—Perdone, señora, pero esa maleta es demasiado grande para llevar como _____ en la cabina.

Mensaje 2

—Buenos días, señoras y señores _____, bienvenidos al vuelo 678 con destino a Caracas.

Mensaje 3

—Señor, ¿qué asiento prefiere, de _____ o de pasillo?

Mensaje 4

—Aquí tiene su tarjeta de embarque, señorita Quesada. La salida del vuelo es a las tres cuarenta y

cinco de la tarde, pero tiene que estar en la _____ a las tres de la tarde. ¡Buen

viaje!

Mensaje 5

—Señoras y señores, abróchense el cinturón de seguridad. El _____ nos informa

que habrá alguna turbulencia *(turbulence)* en los próximos minutos.

ENFOQUE ESTRUCTURAL

El subjuntivo: Un repaso

AM 12-23 Cómo comportarse en el avión Un auxiliar de vuelo está dándoles a los pasajeros las
instrucciones que deben seguir a bordo del avión. Completa las oraciones con el verbo que aparece
entre paréntesis en la forma adecuada del presente del subjuntivo.

1. ¡Señores pasajeros! Es necesario que _____ (abrocharse) el cinturón de

   seguridad al despegar y al aterrizar, y es aconsejable que _____ (continuar) con
   él abrochado todo el viaje.

2. Les sugiero que _____ (leer) con atención las instrucciones en caso de

   emergencia que aparecen enfrente de su asiento. Es preciso que _____ (saber)
   qué deben hacer en caso de un accidente.

3. Les ruego que le _____ (informar) a cualquier auxiliar de vuelo si observan
   alguna anormalidad durante el viaje.

4. Se prohíbe que los pasajeros _____ (usar) sus teléfonos móviles durante el
   vuelo. Estos teléfonos pueden producir interferencias.

5. Espero que _____ (disfrutar) de su vuelo y de su estancia en San Juan.

AM 12-24 Miedo a volar Ágata tiene un miedo terrible a volar y está asistiendo a unas sesiones de
terapia para superar esa fobia. A continuación aparecen algunos de los consejos que la terapeuta le da
para ayudarla con su problema. Completa las oraciones con la forma correspondiente del presente del
subjuntivo del verbo que aparece entre paréntesis.

1. Es aconsejable que no _____ (pensar) demasiado en el viaje que vas a hacer.

2. Te sugiero que _____ (traer) un libro para leer en el avión; así estarás
   entretenida.

3. Es preferible que _____ (volar) durante la noche; así podrás dormir en el avión.

4. Te recomiendo que _____ (pedir) un asiento en el pasillo, para evitar mirar por
   la ventana y notar la altura *(height)*.

5. Es necesario que _____ (conocer) tus miedos y que _____
   (hacer) todo lo posible por superarlos.

AM 12-25 Tus próximas vacaciones ¿Por qué no nos cuentas qué esperas de tus próximas vacaciones? ¿Cómo quieres pasar esos días? ¿Qué deseas hacer durante ese tiempo de descanso? Escribe un mínimo de cinco oraciones contándonos lo que esperas y lo que deseas. Puedes usar expresiones como **ojalá que, es necesario que,** etc.

En mis próximas vacaciones _____

_____

_____

_____

_____

_____

ENFOQUE ESTRUCTURAL

Más repaso del subjuntivo. Las expresiones de emoción y los verbos reflexivos

AM 12-26 ¿Qué sienten? En las siguientes oraciones varias personas expresan sus sentimientos sobre una circunstancia determinada. Completa las oraciones con el verbo entre paréntesis en la forma adecuada del presente del subjuntivo.

1. ¡Qué raro que el avión _____ (llegar) con retraso!

2. Me alegro de que _____ (haber) más seguridad en los aeropuertos.

3. Es una pena que _____ (tener, tú) que trabajar en los vuelos de Navidad.

4. Temo que _____ (perder, ustedes) el avión si no se dan prisa.

5. Siento que _____ (seguir, tú) teniendo miedo a volar.

6. Nos gusta que los vuelos _____ (salir) a tiempo.

AM 12-27 ¿Qué te parece? Expresa tu reacción ante las siguientes situaciones. Utiliza la estructura del cuadro que creas más apropiada y usa el verbo en el presente del subjuntivo.

Modelo: Nos acostamos muy temprano la noche antes de ir de viaje.
Es bueno que se acuesten muy temprano la noche antes de ir de viaje.

| me sorprende que   qué maravilla que   es una lástima que   qué malo que |
| es increíble que   me alegra que   es bueno que |

1. Beatriz se enferma siempre que va de vacaciones.

_____

2. Nunca me canso de manejar.

_____

3. Nuestros profesores se interesan mucho por nuestros viajes.

_____

4. Paco se pone muy nervioso cada vez que tiene que volar.

_____

5. Mis amigos siempre se visten bien a la hora de viajar.

_____

6. Yo me duermo con sólo sentarme en el avión.

_____

AM 12-28 ¡Es increíble! Vas a visitar a un amigo que no ves desde hace mucho tiempo y estás esperando en el aeropuerto cuando, de repente, sin ninguna razón *(without any reason),* todos los vuelos se cancelan. Los pasajeros no reciben ninguna información concreta y empiezan a hacer comentarios, expresando sus sentimientos sobre la situación. Escribe seis comentarios de varias personas que están a tu alrededor, utilizando las estructuras que conoces para expresar emociones y las formas apropiadas del presente del subjuntivo.

   Modelo: *¡Qué extraño que no haya más vuelos!*

1. _____

2. _____

3. _____

4. _____

5. _____

6. _____

INTEGRACIÓN

LECTURA: «Nuevo» tren turístico en Bariloche

Antes de leer

AM 12-29 Viajar en tren El tren es para muchas personas la forma preferida de hacer turismo. Te olvidas de los atascos de las carreteras, del estrés de los aeropuertos y disfrutas del paisaje de forma relajada. Pero, ¿qué opinas tú de viajar en tren? Antes de iniciar la lectura, responde a las siguientes preguntas relacionadas con el tema.

1. ¿Recuerdas dónde está la región de la Patagonia? ¿Conoces alguno de sus atractivos turísticos?

_____

_____

2. ¿Prefieres el tren o el carro para hacer turismo? ¿Por qué?

_____

_____

3. ¿Crees que el tren es una buena alternativa para hacer turismo en Norteamérica? Sugiere algunos destinos turísticos para los cuales el tren sería *(would be)* una buena opción.

_____

_____

Scanning
As you first read the article, look for terms related to trains.

AM 12-30 Estudio de palabras Lee el artículo sin detenerte y haz una lista con todo el vocabulario que encuentres relacionado con los trenes. Añade otras palabras que aprendiste en este capítulo.

1. _____   **6.** _____

2. _____   **7.** _____

3. _____   **8.** _____

4. _____   **9.** _____

5. _____   **10.** _____

Después de leer

Getting the gist
Remember that when you read the article, you do not have to understand every word. Focus on identifying the main points of the reading and complete the comprehension activities that follow.

AM 12-31 ¿Verdadero o falso? Lee con atención las siguientes afirmaciones relacionadas con el contenido de la lectura e indica si son verdaderas (**V**) o falsas (**F**).

_____ **1.** El «nuevo» tren a Bariloche tiene más de cincuenta años.

_____ **2.** En este tren sólo se puede viajar en clase preferente.

_____ **3.** Argentina dedicó mucho dinero a restaurar esta máquina y hacerla funcionar de nuevo.

_____ **4.** Los habitantes de los lugares por donde pasó el tren estaban tristes de verlo funcionar otra vez.

_____ **5.** No había mucha gente en Bariloche para recibir el tren en su primer viaje.

_____ **6.** Se espera que este «nuevo» tren atraiga a más turistas a la región de la Patagonia.

AM 12-32 ¡Qué interesante! ¿Qué opinas del artículo que acabas de leer? ¿Te parece un proyecto interesante el que han iniciado en Argentina? Forma seis oraciones para expresar tus reacciones ante la lectura del texto, utilizando expresiones como: **Me alegra que, Me sorprende que, Es curioso que, Es impresionante que, Es raro que, ¡Qué bueno que… !**

1. _____

2. _____

3. _____

4. _____

5. _____

6. _____

«Nuevo» tren turístico en Bariloche

A poco de cumplirse los 100 años de la llegada del primer tren a la Patagonia, [...] otro tren, casi contemporáneo de aquel primero, ha transitado *(traveled)* el largo camino de vías para llegar hasta San Carlos de Bariloche, donde prestará servicios turísticos.

Se trata de una vieja formación que data de *(dates back to)* principios de siglo, con una máquina escocesa a vapor *(steam engine)*, una verdadera reliquia *(relic)*, y 20 vagones, entre ellos uno con categoría presidencial.

El viejo tren de 1912 ha sido remodelado *(reshaped)* respetando sus características originales. Los siete vagones de época están construidos *(built)* en madera y pueden transportar un total de 250 pasajeros. Es una verdadera obra de arte sobre ruedas que fue rescatada por el Ferroclub Argentino.

El vagón presidencial, que será utilizado como servicio VIP, tiene tres dormitorios, sala de estar, baño con bañera y una estufa a leña en el centro del estar.

Este servicio estará a cargo de la empresa Trenes Especiales Argentinos, que fueron los que invirtieron *(invested)* más de $250.000 en la restauración y puesta en funcionamiento del tren.

En su primer viaje fue recibido con gran emoción en cada una de las estaciones en las que se detuvo *(stopped)*. La vieja máquina a vapor, el olor de la madera de los vagones, el ruido de su andar por las vías, abandonadas hace tiempo, despertó sentimientos de nostalgia y, a la vez, inmensa alegría, en los pobladores de las localidades por las que pasó. Una gran cantidad de gente se agolpó *(crowded)* en las estaciones, que recuperaron por unas horas la algarabía *(hullabaloo)* de antaño *(past)*. En Bariloche fue recibido por tanta gente que se hacía difícil caminar por los andenes. Para completar una banda de jazz le puso música al acontecimiento y la fiesta se prolongó *(lasted)* por dos horas.

Así como la llegada de aquel lejano primer tren, hace más de cien años, fue un factor determinante en el desarrollo *(development)* de la región, germen de pueblos y motor de la economía, este nuevo emprendimiento viene a agregar un renovado impulso *(impulse)* al turismo de una de las zonas más privilegiadas de la Patagonia.

Source: www.patagonia-argentina.com/e/content/trenavapor.htm

ESCRITURA

Vocabulary: Automobile traveling
Phrases: Expressing distance; expressing location
Grammar: Verbs: future; subjunctive

Título: Un viaje en carro por Norteamérica

Imagínate que tus amigos y tú decidieron pasar las vacaciones de primavera viajando en carro por diferentes partes del país. Un viaje así necesita ser planeado con cuidado y detalles. Asegúrate de incluir en la descripción de su viaje en carro la siguiente información:

- las razones por las cuales van a viajar en carro
- los cuidados que debe recibir el carro antes de un viaje largo
- el itinerario que van a seguir y las distancias entre los destinos

A empezar

AM 12-33 Organización de las ideas Piensa en las ventajas que tiene el viajar en carro y después haz una lista con los preparativos que debes realizar antes de hacer un viaje largo en carro.

A escribir

AM 12-34 Preparación del borrador Utiliza la información que preparaste en la sección **A empezar** y escribe el primer borrador de tu descripción del viaje en carro. Empieza explicando por qué tus amigos y tú van a viajar en carro. A continuación, describe los cuidados que debe recibir el carro antes de un viaje largo. Finalmente, indica los lugares que van a visitar y las distancias que van a recorrer cada día.

AM 12-35 Revisión del borrador Revisa tu borrador, teniendo en cuenta las siguientes consideraciones.

1. ¿Aparece toda la información necesaria sobre los preparativos para el viaje? ¿Está el itinerario del viaje bien detallado?
2. ¿Están claras las ideas que expones? ¿Está el itinerario organizado según el recorrido que tus amigos y tú van a hacer cada día?
3. ¿Incluiste el vocabulario que aprendiste en este capítulo para hablar del carro? ¿Utilizaste las estructuras gramaticales apropiadas para hablar de planes de viaje en el futuro?

AM 12-36 El producto final Haz los cambios necesarios de acuerdo con la revisión de tu borrador e incluye las ideas nuevas que se te hayan ocurrido. Antes de entregarle la descripción de tus planes de viaje a tu profesor, léela una vez más y asegúrate de que no haya errores ortográficos y de que todos los cambios se hayan incluido.

COMPRENSIÓN AUDITIVA

CD3-9 **AM 12-37 Compremos los billetes** Escucha las siguientes conversaciones que tienen lugar en la estación de tren y completa los espacios en blanco con las respuestas de los viajeros.

Conversación 1

Viajero: Quisiera dos billetes para Cuenca, el 15 de enero.
Vendedor: ¿De ida y vuelta o de ida solamente?

Viajero: _____
Vendedor: ¿Y la vuelta para cuándo?

Viajero: _____
Vendedor: ¿Plazas de primera o de segunda?

Viajero: _____
Vendedor: Muy bien. Aquí tiene sus billetes de ida y vuelta para Cuenca.

Viajero: _____

Conversación 2

Viajero: Quisiera dos billetes para Salamanca, para el 20 de febrero.
Vendedor: ¿De ida y vuelta o de ida solamente?

Viajero: _____

VENDEDOR: ¿Plazas de primera o de segunda?

Viajero: _____

VENDEDOR: Muy bien. Aquí tiene sus billetes para Salamanca. Son 12 euros cada uno.

VIAJERO: _____

Conversación 3

VIAJERO: Necesito dos billetes para Bilbao.

VENDEDOR: ¿De ida y vuelta?

VIAJERO: _____

VENDEDOR: ¿Y cuándo desea regresar?

VIAJERO: _____

VENDEDOR: ¿Qué plazas quiere, de primera o de segunda?

VIAJERO: _____

VENDEDOR: Un minuto. Aquí tiene usted sus billetes.

VIAJERO: _____

CD3-10 **AM 12-38 En la ventanilla** Mientras esperas tu turno en la estación, escuchas las siguientes conversaciones que algunos viajeros tienen con el vendedor de billetes. Antes de iniciar la audición, examina el cuadro que aparece a continuación y, mientras escuchas, trata de localizar la información requerida.

	Conversación 1	Conversación 2
destino del viajero(s)		
número de billetes solicitado		
fecha de salida		
hora de salida		
fecha de regreso		
hora de regreso		
¿con descuento?		

CD3-11 **AM 12-39 Los preparativos del viaje** Pedro, Luis y Mario van a hacer un viaje en el carro de Pedro el próximo fin de semana, y están hablando ahora de los preparativos que Pedro va a hacer antes del viaje. Escucha con atención el diálogo entre los tres muchachos y haz una lista de los preparativos que Pedro va a hacer en el carro antes del viaje del sábado.

1. _____

2. _____

3. _____

4. _____

5. _____

CD3-12 **AM 12-40 ¿Qué pasará si... ?** Escucha de nuevo la conversación entre los tres amigos y trata de completar las siguientes situaciones hipotéticas de las que hablan los muchachos a lo largo del diálogo.

1. Si no tenemos los mapas de carretera, _____.

2. Si viajamos por autopistas de peaje, _____,

   pero _____.

3. Si no tienen su permiso de conducir, _____.

4. Si tenemos problemas técnicos, _____.

CD3-13 **AM 12-41 La llegada a Madrid** Sandra nos cuenta cómo fue su llegada a Madrid el verano pasado cuando visitó a su amiga española Adriana, que vive en la capital. Escucha con atención su relato y completa las siguientes oraciones con la respuesta más adecuada para la información que oigas.

1. Sandra llegó al aeropuerto a...
   a. las siete y media de la mañana.
   b. las tres de la tarde.
   c. las ocho y media de la mañana.
   d. las ocho y media de la tarde.

2. Cuando Sandra llegó a Madrid...
   a. fue directamente a la sala de recogida de equipaje.
   b. fue directamente a la aduana.
   c. pasó el control dc pasaportcs.
   d. fue a la cafetería a desayunar.

3. En la aduana, ...
   a. Sandra recogió sus maletas.
   b. Sandra explicó los motivos de su viaje a España.
   c. Sandra tuvo problemas con los guardias.
   d. Sandra no tuvo que mostrar su visa.

4. Después de pasar la aduana, ...
   a. Sandra tomó un taxi para ir a casa de su amiga Adriana.
   b. Sandra se encontró con Adriana en el aeropuerto.
   c. Sandra tomó un autobús al centro.
   d. Sandra manejó un coche de alquiler a casa de Adriana.

CD3-14 **AM 12-42 Para llegar a mi apartamento** Escucha de nuevo el relato de Sandra y completa la siguiente información relacionada con su llegada a Madrid.

1. Adriana no pudo recoger a Sandra en el aeropuerto por _____.

2. Sandra fue a Madrid para _____.

3. Sandra tomó el autobús de _____ a _____ y después

   fue al apartamento de Adriana en _____.

4. Adriana había dejado una llave de su apartamento para _____ en

   _____.

5. El bar de Carlos estaba cerca _____.

6. Sandra pudo descansar en el apartamento de Adriana después de su largo viaje entre

   _____ y _____.

Nombre _____ Fecha _____

Capítulo 13

Las artes en el mundo hispano

 PRIMERA ETAPA

Para empezar: Algunos artistas hispanos del siglo XX

AM 13-1 De la misma familia Las siguientes palabras se utilizan en español cuando queremos hablar de pintura. Escribe otros términos que pertenezcan a la misma familia de palabras.

1. pintar: _____

2. exponer: _____

3. el mural: _____

4. el arte: _____

5. el retrato: _____

AM 13-2 Un artista mexicano: Diego Rivera Te presentamos a continuación algunos datos sobre la faceta artística de Diego Rivera, uno de los pintores mexicanos más populares en Estados Unidos. Completa el párrafo con las palabras del cuadro que creas más adecuadas en el contexto.

| fama   movimiento artístico   tema   murales   exponer   muralista |

El (1) _____ Diego Rivera es uno de los artistas más conocidos del arte mexicano.

Fundó con Alfaro Siqueiros y Clemente Orozco un (2) _____ conocido como

la escuela mexicana de pintura y con la expansión de su (3) _____ llegó a

(4) _____ algunas obras en Nueva York. También recibió el encargo de pintar

grandes (5) _____ en el Instituto de Arte de Detroit y en el Rockefeller Center. El

(6) _____ principal de la obra de Rivera era la lucha de las clases populares indígenas.

AM 13-3 Una conferencia sobre arte mexicano Priscila está interesada en asistir a una conferencia sobre el artista mexicano Clemente Orozco que la Facultad de Historia del Arte de su universidad organiza para los estudiantes. Cuando Priscila se encuentra con su compañera Emma, le habla de sus planes. Completa la conversación de las dos chicas con el vocabulario relacionado con el arte que aprendiste en esta etapa.

PRISCILA: ¿Sabes que hay una conferencia sobre Clemente Orozco esta tarde?

EMMA: No, pero ¿quién es Clemente Orozco?

PRISCILA: Pues, Clemente Orozco es un (1) _____ mexicano de la época de Diego Rivera.

Emma: Ah, a Diego Rivera sí lo conozco, pero nunca había oído hablar de Clemente Orozco. ¿Qué pintaba?

Priscila: Orozco trató principalmente los (**2**) _____ de la tierra mexicana. (**3**) _____ grupos de campesinos e imágenes de destrucción y renacimiento después de la Revolución de 1910.

Emma: Y ¿es muy conocido en los Estados Unidos?

Priscila: Sí, fue profesor de pintura (**4**) _____ en Dartmouth College.

Emma: ¿En serio?

Priscila: Sí, su (**5**) _____ se extendió fuera de México.

Emma: La verdad es que sé muy poco sobre el (**6**) _____ mexicano. Creo que voy a ir contigo a la conferencia.

Priscila: Muy bien. Nos vemos a las seis y media en el auditorio.

ENFOQUE ESTRUCTURAL

El subjuntivo con expresiones de duda y de incertidumbre

AM 13-4 ¡Imposible! Fíjate cómo reaccionan las siguientes personas ante ciertas noticias que reciben. Completa las respuestas utilizando las expresiones del cuadro que resulten más apropiadas en el contexto.

Dudo que	Es imposible que	Es increíble que	No creo que	No pienso que

1. —¿Sabes que Julián tiene uno de los autorretratos de Frida Kahlo en su apartamento?

—¿Original? _____ tenga uno de los autorretratos originales de Frida Kahlo en su apartamento. Las obras de Kahlo cuestan una fortuna.

2. —Natalia asegura que conoce muy bien la obra de Frida Kahlo.

—_____ conozca muy bien la obra de Frida Kahlo. Pregúntale sobre alguna de sus obras a ver qué te contesta.

3. —Dice Andrés que, si queremos ir a la exposición sobre arte hispano, él puede conseguirnos entradas.

—_____ pueda conseguirnos entradas. Mi madre me dijo que estaban todas vendidas.

4. —¿Sabes que hay murales del artista mexicano Orozco en Dartmouth?

—No, _____ haya murales del artista mexicano Orozco en Dartmouth.

5. —Me dijo Ramón que está haciendo un trabajo de investigación sobre Siqueiros.

—¿Estás segura? _____ esté haciendo un trabajo de investigación sobre Siqueiros. Me dijo que iba a trabajar sobre Rivera.

AM 13-5 ¿Puede ser? Hacía tiempo que no visitabas a tu profesor de español de la escuela secundaria y el fin de semana pasado que estuviste en casa de tus padres estuviste con él. Durante su conversación te hizo las siguientes preguntas. Respóndele utilizando las estructuras para expresar incertidumbre que aparecen en el cuadro.

Dudar que	Puede ser que	No estar seguro/a de que	Es probable que	No creer que

1. ¿Qué planes tienes para el verano?

   _____

   _____

2. ¿Qué cursos crees que vas a tomar el año que viene?

   _____

   _____

3. ¿Dónde vas a vivir el próximo semestre?

   _____

   _____

4. ¿Crees que vas a viajar a un país hispano en el futuro?

   _____

   _____

5. ¿Sabes qué vas a hacer después de graduarte?

   _____

   _____

ENFOQUE ESTRUCTURAL

Las estructuras de certidumbre

AM 13-6 ¿Es cierto que... ? Alicia va a participar en un programa de la Facultad de Historia de Arte de su universidad para estudiar en México durante un semestre. Su hermana Julia quiere saber todos los detalles. Completa las respuestas que Alicia le da usando las expresiones de certidumbre del cuadro que resulten más apropiadas en el contexto.

creer que	es verdad que	pensar que

JULIA: ¿Vas a estudiar en México el próximo semestre?

ALICIA: Sí, **(1)** _____ será muy interesante estudiar el arte y la historia mexicanos allí.

JULIA: ¿Vas a hacer una investigación como parte del programa?

Alicia: Sí, (2) _____ tendré que trabajar con un profesor de la Facultad de
Historia de Arte de la Universidad Autónoma de México.

Julia: ¿Sabes sobre qué tema vas a trabajar?

Alicia: (3) _____ trabajaré sobre el impacto del arte de los muralistas mexicanos
en los Estados Unidos.

Julia: ¡Qué interesante! Y ¿vas a viajar sola?

Alicia: Sí, pero (4) _____ en el futuro habrá más estudiantes interesados en participar en este programa.

Julia: ¿Vas a tener libre acceso a todos los museos del país?

Alicia: Sí, (5) _____ podré tener entrar gratis en todos los museos y galerías de
arte como investigadora.

Julia: ¡Qué suerte!

AM 13-7 Sí, pienso que... Fíjate cómo reaccionan las siguientes personas ante ciertas noticias que
reciben. Completa las respuestas utilizando la forma verbal más adecuada en el contexto de comunicación.

1. —¿Crees que en su viaje a California _____ (ir a ver, ellos) murales mexicanos
   en las calles?

   —Sí, creo que _____ (ir a ver, ellos) murales mexicanos en algunas de las excursiones previstas.

2. —¿Piensas que el Museo de Bellas Artes de la ciudad _____ (ir a organizar)
   pronto una exposición sobre el arte mexicano?

   —Sí, pienso que el Museo de Bellas Artes _____ (ir a organizar) una exposición
   sobre el arte mexicano para conmemorar los cincuenta años de la muerte de Diego Rivera.

3. —¿Crees que el arte de Frida Kahlo _____ (tener) muchos símbolos?

   —Sí, creo que especialmente los autorretratos _____ (tener) muchos símbolos
   relacionados con las tradiciones indígenas.

4. —¿Crees que el arte mural _____ (ser) un arte de crítica social?

   —Sí, es cierto que el arte mural _____ (ser) un arte de crítica social porque los
   muralistas creían que su arte podía animar a la gente a luchar contra la injusticia.

AM 13-8 Hablar español, ¡qué ventaja! ¿Cómo crees que puedas aplicar tus conocimientos de
español en el futuro? Piensa en varias posibilidades relacionadas con el trabajo, los estudios y los viajes, y escríbelas usando expresiones como **es verdad que, es cierto que, creo que, pienso que...**

Hablar español, ¡qué ventaja!

_____

_____

_____

_____

_____

_____

S E G U N D A   E T A P A

Para empezar: El arte popular

AM 13-9 Una feria de artesanías Teresa nos habla de la feria de artesanía que se celebra todos los veranos en su pueblo y de lo mucho que le gusta ir y comprar algún objeto hecho a mano. Completa su narración con las palabras del cuadro que resulten más apropiadas en el contexto.

tapiz	artesanos	cerámica	talla	artesanías	arte popular

Todos los veranos se celebra en mi pueblo una feria de (**1**) _____. En ella participan (**2**) _____ de todas las regiones del país y se pueden comprar objetos muy bellos hechos a mano, como (**3**) _____, tejidos y objetos de mimbre. A la gente le gusta mucho el (**4**) _____ y la feria tiene siempre mucho público. Recuerdo que el año pasado, mi madre compró un (**5**) _____ muy colorido, y yo compré una (**6**) _____ de madera muy linda para regalársela a mi compañera de apartamento que, por cierto, le encantó.

AM 13-10 Una exposición de arte popular hispano Virginia se encuentra con su amigo Tomás que va a ver una exposición de arte popular hispano. Lee con atención su conversación y complétala con el vocabulario relacionado con el arte popular y las artesanías que aprendiste en esta sección.

VIRGINIA: Tomás, ¿qué vas a hacer esta tarde?

TOMÁS: Voy a ir a la exposición de arte popular hispano que hay en el museo de antropología.

VIRGINIA: ¿En serio? ¿Puedo acompañarte? Me encantan las (**1**) _____.

TOMÁS: Claro, será divertido verla juntos.

VIRGINIA: No sabía que estuvieras interesado en el (**2**) _____.

TOMÁS: Bueno, la verdad es que tengo que ver la exposición para mi clase de civilizaciones hispanas. Debo escribir un proyecto.

VIRGINIA: Ya veo. Pues no sé si sabías que me he matriculado este semestre en una clase de manualidades *(crafts)* y tenemos que (**3**) _____ ropa y (**4**) _____ madera. Y al final del curso, como proyecto final, tenemos que presentar un (**5**) _____ de colores o una (**6**) _____ de madera.

TOMÁS: Parece muy difícil.

VIRGINIA: Bueno, un poco. Creo que ver la exposición me servirá de inspiración. ¡Vamos!

ENFOQUE ESTRUCTURAL

El subjuntivo con antecedentes no existentes

AM 13-11 Conversaciones Lee con atención los siguientes minidiálogos y completa las oraciones con la forma apropiada del indicativo o del subjuntivo del verbo entre paréntesis según convenga.

Minidiálogo 1

—Siempre que voy a San Francisco a visitar a mis padres me gusta pasar por las tiendas que

_____ (vender) artesanías mexicanas.

—¡Qué suerte! En mi ciudad no hay ninguna tienda que _____ (vender) piezas de ese tipo.

Minidiálogo 2

—¿Has visto la colección de arte popular hispano que _____ (tener) el profesor Ibáñez en su oficina? ¡Es increíble!

—¡Qué interesante! No conozco a nadie que _____ (tener) una colección de arte popular hispano.

Minidiálogo 3

—A mis compañeras de apartamento les encantan las ferias de artesanías que

_____ (celebrarse) todos los años aquí en la ciudad.

—¿En serio? No hay nada que me _____ (gustar) más que las artesanías. La próxima vez tengo que ir con ellas.

Minidiálogo 4

—No conozco a ningún estudiante que _____ (pensar) estudiar en Panamá.

—Pues, Mario quiere viajar a la costa oriental, a las islas que _____ (estar) habitadas por los indios cunas.

Minidiálogo 5

—Siempre que viaja, a Marlene le encanta visitar los mercados al aire libre y regatear sobre el precio

de los objetos que _____ (querer) comprar.

—No hay nadie que _____ (saber) más del arte del regateo que Marlene.

AM 13-12 ¡Qué decidido! Hernán está fascinado con las lecciones sobre tradiciones religiosas hispanas que la profesora Ordóñez está enseñando. En una conversación con su amigo José Luis, le habla sobre sus planes de viajar a Puerto Rico para ver en vivo algunas muestras del arte religioso del Caribe. Completa el diálogo con el indicativo o el subjuntivo de los verbos entre paréntesis.

HERNÁN: ¿Sabes? Estamos en una parte del curso de cultura muy interesante. La parte que

(1) _____ (tratar) de las tradiciones religiosas hispanas.

JOSÉ LUIS: ¿En serio?

HERNÁN: Sí, la profesora Ordóñez, que (2) _____ (ser) especialista en el tema;

está enseñando estas lecciones.

JOSÉ LUIS: No conozco a nadie que (**3**) _____ (trabajar) en ese campo *(field)*.
¡Parece fascinante!

HERNÁN: Sí, el problema es que en nuestra biblioteca no hay ningún libro que

(**4**) _____ (explicar) la vida de los santos hispanos y necesito presentar

un proyecto en clase para finales del semestre.

JOSÉ LUIS: ¿Y qué vas a hacer?

HERNÁN: Creo que voy a viajar a Puerto Rico durante las vacaciones de primavera. Tengo una

lista de algunas de las iglesias que (**5**) _____ (conservar) esculturas y

pinturas religiosas de los siglos XVIII y XIX.

JOSÉ LUIS: Eres increíble. No conozco a ningún estudiante que (**6**) _____ (tener)

tanta iniciativa como tú.

HERNÁN: Bueno, tenía muchas ganas de viajar a Puerto Rico y ésta es una oportunidad única que

no (**7**) _____ (poder) dejar pasar.

JOSÉ LUIS: Chico, no hay nada que se te (**8**) _____ (poner) por delante.

AM 13-13 ¡Qué familia de talentos! Gloria nos habla de la familia de su amiga René, y del gran interés que todos tienen por el arte. Lee con atención la descripción que hace Gloria y complétala con el subjuntivo de los verbos que aparecen entre paréntesis.

No conozco a ninguna familia que (**1**) _____ (tener) más interés en el arte que

la familia de René. Su padre es un profesor de arte fantástico y no hay ningún estudiante en la univer-

sidad que no (**2**) _____ (disfrutar) de su clase. La madre de René hace artesanías.

No hay nada que (**3**) _____ (ser) tan hermoso como sus tallas. No hay ningún año

que sus obras no (**4**) _____ (estar) expuestas en algún museo. ¡Qué mujer!

A los hermanos de René les interesa mucho el arte antiguo y no hay ningún verano que

(**5**) _____ (quedarse) en casa sin participar en alguna excavación. Y mi amiga

René es crítica de arte. No hay nadie interesado en el arte que no (**6**) _____

(conocer) sus libros y sus artículos. ¡Qué familia de talentos!

AM 13-14 En mi familia no hay nadie que… Piensa ahora en los distintos miembros de tu familia e identifica tres características que tienen y tres características que no tengan. Alterna el uso del indicativo y del subjuntivo en tu descripción según el contexto.

Modelos: *En mi familia no hay nadie que hable francés.*
En mi familia hay dos personas que hablan español, mi hermana y yo.

Mi familia

1. _____

2. _____

3. _____

4. _____

5. _____

6. _____

ENFOQUE ESTRUCTURAL

El subjuntivo con antecedentes desconocidos

AM 13-15 El boletín universitario Lee con atención las descripciones de los puestos que las distintas facultades de la universidad necesitan cubrir y completa las oraciones con la forma apropiada del subjuntivo del verbo que aparece entre paréntesis.

I. La Facultad de Antropología busca estudiantes que _____ (estar) interesados en hacer trabajo de campo (field research) y que _____ (poder) colaborar en los proyectos del departamento.

2. La Facultad de Lenguas Modernas necesita a una persona que _____ (encargarse) del laboratorio de idiomas y que _____ (saber) aplicar las nuevas tecnologías a la enseñanza de lenguas extranjeras.

3. La Facultad de Historia del Arte busca estudiantes que _____ (querer) colaborar en la nueva exposición sobre arte popular hispano y que _____ (hacer) los carteles para el evento.

4. La Facultad de Estudios Latinoamericanos busca un profesor visitante que _____ (enseñar) el seminario sobre el realismo mágico durante el semestre de primavera y que _____ (dirigir) proyectos de investigación en el área.

AM 13-16 El arte en la escuela Estás trabajando como voluntario en la organización de una feria de artesanías donde los niños de varios colegios de la ciudad van a exponer los objetos que han hecho en sus clases de manualidades. Hoy es el primer día y estás intentando organizarte un poco y organizar a los niños que te están ayudando. Completa las siguientes oraciones con el subjuntivo del verbo que aparece entre paréntesis.

1. Necesito cinco voluntarios que me _____ (ayudar) a colocar estos carteles por el barrio.

2. ¡Niños, escuchen! ¿Hay alguien que _____ (saber) dónde están todas las cajas con los objetos de artesanía?

3. Necesito muchachos fuertes que _____ (poner) las mesas en el patio, donde vamos a celebrar la feria.

4. Busco voluntarios que _____ (colocar) los distintos objetos en las mesas.

5. ¿Hay alguna persona que _____ (querer) escribir los precios de los objetos en estas tarjetas?

6. Necesito tres personas que _____ (escoger) las flores para adornar el patio.

7. Busco voluntarios que _____ (dirigir) el tráfico de los coches que lleguen al aparcamiento.

8. Necesito estudiantes que _____ (recibir) a los padres y al público en general cuando lleguen.

AM 13-17 Expectativas ¿Cómo sería *(would be)* para ti una clase ideal? ¿Qué esperas de un curso? Piensa en seis características de este curso y construye oraciones utilizando el subjuntivo en las oraciones adjetivas. Sigue el modelo.

Modelo: *Busco una clase que sea interesante.*

La clase ideal

1. _____

2. _____

3. _____

4. _____

5. _____

6. _____

TERCERA ETAPA

Para empezar: La pintura española del siglo XX

AM 13-18 Los pintores de la vanguardia española Lee con atención la siguiente información sobre la vida y la obra de tres pintores españoles de vanguardia: Picasso, Miró y Dalí, y completa las oraciones con las palabras del cuadro.

movimiento artístico	técnica	exposición	surrealista	obras	cubismo

1. Picasso creó junto con Georges Braque el estilo que hoy se conoce como el _____.

2. El cubismo es un _____ que se caracteriza por el uso de formas geométricas.

3. Las _____ de Miró intentaban plasmar la naturaleza tal como la veía un hombre primitivo o un niño.

4. En la _____ de Miró predominan los colores brillantes, los contrastes fuertes y líneas que sugieren imágenes.

5. Dalí fue expulsado del grupo _____ por su actitud ante la comercialización del arte y su falta de postura política.

6. La _____ que hizo Dalí en París en 1933 lo lanzó a la fama internacional y desde entonces empezó a llevar una vida llena de excentricidades.

AM 13-19 ¿Cubismo o surrealismo? Según lo que has estudiado, ¿con qué tipo de movimiento artístico te identificas más: con el cubismo o con el surrealismo? Escribe tu preferencia y justifica tu respuesta.

Me identifico más con _____

porque _____

_____

_____

ENFOQUE ESTRUCTURAL

Las conjunciones con el subjuntivo

AM 13-20 Querida familia Julia está estudiando un semestre en Madrid y en una carta a su familia habla de su experiencia en la ciudad y en el instituto donde está estudiando. Completa la carta de Julia con las conjunciones del cuadro que resulten más apropiadas.

en caso de que	para que	sin que	antes de que	a menos que

Querida familia:

El semestre en Madrid está siendo increíble. Las semanas se están pasando

(1) _____ me dé cuenta y creo que va a ser un poco difícil dejar esta ciudad tan maravillosa.

Las clases en el Instituto Internacional son fantásticas. Me encanta la variedad de cursos que ofrecen y el enfoque de las clases, porque tratan de integrar el contenido de los cursos en la cultura de la ciudad. Mi clase favorita es la de los grandes maestros de la pintura española. Todos los viernes nuestra profesora de arte nos lleva al Museo del Prado (2) _____ podamos apreciar en vivo las obras de los pintores españoles que estamos estudiando. Estoy aprendiendo muchísimo sobre el arte español, y (3) _____ la profesora Calas se oponga, voy a escribir mi tesina sobre un pintor español, tal vez sobre Velázquez. El curso de Teatro Español también es muy interesante. Estamos ensayando una obra de teatro y a finales del curso tendremos que representarla para todo el instituto. (4) _____ les interese ver la representación, la llevaré grabada en vídeo. Será divertido verme actuar.

¡Ah! (5) _____ me olvide, quería decirles que voy a viajar unas semanas por Europa con unos compañeros al final del semestre. Les envío con esta carta una lista de los hostales donde nos vamos a quedar durante nuestro viaje con los números de teléfono.

Estaremos de vuelta en Madrid a finales de junio.

Y ya me despido por hoy. Escríbanme pronto.

Un abrazo,
Julia

AM 13-21 Consejos de primera mano Susana tiene un gran interés en el arte y mucho talento. Éste es su último año en la escuela secundaria y hoy asiste a una de las sesiones de orientación de la universidad en la que quiere estudiar. Uno de los estudiantes de último año, del programa de arte, la está llevando a visitar algunas clases y le está dando algunos consejos sobre los cursos del primer año. Completa las siguientes oraciones con las conjunciones del cuadro que resulten más apropiadas en el contexto. ¡OJO! Algunas conjunciones pueden usarse más de una vez.

a menos que	con tal de que	antes de que	sin que	para que	en caso de que

Consejo 1

No tendrás ningún problema con el curso de historia del arte, _____ participes en clase y entregues los trabajos a tiempo.

Consejo 2

La clase de dibujo es muy difícil. No la tomes _____ tengas un talento especial para dibujar o que sea un requisito para tu especialidad. El profesor es muy exigente y no tiene mucha paciencia.

Consejo 3

Te gustará especialmente el seminario sobre el cubismo; es un curso muy popular. Intenta matricularte en él _____ se llene, y _____ no puedas tomarlo el semestre de otoño, tómalo en la primavera.

Consejo 4

La clase de fotografía está muy bien. Los profesores son verdaderos artistas y son muy flexibles con el curso. Puedes escoger tus proyectos _____ el profesor se oponga y _____ hagas un trabajo terrible, aprecian mucho el esfuerzo. Es una buena introducción a la fotografía. Te lo recomiendo.

Consejo 5

Cuando escojas una especialidad, debes hablar con el director académico, _____ te asigne un consejero. Después, no conviene que tomes decisiones académicas _____ él lo sepa. ¡Buena suerte con todo!

AM 13-22 En mi experiencia Imagínate ahora que tienes que aconsejar a algunos estudiantes interesados en asistir a tu universidad sobre los cursos que has tomado o que estás tomando. Utiliza en tus consejos oraciones con **a menos que, antes de que, con tal de que, en caso de que, para que** y **sin que.**

1. _____
2. _____
3. _____
4. _____
5. _____
6. _____

ENFOQUE ESTRUCTURAL

Las conjunciones con el infinitivo

AM 13-23 De turismo Irma está comiendo con unos amigos suyos de Argentina que están haciendo un viaje por España. Completa su conversación con la conjunción del cuadro que consideres más adecuada en cada contexto.

| para | sin | antes de |

IRMA: ¿Y ya han estado en el museo de arte moderno? Miren que no se pueden ir de Madrid

(1) _____ ver el Museo Reina Sofía.

MARTA: Sí, mañana por la mañana iremos (2) _____ viajar a Barcelona.

IRMA: ¿Cuánto tiempo van a pasar en Barcelona?

MARCO: Tres días, el tiempo justo (3) _____ admirar las obras de Picasso y Miró, y

asistir a un concierto en el Liceo.

IRMA: Y después, ¿adónde viajarán?

MARTA: A Valencia. Vamos a tomar la carretera de la costa (4) _____ conducir a

orillas del Mediterráneo y conocer algunos pueblos típicos. Después volveremos a Madrid, y

allí pasaremos una noche (5) _____ regresar a Buenos Aires. No nos

iremos (6) _____ llamarte primero.

AM 13-24 ¡Qué bonito es soñar! Nicanor es un joven universitario muy emprendedor que sueña con viajar por todo el mundo. Lee con atención algunos de los sueños que comparte con nosotros y completa las oraciones con el infinitivo o el subjuntivo según convenga.

1. Algún día quiero ir a México para _____ (ver / vea) las obras de los muralistas más famosos.

2. El año pasado no pude participar en el viaje a Saint Petersburg que el doctor Peláez organiza todos los semestres para que la clase _____ (poder / pueda) admirar algunas obras de Dalí. Pero el próximo otoño me voy a apuntar antes de que _____ (acabarse / se acaben) las plazas (available spaces).

3. Desde que pasé un año estudiando en España, sueño con volver para _____ (quedarse / me quede).

4. Mi universidad tiene un programa de acción humanitaria en Centroamérica para que los estudiantes _____ (servir / sirvan) a las comunidades más necesitadas. Quisiera participar en el programa antes de _____ (terminar / termine) la carrera.

5. Antes de que mis compañeros y yo _____ (graduarse / nos graduemos), espero organizar un viaje a Puerto Rico para todos como despedida de la universidad.

AM 13-25 Y tú, ¿con qué sueñas? ¿Por qué no nos hablas de algunos de tus sueños para el futuro? ¿Sueñas con viajar a otros países? ¿Qué piensas hacer antes de graduarte? ¿Cuáles son tus deseos más inmediatos? Escribe un mínimo de seis oraciones con conjunciones tales como **para / para que, sin / sin que, antes de / antes de que,** etc.

Mis sueños

_____

_____

_____

_____

_____

_____

_____

_____

_____

_____

INTEGRACIÓN

LECTURA: México y sus máscaras

Antes de leer

AM 13-26 Una muestra de arte popular: las máscaras Las máscaras son un elemento importante de diferentes culturas y una muestra de la artesanía popular. Antes de leer el artículo que habla sobre el origen de las máscaras en México, responde a las preguntas de preparación que aparecen a continuación.

1. En tu opinión, ¿cuál es el origen de las máscaras? _____

_____

2. ¿Para qué se usan las máscaras en las diferentes culturas? _____

_____

México y sus máscaras

Miles de años de que vinieran los europeos, en muchas partes del Nuevo Mundo se hacían máscaras. Todavía se hacen y se usan en México. Las máscaras, fascinantes de ver, son más que esculturas; son símbolos de dioses y hombres, del bien y del mal y del peligro y del bienestar. Nos dan una clave para entender la vida interior de un pueblo.

Antes de la conquista española, las máscaras eran una parte integral e íntima de la vida religiosa de la gente. Principalmente en las zonas rurales, esto sigue siendo verdad. Pero también se usan en los centros urbanos: en la época de carnaval, durante la celebración del Día de los Difuntos, en las peregrinaciones y celebraciones importantes. En las pinturas murales y las esculturas en los sitios arqueológicos se pueden ver los festivales religiosos de los indios precolombinos, y a veces los hombres llevaban máscaras. Las excavaciones arqueológicas también han revelado bellas máscaras de piedras que se usaban en las antiguas ceremonias.

Máscara de tigre mexicana

Las fiestas modernas también reflejan el aspecto teatral de las fiestas antiguas. Antes de la conquista se creaban escenas suntuosas y complejas como fondo para actores que se disfrazaban de pájaros y animales y llevaban máscaras apropiadas e imitaban los movimientos de éstos en las danzas. Entre los mayas, los comediantes recorrían las aldeas divirtiéndose y recogiendo regalos. Los sacerdotes mayas se vestían de dioses, se ponían máscaras y andaban por las calles pidiendo regalos. Las fiestas actuales se componen de una variedad de elementos importantes: música, danza, comida, trajes especiales y ceremonias religiosas relacionadas con la iglesia católica de la aldea donde las máscaras tienen un sentido mágico.

La mayoría de estos festivales son regionales, particularmente la danza del tigre y el baile de moros y cristianos. El baile de moros y cristianos tiene su origen en España y se introdujo en México a principios de la Conquista. Siempre refleja una batalla en la que los cristianos combaten con un número mayor de moros y les ganan gracias a la intervención de seres sobrenaturales. En el baile puede haber embajadores, ángeles, santos, reyes, princesas y diablos, todos con su propia máscara.

Las máscaras mexicanas originales deben tener un lugar importante entre las máscaras famosas de las diferentes partes del mundo y, sin duda, las máscaras contemporáneas sobresalen por su variedad y cantidad. Dondequiera que haya danzas, se halla un aldeano que hace máscaras. Muchos de los bailarines tallan sus propias máscaras, un arte que a menudo se pasan de padres a hijos. Pero ya sean de metal, madera o papel, las máscaras mexicanas siempre son un producto original y espontáneo que brota de la ingeniosidad del artista popular mexicano.

Después de leer

AM 13-27 Lo esencial Te presentamos arriba una lectura sobre las máscaras mexicanas: su origen, su importancia y su simbolismo. Lee la lectura y responde a las siguientes preguntas.

1. ¿Cuál es el origen de las máscaras? ¿Qué simbolizan las máscaras según el texto?

_____

_____

2. Según el texto, ¿qué sabes de las máscaras en las celebraciones modernas?

_____

_____

3. Menciona los distintos materiales de los que se podían hacer las máscaras.

_____

_____

AM 13-28 Celebraciones populares En el texto se mencionan algunas de las fiestas que el pueblo mexicano celebra. ¿Cuáles son? ¿Qué papel tienen las máscaras en estos festivales? ¿Cómo se pueden comparar estas celebraciones con las que tienen lugar en tu país?

_____

_____

_____

_____

_____

ESCRITURA

Vocabulary: arts
Phrases: Writing about an author
Grammar: Relatives: **que;** subjunctive with **que;** infinitive

Título: Hablemos de arte

La revista de Arte Hispano de tu universidad quiere publicar en su próximo número un artículo sobre las preferencias artísticas de los estudiantes, y tu profesor/a de español te ha pedido que escribas una composición en la que hables de tus gustos sobre el arte. Al preparar lo que vas escribir, no olvides incluir la siguiente información.

- el tipo de arte que más te gusta
- las características que buscas en una obra de arte
- tu artista favorito/a
- el movimiento artístico al que pertenece el/la artista, la técnica que usa, sus obras más famosas
- las razones por las cuales es tu artista favorito/a

A empezar

AM 13-29 Organización de las ideas Piensa en los distintos movimientos artísticos que conoces e indica cuál de ellos te gusta más. Después haz una lista con las características que buscas en una obra de arte.

A escribir

AM 13-30 Preparación del borrador Con las ideas generales que has desarrollado en la sección **A empezar,** prepara el párrafo introductorio de tu composición. A continuación, en un segundo párrafo, habla de tu artista favorito/a: su estilo, su técnica, sus obras más destacadas. Finalmente, escribe un tercer párrafo en el que expliques las razones por las cuales es tu artista favorito/a.

AM 13-31 Revisión del borrador Revisa tu borrador teniendo en cuenta las siguientes consideraciones.

1. ¿Incluye tu escrito la información esencial sobre tus gustos artísticos y sobre tu artista favorito/a? ¿Has incluido las razones que justifican tus preferencias?
2. ¿Está la información organizada de acuerdo con el orden propuesto? ¿Resulta informativa para el lector?
3. ¿Utilizaste el vocabulario que has aprendido para hablar del arte? ¿Incluiste en tu composición el uso del subjuntivo en las distintas funciones que te presentamos en este capítulo?

AM 13-32 El producto final Haz los cambios necesarios de acuerdo con la revisión de tu borrador e incluye las ideas nuevas que se te hayan ocurrido. Antes de entregarle la composición a tu profesor/a, léela una vez más y asegúrate de que no haya errores ortográficos y de que hayas incluido todos los cambios.

COMPRENSIÓN AUDITIVA

CD3-15 **AM 13-33 Las molas, estandarte de los cunas** Alma e Isabel acaban de regresar de su viaje por las islas de la costa oriental de Panamá y le están contando a su amigo Eduardo cómo fue su viaje. Escucha con atención su conversación y completa las siguientes oraciones con la respuesta correcta.

1. Isabel y Alma han regresado de su viaje por ____
   a. Colombia.
   b. Cuba.
   c. Panamá.
   d. Puerto Rico.

2. Los indios cunas ____
   a. no tienen una artesanía única.
   b. están muy influenciados por los europeos.
   c. no son gente amable con los extranjeros.
   d. mantienen sus tradiciones muy fuertes.

3. Las molas son ____
   a. objetos religiosos.
   b. blusas de colores.
   c. objetos para el pelo.
   d. zapatillas de colores.

4. Las mujeres cunas ____
   a. cosen las molas a mano.
   b. pintan las molas.
   c. cosen las molas a máquina.
   d. tallan las molas con madera de la región.

5. Las molas ____
   a. sólo se pueden comprar en Panamá.
   b. no son un regalo interesante.
   c. se pueden comprar en algunas tiendas en los Estados Unidos.
   d. no se conocen fuera de las islas de Panamá.

CD3-16 **AM 13-34 ¡Es increíble!** Escucha de nuevo la conversación entre los tres amigos y completa los comentarios que hace Eduardo sobre la narración de Isabel y Alma con la palabra que oigas.

1. ¡Qué bueno que los cunas _____ sus tradiciones!

2. Me sorprende que _____ tanta variedad de molas.

3. Me alegra que la gente _____ comprar molas en los Estados Unidos. Son un regalo muy original.

4. ¡Qué maravilla que las mujeres cunas _____ esas maravillosas piezas de artesanía!

5. ¡Qué interesante que se _____ ver a las mujeres cunas coser por las aldeas!

6. ¡Qué lastima que mi trabajo no me _____ acompañarlas en sus viajes!

CD3-17 **AM 13-35 El Museo Dolores Olmedo Patiño** Escucha con atención la información que se presenta sobre un importante museo mexicano, el Museo Dolores Olmedo Patiño, y responde a las preguntas de comprensión que aparecen a continuación. Antes de escuchar la narración, asegúrate de que tienes una idea clara de la información que buscas.

1. ¿Qué tipo de obras podemos admirar en el Museo Dolores Olmedo Patiño?

   _____

   _____

2. ¿Es el museo una institución privada?

   _____

   _____

3. ¿Dónde está situado el Museo Dolores Olmedo Patiño?

   _____

   _____

4. ¿Qué se puede destacar de su arquitectura?

   _____

   _____

CD3-18 **AM 13-36 Arte en Buenos Aires** Irene se encuentra con su amiga Ana, una apasionada del arte, que le cuenta sobre su última experiencia artística en la ciudad de Buenos Aires. Escucha con atención la conversación entre las dos amigas y responde a las preguntas de comprensión.

1. ¿De dónde viene Ana cuando se encuentra con Irene?

   _____

   _____

2. ¿Cuándo se inauguró el lugar? ¿En qué consiste la importancia del lugar?

   _____

   _____

3. ¿Qué impresión le ha causado su visita?

_____

_____

4. ¿Qué piezas incluye la colección que ha visitado?

_____

_____

5. ¿Qué día es el mejor para ir al museo, según Ana? ¿Por qué?

_____

_____

CD3-19 **AM 13-37 La tragedia de Guernica** El guía del museo le explica a un grupo de turistas la historia del *Guernica,* el famoso cuadro de Picasso. Escucha la explicación y señala si las oraciones son verdaderas (**V**) o falsas (**F**). Antes de escuchar, lee con atención las siguientes afirmaciones.

_____ **1.** Picasso pintó el *Guernica* para una exposición local.

_____ **2.** Guernica es una ciudad que está en el oriente de España.

_____ **3.** El bombardeo de Guernica ocurrió el 26 de abril de 1937.

_____ **4.** Tres grupos lucharon en la Guerra Civil española.

_____ **5.** Hitler y Mussolini ayudaron al grupo de los nacionales.

_____ **6.** Las personas que más sufrieron fueron los civiles.

_____ **7.** Solamente murieron los soldados en la batalla.

_____ **8.** El cuadro *Guernica* siempre ha estado en España.

CD3-20 **AM 13-38 Más detalles del cuadro** Escucha la explicación que da el guía ahora sobre los elementos del cuadro mientras observas la fotografía del *Guernica* que aparece a continuación. Indica con un círculo las partes del cuadro que describe el guía.

Guernica de Pablo Picaso

Capítulo 14

El mundo de las letras

PRIMERA ETAPA

Para empezar: El Premio Nóbel de Literatura: España y América Latina

AM 14-1 La colmena Patricia está leyendo *La colmena* de Camilo José Cela y está fascinada con el drama que sufren los personajes de la novela. Completa su opinión sobre la conocida obra de Cela con las palabras que aparecen en el cuadro a continuación.

el Premio Nóbel	los personajes	novelista	el autor	una novela	ensayos

Estoy leyendo *La colmena,* de Camilo José Cela, y no puedo dejarla ni un minuto. Es

(1) _____ fascinante. (2) _____ retrata *(portrays)* la sociedad

española después de la Guerra Civil; (3) _____ llevan una vida fea y cruel.

Verdaderamente, Cela es un gran (4) _____, aunque también escribió

(5) _____ de gran calidad literaria. En reconocimiento a su contribución al mundo

de las letras le concedieron (6) _____ en 1989.

AM 14-2 Tarea: la lectura de un poema El profesor Arenas les está dando la tarea de lectura a los estudiantes de su clase de español. Lee con atención las instrucciones que les da y completa las oraciones con el vocabulario del cuadro que resulte más apropiado en cada contexto.

personaje	poema	protagonista	temas	Premio Nóbel	autora

Chicos, para mañana quiero que lean el (1) _____ de Gabriela Mistral «Mientras

baja la nieve». Fíjense en los adjetivos que usa la (2) _____ para describir la

nieve y piensen en las emociones que quiere expresar. «Mientras baja la nieve» trata los

(3) _____ de la naturaleza y de la religión con un lenguaje muy sencillo. La nieve

es la (4) _____ del poema y puede ser una divina criatura o una mujer vestida

de seda.

Gabriela Mistral quiere incluir también al lector en sus versos, quiere que el lector sienta que es

un (5) _____ del poema. «Mientras baja la nieve» es un magnífico ejemplo de la

obra de esta ganadora del (6) _____.

AM 14-3 ¡No me la puedo perder! Leticia acaba de ver la última obra teatral de su compañero de la universidad José Linares y le ha encantado. Por eso, se la recomienda a su hermana Lucía. Completa el diálogo entre las hermanas con el vocabulario del cuadro que resulte más apropiado en cada contexto.

Teatro	drama	historia	Premio	temas	poeta	personajes	obra

LETICIA: Vengo del estreno *(premier)* de la última (**1**) _____ de mi amigo Linares.

LUCÍA: ¡Ah, el dramaturgo!

LETICIA: Sí, ha sido un (**2**) _____ excepcional. Todos los elementos de la

(**3**) _____ tenían una conexión extraordinaria y los

(**4**) _____ eran víctimas de la indiferencia social.

LUCÍA: Parece que te ha gustado mucho. Linares también escribe poemas, ¿verdad?

LETICIA: Sí, es un (**5**) _____ muy bueno, pero yo prefiero su faceta de

dramaturgo. Creo que los (**6**) _____ que trata en sus obras son

muy actuales y el público puede identificarse con ellos.

LUCÍA: Espero poder ver esta obra. ¿Dónde se está representando?

LETICIA: En el (**7**) _____ La Abadía. ¿Sabías que recibió el

(**8**) _____ de Dramaturgia Universitaria por esta obra?

LUCÍA: No, la verdad es que no lo sabía. No me la puedo perder.

ENFOQUE ESTRUCTURAL

El subjuntivo con expresiones adverbiales de tiempo futuro

AM 14-4 Combinaciones Fíjate en las estructuras que aparecen en las tres columnas y combínalas de forma lógica, conjugando los verbos de la tercera columna en la forma correspondiente del presente del subjuntivo.

Aún tengo que leer tres cuentos de García Márquez	tan pronto como	finalizar el semestre
Dime qué piensas de la novela	hasta que	estar en la librería
Tendrán que esperar para comprar los libros	después de que	terminar de leerla
Compraré las entradas para ver la obra	cuando	tomar el curso de español 402
Aprenderás mucho sobre literatura hispanoamericana	antes de que	estar a la venta

1. _____

2. _____

3. _____

4. _____

5. _____

AM 14-5 ¡Necesito unas vacaciones! Raúl ha estado trabajando muchísimo y necesita unas vacaciones. Está pensando ir a México y descansar en la playa, sin interrupciones. Por eso quiere alojarse en un hotel lejos del bullicio de los turistas. Completa su narración con el presente del subjuntivo de los verbos que aparecen entre paréntesis.

En cuanto (**1**) _____ (tener, yo) unos días de vacaciones, pienso ir a México

y no regresaré hasta que (**2**) _____ (sentirse) totalmente relajado. Cuando

(**3**) _____ (ir) a México, quiero alojarme en un hotel frente al mar; aunque

(**4**) _____ (ser) más caro, no me importa: unas vacaciones son unas vacaciones.

Tengo que consultar una guía de hoteles antes de que el agente de viajes me

(**5**) _____ (hacer) la reserva; busco un hotel que esté un poco apartado del

bullicio de los turistas. Esta vez voy para descansar y después de que (**6**) _____

(volver) de México, me sentiré como nuevo. ¡Ah, cómo necesito unas vacaciones!

AM 14-6 Crónica de una muerte anunciada Amalia está estudiando en su clase de Narrativa Hispanoamericana la obra de García Márquez, *Crónica de una muerte anunciada,* y la profesora del curso les está hablando a los estudiantes sobre la película que hicieron de esta novela de Márquez y de la posibilidad de verla. Escribe las indicaciones que la profesora les da a los estudiantes utilizando los elementos que aparecen a continuación y utilizando el presente del subjuntivo con estas expresiones adverbiales para hablar del tiempo futuro.

> **Modelo:** después de que / leer la novela / poder ver la película
> *Después de que lean la novela, podrán ver la película.*

1. cuando / ver la película / ya saber quiénes son los personajes

_____

2. la película / tenerlos en suspenso / hasta que Uds. ver el final

_____

3. y aunque / ya conocer la historia / la película / ayudarles a recordar mejor la novela

_____

4. después de que / ver la película / hacer una comparación con la novela

_____

5. tan pronto como / terminar (nosotros) con la obra de García Márquez / empezar (nosotros) con la narrativa de Vargas Llosa

_____

ENFOQUE ESTRUCTURAL

El imperfecto del subjuntivo

AM 14-7 La casa de Bernalda Alba Maribel y Graciela están hablando sobre uno de los dramas más famosos de García Lorca, *La casa de Bernalda Alba,* que se está representando en el Teatro Albéniz. Completa su conversación con el imperfecto de subjuntivo de los verbos que aparecen entre paréntesis.

MARIBEL: ¿Sabes que representan *La casa de Bernalda Alba* en el Teatro Albéniz?

GRACIELA: Sí, pero no estaba segura de que tú (**1**) _____ (querer) ir a ver esa obra

de teatro. No pensaba que (**2**) _____ (poder) gustarte los dramas de

García Lorca.

MARIBEL: Pues a esta obra de teatro sí quería ir, pero hablé con Antón y me dijo que dudaba que

(**3**) _____ (haber) entradas para la representación del sábado.

GRACIELA: ¿En serio? No creí que la gente (**4**) _____ (estar) tan interesada en una

obra de esas características.

MARIBEL: Parece que las actrices son increíbles; además, decían que era posible que esta repre-

sentación (**5**) _____ (ser) la última de esta compañía teatral tan famosa.

GRACIELA: ¡Qué pena! ¿Sabes si habrá más funciones?

MARIBEL: Los productores dudaban que las actrices (**6**) _____ (aceptar) hacer

más representaciones, pero no hay nada seguro todavía.

GRACIELA: Vamos a ver qué pasa.

AM 14-8 Nada mejor para aprender español que... Su profesora de español de la escuela secundaria siempre les hablaba de la importancia de hablar con fluidez una lengua extranjera, en este caso, el español, y siempre les daba recomendaciones muy acertadas de lo que podían hacer para practicar y mejorar el español. Escribe estas recomendaciones, combinando de forma lógica los elementos de las dos columnas y conjugando los verbos de la primera columna en el imperfecto del subjuntivo.

Modelo: Nuestra profesora de la escuela secundaria siempre nos recomendaba que
habláramos español en clase.

buscar	con la comunidad latina de la ciudad
colaborar	películas en español
escuchar	un «pen pal» hispano
leer	periódicos y revistas en español
ver	con una familia hispana en un país hispano
vivir	los ritmos latinos de salsa, cumbia y merengue

1. Nuestra profesora de la escuela secundaria siempre nos aconsejaba que _____

_____.

2. Nuestra profesora de la escuela secundaria siempre nos sugería que _____

_____.

3. Nuestra profesora de la escuela secundaria siempre nos recomendaba que _____

_____.

4. Nuestra profesora de la escuela secundaria siempre nos aconsejaba que _____

_____.

5. Nuestra profesora de la escuela secundaria siempre nos sugería que _____

_____.

6. Nuestra profesora de la escuela secundaria siempre nos recomendaba que _____

_____.

AM 14-9 ¿Qué te parece? Fíjate en cómo reaccionan las siguientes personas ante las noticias que otros les dan. Utilizando el imperfecto del subjuntivo, completa las reacciones, teniendo en cuenta cada contexto en particular.

1. —Al final no pude asistir a la conferencia sobre Borges. ¿Estuvo bien?

—¡Qué lástima que no _____! Fue magnífica.

2. —Ayer por fin terminé con mi proyecto para la clase del Cuento Hispánico.

—Me alegro de que _____. Trabajaste muchísimo.

3. —El profesor de drama no dijo nada sobre el examen de mañana. ¿Crees que tendremos examen?

—¡Qué raro que no _____! ¿Por qué no vamos a su oficina a preguntarle?

4. —¿Sabes que el comité le dio la beca de investigación para estudiar en la UNAM a Jaime Morales?

—Me sorprende que el comité le _____. Dolores Benítez era la candidata favorita.

5. —La profesora Menéndez me eligió como ayudante de investigación en su nuevo libro. ¿Qué te parece?

—¡Qué bien que _____! Es una oportunidad excelente para ti.

6. —Anoche tuve que quedarme leyendo los poemas para la clase de Lírica Medieval hasta muy tarde.

—Siento que _____; debes estar agotado.

SEGUNDA ETAPA

Para empezar: El realismo y el idealismo

AM 14-10 Todos somos algo Quijotes Después de haber trabajado con la lectura sobre la popularidad del *Quijote* en tu libro de texto, y de haberte familiarizado con los valores universales que representan los protagonistas de la novela, nombra a un «don Quijote» y a un «Sancho» actuales, que sean personajes famosos de la sociedad de nuestros días, y explica tu respuesta.

Un «Don Quijote» actual: _____

_____

_____

Un «Sancho» actual: _____

_____

_____

AM 14-11 ¿Y qué pasó después? Ricardo y Leo tienen que contar un nuevo episodio de la historia de Don Quijote para su clase de literatura. Observa con atención las ilustraciones que aparecen a continuación y ayúdales a narrar esta nueva aventura del gran hidalgo de La Mancha. ¡Sé creativo/a!

1. _____

_____

Don Quijote

el ama

la sobrina

2. _____

_____

3. _____

_____

el cura

el ama

Don Quijote

un labrador

4. _____

_____

el cura

el barbero

5. _____
_____

ENFOQUE ESTRUCTURAL

El condicional

AM 14-12 Me imagino que… Lee con atención las preguntas que te hacen las siguientes personas y responde, en forma de conjetura *(guess),* con una de las estructuras que aparece en la caja.

- **Estar en el congreso de literatura caribeña**
- **Ir al museo del Prado y al Reina Sofía**
- **Elegir a García Márquez**
- **Ver *Amores perros***
- **Tomar cursos de literatura**

Modelo: ¿Qué libros leyeron los estudiantes en el curso sobre Cervantes?
Leerían El Quijote.

1. ¿Sabes qué museos visitaron Alex y Berta en su viaje a Madrid?

_____

2. ¿Qué película fueron a ver tus compañeras anoche?

_____

3. ¿Sabes qué cursos tomó Amelia cuando estudió en Oaxaca?

_____

4. ¿Qué autor eligió Fernando para su proyecto de fin de curso?

_____

5. ¿Sabes que el profesor Rivera canceló la clase ayer?

_____

AM 14-13 De viaje Cuando viajamos a otro país, nos encontramos con que las costumbres, la lengua y los horarios son diferentes. Por eso, debemos ir preparados para acomodarnos a las nuevas situaciones y también a los posibles imprevistos que nos puedan surgir. Imagínate que estás viajando por Chile y te encuentras en las siguientes situaciones. **¿Qué harías?**

1. Quieres saber cuáles son los principales puntos de interés turístico del país.

_____

2. Necesitas llamar por teléfono a tu familia en los Estados Unidos, pero no sabes qué prefijo *(area code)* debes marcar.

_____

3. En una de tus excursiones a la Patagonia, pierdes el pasaporte.

_____

4. Un turista está intentando comunicarse en inglés en una tienda, pero no lo entienden.

_____

5. Quieres llevarles regalos a tus amigos y a tu familia, pero no sabes qué artículos son típicos del país.

_____

6. Te gusta tanto el país que te gustaría quedarte una semana más.

_____

AM 14-14 ¡Qué considerado! Eres una persona muy considerada y siempre te diriges a la gente con cortesía. Imagínate qué dirías en las siguientes situaciones.

1. Quieres saber si tu profesor tiene tiempo para ayudarte con la preparación del examen.

_____

2. Quieres saber si tu compañero puede dejarte su estéreo para la fiesta del club de español.

_____

3. Necesitas decirle a tu amigo de intercambio guatemalteco que prefieres ir al cine otro día.

_____

4. Le dices a tu amiga Joan que debe trabajar más en la preparación de la clase de Literatura Peninsular.

_____

5. Quieres que tu profesora te explique más detalles sobre la obra de Cervantes.

_____

ENFOQUE ESTRUCTURAL

El condicional para hablar de acciones futuras en el pasado

AM 14-15 ¡Qué exigente! Éste es tu último semestre en la universidad y estás trabajando de ayudante de uno de los profesores de la facultad de Lengua y Literatura Modernas, pero parece que estás teniendo algunas dificultades para cumplir todas sus exigencias. Lee con atención las palabras que te dice tu profesor y completa las oraciones con el condicional de los verbos que aparecen entre paréntesis.

> **Modelo:** El martes pasado me dijiste que _llamarías_ (llamar) al editor de mi último libro. ¿Pudiste hablar con él?

1. Dijiste que me _____ (entregar) tus comentarios sobre el artículo hoy. ¿Por qué no los has traído?

2. En tu correo electrónico decías que _____ (venir) a mi oficina el lunes a las tres. Te estuve esperando. ¿Por qué no viniste?

3. ¿Preguntaste en la biblioteca si _____ (poder, ellos) pedir los libros que necesitamos?

4. Me dijiste que _____ (hacer) el índice del nuevo libro de texto para el curso del Cuento Breve. ¿Puedo verlo?

5. El viernes pasado te pregunté si _____ (tener) tiempo para corregir los exámenes de la clase de Introducción a la Literatura Española y me dijiste que sí. ¿Los tienes listos?

AM 14-16 ¡Qué mala suerte! Clara tiene una reunión de la facultad esta tarde pero Susana, la niñera *(baby-sitter),* no puede quedarse hasta que termine la reunión. Clara llama a su colega Alex para decirle que no podrá asistir esta tarde a la reunión tal y como tenía previsto. Completa su conversación con el condicional del verbo del cuadro que consideres más adecuado.

deber	haber	terminar	estar	poder	ir

CLARA: ¿Alex? Hola, soy Clara.

ALEX: Clara, ¿qué tal?

CLARA: Pues un poco disgustada. Verás, te llamo porque no voy a poder asistir a la reunión esta tarde.

ALEX: Pero dijiste que (**1**) _____. ¿Qué pasó?

CLARA: Le pregunté a Susana si (**2**) _____ quedarse más tiempo con René y me dijo que no.

ALEX: Pero, ¿le dijiste que la reunión no (**3**) _____ muy tarde?

CLARA: Sí, pero me dijo que ya tenía planes.

ALEX: Pues, la reunión de hoy es muy importante. Me dijo Ramón que todos

(**4**) _____ asistir porque vamos a decidir los cursos que enseñaremos el semestre que viene.

CLARA: ¡Qué mala suerte! ¿Le preguntaste si (**5**) _____ otra reunión antes de las vacaciones?

ALEX: No, pero ¿no recuerdas que Ramón dijo que (6) _____ de viaje desde

mañana viernes hasta después de las vacaciones?

CLARA: O sea que tampoco podré verlo mañana. ¡Ay, no sé qué voy a hacer!

AM 14-17 Promesas incumplidas Todo el mundo olvida algo alguna vez o no puede hacer siempre las cosas que promete. Piensa en seis cosas que dijiste que harías pero al final no las hiciste. Utiliza en tus oraciones el verbo **decir** en el pasado y el condicional del verbo que corresponda.

1. _____
2. _____
3. _____
4. _____
5. _____
6. _____

TERCERA ETAPA

Para empezar: El realismo mágico

AM 14-18 Un desenlace diferente Andrés le está contando a su novia Leticia la aventura de Aureliano Buendía en la feria de los gitanos, pero no recuerda cómo termina la historia. Ayúdalo a completar la aventura con un final diferente al de la narración original. ¡Sé creativo/a!

Cuando Aureliano Buendía era niño, su padre los llevó a él y a su hermano a la feria de los gitanos. Los chicos habían insistido tanto en conocer el gran invento de los sabios de Egipto que su padre pagó treinta reales, y los llevó al centro de la carpa donde había un gigante cuidando de un cofre de pirata.

Cuando el gigante abrió el cofre, dentro había... _____

_____

_____

_____

AM 14-19 Un toque mágico Como hacen los escritores mágicorrealistas, usa los poderes mágicos de tu imaginación, y crea lo que para ti sería un mundo perfecto. Escribe un mínimo de seis oraciones para describirlo. Puedes incluir la siguiente información.

- cómo sería ese mundo ideal
- cómo vivirían las personas
- qué valores existirían

Un mundo ideal

_____

_____

_____

_____
_____
_____
_____

ENFOQUE ESTRUCTURAL

El imperfecto de subjuntivo y el condicional en oraciones con *si*

AM 14-20 Un don Quijote moderno Uno de los grandes logros de Cervantes fue crear en su novela *Don Quijote de la Mancha* personajes y desarrollar temas universales que perduran a través de los tiempos. Lee con atención las siguientes conjeturas sobre cómo sería la vida de Don Quijote en nuestros días usando el imperfecto del subjuntivo en la cláusula de **si** y el condicional en la otra cláusula.

Modelo: Si Don Quijote *viviera* (vivir) hoy, *sería* (ser) un gran defensor de los derechos humanos.

1. Si Don Quijote _____ (querer) ser caballero andante, _____ (tener) muchas batallas que librar *(to fight)* en nuestra sociedad.

2. Si Don Quijote _____ (necesitar) ayuda, otros caballeros _____ (venir) para trabajar con él en sus proyectos.

3. Si Don Quijote _____ (casarse) con una joven, la _____ (amar) incondicionalmente hasta la muerte.

4. Si Don Quijote _____ (poder) cambiar el mundo, lo _____ (hacer) en compañía de un amigo como Sancho.

AM 14-21 Una mascota en casa En la lectura del fragmento de *La casa de los espíritus* que aparece en el libro de texto, veías el cariño y la dedicación con los que la niña Clara cuidaba a un perrito enfermo que encontró, y que luego se convirtió en su mascota, Barrabás. Con los elementos que te ofrecemos a continuación, construye hipótesis sobre cómo actuarías tú en caso de tener una mascota. Utiliza el imperfecto del subjuntivo en la cláusula de **si** y el condicional en la otra cláusula.

1. si / poder (yo) tener una mascota / tener un/a…

_____

2. si / tener una mascota / cuidarla mucho

_____

3. si / mi mascota enfermarse / llevarla al veterinario

_____

4. si / viajar mucho a causa de mi trabajo / dejar a mi mascota en una guardería para animales

_____

5. si / no poder tener mascotas en mi apartamento / mudarse a otro lugar

_____

6. si / perderse a mi mascota / sentirse muy triste

_____

AM 14-22 Si yo fuera... ¿Has soñado alguna vez con ser un/a político/a importante de tu país? ¿O tal vez con convertirte en un/a artista famoso/a? Pon la imaginación a trabajar y piensa qué harías y cómo te sentirías si fueras las siguientes personas.

1. **un/a político/a importante de mi país**

   Si yo _____

   _____.

2. **un/a escritor/a famoso/a**

   Si yo _____

   _____.

3. **un/a cantante de moda**

   Si yo _____

   _____.

4. **el/la rector/a o presidente/a de tu universidad**

   Si yo _____

   _____.

ENFOQUE ESTRUCTURAL

Más sobre el subjuntivo y la secuencia de los tiempos verbales

AM 14-23 La trayectoria de un escritor Manuel nos cuenta cómo comenzó su amor por la literatura y cómo ha sido su trayectoria de escritor. Combina de forma lógica las estructuras que aparecen en las dos columnas y conjuga los verbos de la columna de la derecha en el imperfecto de subjuntivo.

Nunca había pensado que	antes de que mis maestros **hablarnos** de los grandes genios de la literatura
Ya había desarrollado mi amor por la lectura	yo **estudiar** medicina
Desde niño había soñado con que	la gente **entender** el significado de mis poemas
Mis padres siempre habían querido que	**hacer** un doctorado en crítica literaria
Mis profesores de la universidad habían insistido en que	mis obras **poder** tener tanto éxito

1. _____

2. _____

3. _____

4. _____

5. _____

AM 14-24 ¿Qué dijeron? Al final del día, cuando vuelves a tu cuarto, normalmente tu compañero/a y tú charlan sobre lo que han hecho, con quién han estado, qué noticias les han contado otros compañeros. Completa las oraciones que aparecen a continuación en la perspectiva de pasado, haciendo los cambios necesarios de las formas verbales.

> **Modelo:** El Departamento de Lenguas Modernas <u>presentará</u> un festival de cine en el campus para que los estudiantes <u>vean</u> películas extranjeras en versión original.
>
> Román me dijo que el Departamento de Lenguas Modernas *presentaría* un festival de cine en el campus para que los estudiantes *vieran* películas extranjeras en versión original.

1. El director de estudios latinoamericanos <u>invitará</u> a Laura Esquivel para que nos <u>hable</u> de su último libro.

   Nuestro profesor de Latinoamericana nos dijo que el director de estudios latinoamericanos

   _____ a Laura Esquivel para que nos _____ de su último libro.

2. La profesora Costa nos ha pedido que <u>escribamos</u> un resumen del ensayo de Octavio Paz, «Nuestra lengua».

   Un compañero de clase me dijo que la profesora Costa nos había pedido que

   _____ un resumen del ensayo de Octavio Paz, «Nuestra lengua».

3. Antes de que <u>cambies</u> de opinión, <u>compraré</u> las entradas para el recital de poesía.

   Marta me dijo que antes de que _____ de opinión, _____

   las entradas para el recital de poesía.

4. Le he sugerido al presidente del club de español que <u>organice</u> un ciclo de conferencias sobre escritoras hispanas contemporáneas.

   Andrés me dijo que había sugerido al presidente del club de español que _____

   un ciclo de conferencias sobre escritoras hispanas contemporáneas.

5. <u>Seguiré</u> adelante con mi carrera de escritora, aunque a mis padres no les <u>guste</u> la idea.

   Mi amiga Isabel me dijo que _____ adelante con su carrera de escritora, aunque

   a sus padres no les _____ la idea.

AM 14-25 Te sugeriría que… Tus amigos confían plenamente en ti y tus consejos son muy valiosos para ellos. Lee con atención las consultas que te hacen y piensa en el consejo más apropiado en cada caso.

1. No sé si matricularme en el curso de Novela Latinoamericana el próximo semestre. Nunca he tomado una clase de literatura y estoy un poco nervioso.

   Te sugeriría que _____.

2. Esta noche ponen la película *La casa de los espíritus* en la Casa Internacional. Leí el libro y me gustó mucho, pero no vi la película. Temo que la película no sea tan buena.

   Te aconsejaría que _____.

3. Todavía no sé los cursos que voy a tomar en Cuernavaca el próximo otoño. ¿Crees que debo escogerlos antes de llegar allí?

   Sería preferible que _____.

4. La doctora Sanz me ha invitado a participar en la organización del congreso sobre poesía que se celebrará aquí en la universidad el próximo abril.

Te recomendaría que _____.

5. El ayuntamiento de la ciudad va a convocar un concurso de relatos breves en español y no sé si quiero enviar uno de mis cuentos.

Te sugeriría que _____.

INTEGRACIÓN

LECTURA: La gloria del Cervantes

Activating background knowledge
Using the knowledge that you already have about a specific topic can help you get a better understanding of the reading selection. In this particular case, thinking of the literary awards granted to authors both in English and in Spanish will help you understand the content of the article.

Antes de leer

AM 14-26 Los premios literarios Antes de leer el artículo que te presentamos en la pagina 296, contesta las siguientes preguntas relacionadas con el tema.

1. ¿Qué premios literarios en lengua española y/o en lengua inglesa puedes mencionar?

_____

2. ¿Qué escritores hispanos ganadores del Premio Nóbel de Literatura conoces?

_____

AM 14-27 Estudio de palabras Examina con atención las palabras de la columna de la izquierda que aparecen en el artículo «La Gloria del Cervantes» y trata de asociarlas con la definición correspondiente de la columna de la derecha.

_____ **1.** el galardón
_____ **2.** declarar un premio desierto
_____ **3.** a título póstumo
_____ **4.** otorgar un premio
_____ **5.** el jurado literario
_____ **6.** hermanar

a. grupo de personas que evalúan la obra literaria de varios autores y votan por un candidato
b. después de la muerte de un autor
c. crear relaciones de hermanos
d. el premio
e. no dar el premio a ningún candidato
f. conceder un premio

Después de leer

AM 14-28 El Cervantes, su origen En una primera lectura del artículo en la pagina 296, concentra la atención en completar el cuadro de comprensión con información general del texto.

El Premio Cervantes	
1. ¿Quiénes pueden optar al premio?	
2. ¿Cuál es la dotación económica del premio?	
3. ¿Quién instituyó el premio?	
4. ¿En qué año se concedió por primera vez?	
5. ¿Quiénes son los miembros del jurado?	
6. Algunos autores premiados	

AM 14-29 La Gloria del Cervantes Lee de nuevo el artículo y responde ahora a las siguientes preguntas sobre el alcance y el significado del Premio Cervantes en el mundo literario hispano.

1. ¿Cuál es el objetivo principal del Premio Cervantes?

_____

2. ¿Cuáles son algunas de las regulaciones del Premio Cervantes?

_____

3. ¿Por qué puede ser polémico el Premio Cervantes?

_____

4. ¿Qué significado tiene el Premio Cervantes para las letras españolas?

_____

5. ¿Qué crees que quiso decir el escritor mexicano Carlos Fuentes con estas palabras: «Profesión: escritor, es decir, escudero de don Quijote»?

_____

La Gloria del Cervantes

por Clemente Corona

El galardón literario más importante de nuestro idioma celebra sus bodas de plata [Extracto]

Concedido a autores en lengua castellana por el conjunto de su obra y dotado con 100.000 dólares en efectivo, el Cervantes, considerado el **Nóbel de las letras hispanoamericanas,** fue instituido en 1975 por el Ministerio español de Cultura con el objetivo de crear un gran premio que reconociera y reforzara la presencia del castellano en todo el mundo. Se concedió por primera vez al año siguiente, ya según sus bases actuales, y, aunque en aquella ocasión no lo entregaron los Reyes, sí lo hicieron en su segunda edición, gesto que han venido repitiendo desde entonces.

El Cervantes no puede ser dividido, declarado desierto o concedido a título póstumo. Los principales factores a tener en cuenta a la hora de otorgarlo son la creatividad y la difusión de la Lengua Española. En el jurado siempre participa el premiado del año anterior y varios miembros de la **Real Academia de la Lengua Española,** entre otros; el proceso de elección es mediante votaciones sucesivas. Tal y como suele pasar siempre que hay un jurado de por medio, los resultados nunca han sido a gusto de todos: así, se han dado paradojas como la de que un candidato a priori evidente como **Camilo José Cela** no fuese reconocido hasta 1995, nada menos que en la vigésima primera edición de los premios, o que otro igualmente cantado, Gabriel García Márquez, aún siga sin él.

El Premio hermana a las literaturas en español. La regla no escrita habla de turnarse en la concesión las dos orillas del Atlántico, y aunque siempre hay voces —a ambos lados también— que claman contra el «centralismo», la injusticia de que indefectiblemente salgan españoles premiados, los discursos de agradecimiento conmueven, y el acto se lleva los mejores titulares de los medios de comunicación. Por un día, se aprecia de verdad que el idioma es el nexo entre países hermanos, y una de los mayores dones que tenemos. Lo dijo **Carlos Fuentes** en su discurso de aceptación: **«Ahora abro el pasaporte y leo: Profesión: escritor, es decir, escudero de don Quijote. Y lengua: española, no lengua del imperio, sino lengua de la imaginación, del amor y de la justicia; lengua de Cervantes, lengua de Quijote».**

La nómina de premiados es, con todo, de primera línea. Ya en su día hubo polémica a raíz de la concesión del galardón ex aequo a **Gerardo Diego** y **Jorge Luis Borges;** la hubo cuando Cela, con el chileno **Jorge Edwards,** la hubo con Umbral; y la hay perenne por el ninguneo al colombiano **García Márquez.** Es difícil contentar a todos, pero lo que está fuera de toda duda es que estos autores han dado algunas de las mejores páginas de nuestra literatura.

«Todo está ya en Cervantes», dijo **Carpentier.** El recuerdo a Cervantes es sentido por parte de todos los premiados. Tal vez, la mejor definición vino de la mano del vallisoletano **Miguel Delibes,** quien afirmó ante el auditorio «el gran alcalaíno es único e inimitable y a quienes hemos venido siglos más tarde a ejercer este noble oficio de las letras apenas nos queda otra cosa que proclamar su alto magisterio, el honor de compartir la misma lengua y el deber irrenunciable de velar por ella».

Source: Artículo publicado en ClubCultura.com (www.clubcultura.com), el portal cultural de la FNAC dedicado a los autores iberoamericanos.

ESCRITURA

 Grammar: Subjunctive with **que;** conditional
Phrases: Writing an essay

Título: La lectura, ¿una destreza olvidada?

Con motivo de la celebración del Día del Libro, tu profesor/a de español te ha pedido que escribas un ensayo breve sobre la importancia que tiene la lectura en la educación de los niños y los adolescentes. Da tu opinión y asegúrate de incluir la información que tienes después de responder a las siguientes preguntas:

- ¿Lee mucho la gente joven? ¿Qué leen los jóvenes hoy en día?
- ¿Cómo ha influido el uso de la tecnología y el Internet en los hábitos de la lectura?
- ¿Crees que es importante que los jóvenes lean? ¿Por qué?
- ¿Cómo podría fomentarse *(be promoted)* la lectura entre los jóvenes?
- ¿Qué libros les recomendarías a los niños y a los adolescentes?

A empezar

AM 14-30 Organización de las ideas Escribe todas las ideas que te vengan a la cabeza que estén relacionadas con la lectura, los jóvenes, la educación y el Internet.

AM 14-31 Preparación del borrador Revisa cuidadosamente las ideas que has desarrollado en la sección **A empezar** y decide en qué orden de importancia deben aparecer en tu ensayo. Una vez que tengas las ideas principales organizadas, intenta complementarlas con información, detalles adicionales que sean relevantes para tu ensayo.

AM 14-32 Revisión del borrador Revisa tu borrador, teniendo en cuenta las siguientes consideraciones.

1. ¿Has respondido en tu ensayo a las preguntas que se presentaban en la sección de **Título?** ¿Has incluido información complementaria y/o ejemplos que apoyen las ideas principales?
2. ¿Están las ideas organizadas de un modo lógico?
3. ¿Utilizaste el vocabulario que has aprendido para hablar de literatura? ¿Incluiste en tu ensayo estructuras con el subjuntivo y el condicional?

AM 14-33 El producto final Haz los cambios necesarios, de acuerdo con la revisión de tu borrador e incluye las ideas nuevas que se te hayan ocurrido. Antes de entregarle el ensayo a tu profesor/a, léelo una vez más y asegúrate que no haya errores ortográficos y que todos los cambios se hayan incluido.

COMPRENSIÓN AUDITIVA

CD3-21 AM 14-34 Camilo José Cela: Premio Nóbel de Literatura En un programa de radio sobre literatura, se realiza hoy un homenaje a Camilo José Cela, uno de los grandes autores de lengua española. Escucha con atención a los comentaristas y responde a las preguntas que aparecen a continuación.

1. ¿Cuáles son las dos obras más famosas de Camilo José Cela?

_____

2. ¿A cuántos idiomas se ha traducido *La familia de Pascual Duarte*?

_____

3. ¿Dónde se publicó por primera vez *La colmena*? ¿En qué año?

_____

4. ¿Por qué no se pudo publicar *La colmena* inicialmente en España?

_____

5. ¿Qué nos cuenta Cela en su novela *La colmena*?

_____

6. ¿Cuál fue el premio más importante que Cela recibió? ¿En qué año?

_____

7. Además de ser autor de novelas, Cela fue también…

_____

8. ¿Cuándo falleció Camilo José Cela?

_____

CD3-22 AM 14-35 Una visita interesante Claudia se encuentra con sus amigos Carlos y Eva que le hablan del viaje que acaban de hacer. Escucha atentamente su conversación y completa las oraciones con la información más adecuada en cada contexto.

1. En Alcalá de Henares, Carlos y Eva vieron…
   a. la universidad.
   b. la casa donde nació Cervantes.
   c. el ayuntamiento.
   d. la casa de Dulcinea.

2. En su recorrido turístico por La Mancha, Carlos y Eva vieron…
   a. fábricas de queso manchego.
   b. castillos muy antiguos.
   c. los molinos de don Quijote.
   d. iglesias románicas.

3. La atracción más interesante en El Toboso es…
   a. el Museo de Quijotes.
   b. la hostería de los Reyes Católicos.
   c. el cementerio donde está enterrado Cervantes.
   d. la catedral.

4. En el Museo de Quijotes se pueden admirar…
    a. los diarios de Cervantes.
    b. los cuadros de escenas del Quijote.
    c. todas las obras de Cervantes.
    d. más de trescientas ediciones de *Don Quijote* en muy diversas lenguas.

5. Durante su viaje, Carlos y Eva se alojaron en…
    a. paradores nacionales.
    b. hoteles modernos de cuatro estrellas.
    c. hosterías antiguas.
    d. un apartamento alquilado.

Escucha de nuevo la conversación entre los tres amigos y completa las siguientes oraciones con la forma verbal correcta.

6. Claudia no esperaba que Carlos y Eva _____ de su viaje hasta el domingo.

7. La agente de viajes les había recomendado a Carlos y a Eva que _____ primero a Alcalá de Henares, donde vieron la casa de Cervantes.

8. Para alojarse, Carlos y Eva buscaban hoteles típicos pero que no _____ demasiado caros.

9. Eva quería que _____ una semana más, pero no pudieron porque Carlos tenía que volver al trabajo.

10. A Eva le gustaría que ellos _____ un día a España.

CD3-23 **AM 14-36 Más oportunidades para los jóvenes escritores** Escucha con atención la entrevista que un periodista le está haciendo a la joven novelista Almudena Fuentes y completa las oraciones con la información correcta.

1. Almudena Fuentes acaba de ser premiada con…
    a. el Premio Nóbel de Literatura.
    b. el Premio Nacional de Poesía.
    c. el Premio de Novela Corta.
    d. el Premio Cervantes.

2. Almudena empezó a escribir…
    a. cuando era niña.
    b. cuando estaba en la universidad.
    c. cuando la obligaron a colaborar en el periódico de la escuela secundaria.
    d. después de graduarse de la universidad.

3. En la universidad Almudena estudió…
    a. periodismo.
    b. medicina.
    c. psicología.
    d. lenguas modernas.

4. Después de graduarse de la universidad…
    a. viajó por todo el mundo.
    b. trabajó en varios periódicos y editoriales.
    c. empezó a enseñar en una escuela.
    d. se dedicó sólo a sus novelas.

Escucha de nuevo la entrevista y completa los siguientes fragmentos de la conversación entre el periodista y la autora con las formas verbales adecuadas.

ENTREVISTADOR: ¿Cómo cree que podría mejorar la situación de los jóvenes escritores?

ALMUDENA: Pues, yo (5) _____ más oportunidades para publicar a los jóvenes

escritores, (6) _____ cursos más especializados en la universidad,

(7) _____ las actividades de escritura desde las escuelas y les

(8) _____ a las familias que apoyaran a sus hijos en su carrera

literaria.

ENTREVISTADOR: ¿Qué le recomendaría a un joven escritor que está empezando?

ALMUDENA: Le recomendaría que (9) _____ mucho y que

(10) _____ distintos países, distintas culturas. Le diría que no

(11) _____ las esperanzas de publicar y (12) _____

sus obras a todos los concursos literarios. El talento, tarde o temprano, se reconoce.